Deutsch-portugiesisches
Konversationsbuch

Helmut Rostock
João Eudes Brownsville

Deutsch-portugiesisches Konversationsbuch

Manual de conversação alemão-português

Europäische und brasilianische Varianten
Variantes lusitana e brasileira

unter Mitarbeit von Paulo Alves Pereira

BUSKE

Helmut Rostock, geboren 1945, ist seit vielen Jahren als freiberuflicher Diplom-Dolmetscher und Übersetzer für Portugiesisch und Englisch sowie als Fremdsprachenlehrer tätig. Er hat bereits zahlreiche Publikationen zum Portugiesischen veröffentlicht.

João Eudes Brownsville, geboren 1943, studierte Englisch auf Lehramt, unterrichtete am Kulturinstitut Brasilien – USA in João Pessoa und ist heute Übersetzer und Angestellter der Brasilianischen Botschaft in Berlin.

Pedro Paulo Alves Pereira, geboren 1955, arbeitet als Professor für Theateranthropologie und Schauspielführung an der Universidade de Évora, Escola de Artes, Portugal, und ist bilingualer Autor zahlreicher Veröffentlichungen.

Bibliografische Information der Deutschen Nationalbibliothek

Die Deutsche Nationalbibliothek verzeichnet diese Publikation in der Deutschen Nationalbibliografie; detaillierte bibliografische Daten sind im Internet abrufbar über ‹http://dnb.d-nb.de›.
ISBN 978-3-87548-576-9

2., aktualisierte und erweiterte Auflage

Inhalt
Índice

Vorwort

Nach Gesprächssituationen gegliedert, enthält dieses *Deutsch-portugiesische Konversationsbuch* mehr als 5.000 wichtige Begriffe und Wendungen der deutschen Sprache des Alltags und stellt sie den in Portugal und Brasilien gängigen Ausdrücken gegenüber. Ein zweisprachiges Sachwortregister dient zur raschen Orientierung. Grundkenntnisse der Grammatik sowie die Beherrschung der Aussprache sind vorteilhaft. Darüber hinaus ist es natürlich auch möglich, auf die entsprechenden Begriffe oder die im Kontext eingebetteten Wendungen zu zeigen, falls der Nutzer die Regeln für die Aussprache nicht beherrscht.

Dieses Buch ist das Ergebnis der Arbeit von deutschen und portugiesischen Muttersprachlern. Es ist somit auch konzipiert für Benutzer aus dem portugiesischen Sprachraum, die Deutsch lernen wollen. Sicher wird es ebenfalls dort Interesse finden, wo man die Terminologie und die Idiomatik der in Portugal und in Brasilien gesprochenen Sprache des Alltags untersuchen und auf einen Blick erfassen will.

Das deutsche Wort ‚bitte' wurde fast ausschließlich mit dem neutralen Ausdruck ‚por favor' wiedergegeben; in Portugal ist darüber hinaus ‚se faz favor' gebräuchlich. Aus Gründen der Vereinfachung wurde (besonders bei der Anrede) die männliche Form gewählt.

Folgende Zeichen werden verwendet:

/   Trennt Varianten oder Synonyma voneinander:
      Desculpe/Perdoe a minha má pronúncia.
      Desculpe a minha má pronúncia. oder: *Perdoe a minha má pronúncia.*

[ ]   Gibt die in Brasilien bevorzugte Variante an:
      Dê os meus cumprimentos [as minhas recomendações/lembranças] a todos os amigos.
      in Portugal: *Dê os meus cumprimentos a todos os amigos.*
      in Brasilien: *Dê as minhas recomendações (oder: lembranças) a todos os amigos.*

( )   Gibt in beiden Sprachen fakultative Erweiterungen oder Gegenteiliges an.

Sind Wörter oder Buchstaben unterstrichen, gelten sie nur für Portugal:
      Não se esqueça do nosso encontro.
      in Portugal: *Não se esqueça do nosso encontro.*
      in Brasilien: *Não esqueça o nosso encontro.*

Diese zweite aktualisierte und erweiterte Auflage war unter anderem durch die wertvolle Mitarbeit von Frau Ana Maria Gonçalves da Silva Cordula, Lektorin für pädagogische und klinische Psychologie, Ana Carina Gonçalves da Silva Cordula, Juristin und Diplom-Psychologin, sowie Herrn Dr. João Santos Coelho Neto, promoviert in Bergrecht an der Universität Dundee, Schottland, und Diplom-Anglist, möglich. Ihnen gilt unser besonderer Dank, da sie keine Mühen gescheut haben, die Wörter und Wendungen der in Brasilien gesprochenen Variante des Portugiesischen zu vervollkommnen.

Wir danken ebenfalls Herrn Klaus Tetzlaff, Computerdienst, und Frau Beatriz de Medeiros Silva, Lektorin des Instituto Camões, Portugiesisch-Brasilianisches Institut der Universität zu Köln, für ihre Mitarbeit.

Helmut Rostock   João Eudes Brownsville   Prof. Dr. Pedro Paulo Alves Pereira

Prefácio

Considerando situações do dia-a-dia, na linguagem coloquial, este manual de conversação apresenta mais de 5.000 expressões importantes usadas em Portugal e no Brasil e na área de expressão alemã. O índice bilíngue de assuntos, no final do livro, permite uma rápida orientação. São vantajosos conhecimentos básicos da gramática, bem como da pronúncia portuguesa nos dois países. Além disso, existe no próprio corpo textual do livro a possibilidade de chamar a atenção do usuário para determinadas expressões e conceitos, acaso ele não domine as regras da pronúncia.

Este livro é produto do trabalho de pessoas de língua alemã, como de língua portuguesa. Portanto, está também concebido para usuários de expressão portuguesa que queiram aprender alemão. Certamente, terá grande utilidade na pesquisa de terminologia e de variantes idiomáticas entre o português falado em Portugal e no Brasil.

Para expressar a palavra alemã 'bitte' foi quase exclusivamente utilizada a expressão neutra 'por favor'. Todavia, em Portugal usa-se igualmente 'se faz favor'. Visando simplificar, foi utilizada a forma masculina, notadamente no que se refere ao tratamento.

São usados os seguintes símbolos:

/   Separa variante ou sinónimo:
      Desculpe/Perdoe a minha má pronúncia:
      Desculpe a minha má pronúncia. ou: *Perdoe a minha má pronúncia.*

[ ]   Indica a variante preferida pelos brasileiros:
      Dê os meus cumprimentos [as minhas recomendações/lembranças] a todos os amigos.
      Em Portugal: *Dê os meus cumprimentos a todos os amigos.*
      No Brasil: *Dê as minhas recomendações/lembranças a todos os amigos.*

( )   Indica, em ambos os idiomas, ou variantes de alternativa ou antónimos.

Palavras ou letras sublinhadas somente são usadas em Portugal:
      Não se esqueça do nosso encontro.
      Em Portugal: *Não se esqueça do nosso encontro.*
      No Brasil: *Não esqueça o nosso encontro.*

Esta segunda edição revista e ampliada foi possível graças à colaboração valiosa da Ana Maria Gonçalves da Silva Cordula, Psicóloga, especialista em Psicologia Clínica e Psicopedagogia, Ana Carina Gonçalves da Silva Cordula, bacharela em Direito pela UFPE e Licenciada em Psicologia pela UNIPE, e Dr. João Santos Coelho Neto, Pós-Graduado em Direito Minerário pela Universidade de Dundee, Escócia e Licenciado para o magistério da língua inglesa pela UFPB, a quem devemos expressar os nossos sinceros agradecimentos por não terem poupado esforços para aperfeiçoar os textos da variante do português falada no Brasil.

Agradecemos também ao sr. Klaus Tetzlaff, especialista em matérias de computador, bem como à Dra. Beatriz de Medeiros Silva, Leitora do Português do Instituto Camões, Portugiesisch-Brasilianisches Institut der Universität zu Köln.

Helmut Rostock   *João Eudes Brownsville*   *Prof. Dr. Pedro Paulo Alves Pereira*

Allgemeine Kommunikation
Comunicação geral

Begrüßung	Formas de cumprimento
Wie heißen Sie?	*Como se chama?*
Guten Tag!	*Bom dia! (von morgens bis mittags)* *Boa tarde! (von mittags bis abends)*
Guten Morgen!	*Bom dia!*
Guten Abend!	*Boa noite!*
Gute Nacht!	*Boa noite!*
Grüß dich!	*Olá!*

Es freut mich, …
   Sie zu sehen.
   dich zu sehen.
   Sie zu treffen.
   Sie wiederzusehen.
	Tenho prazer em [Alegro-me de] …
	   vê-lo.
	   ver-te.
	   encontrá-lo.
	   voltar a vê-lo [revê-lo].

Wir haben uns lange nicht gesehen.	*Há muito tempo que não nos víamos [vimos].*
Ich habe Sie seit Monaten nicht mehr gesehen.	*Há meses que não o vejo. / que não o tenho visto.*
Wo waren Sie?	*Onde tem estado [estava o sr.]?*
Was für ein Glück, dass ich Sie hier treffe.	*Que sorte [de] encontrá-lo aqui.*
Ich hätte nicht gedacht, dass wir uns so bald wiedersehen.	*Nunca pensei que nos íamos voltar a ver tão cedo. [Não pensei/imaginei que íamos nos rever tão breve.]*
Waren Sie verreist?	*Esteve a viajar? / Esteve em viagem? [O sr. estava viajando?]*
Es freut mich, dass Sie wieder da sind.	*Alegro-me por o sr. estar de volta [que o sr. está de volta].*
Ich freue mich, Sie begrüßen zu können.	*Tenho muito prazer em poder cumprimentá-lo.*
Herzlich willkommen!	*Seja(m) bem-vindo(s)! /* *Seja(m) bem-vinda(s)!*
Wie geht es Ihnen?	*Como está? / Como vai [o sr.]?*
Wie geht es dir?	*Como estás/vais? [Como vai você?]*
Danke!	*Obrigado! / Obrigada!*

Danke, ...
  (sehr) gut.
  leidlich.
	Obrigado, ...
	  (muito) bem.
	  [eu] vou indo. / assim, assim.

Und Ihnen? Wie fühlen Sie sich?	*E o sr.? Como se sente?*
Ich fühle mich heute nicht recht wohl.	*Não me sinto muito bem hoje.*
Ich fühle mich ausgezeichnet.	*Sinto-me muito bem.*
Hatten Sie eine gute Reise? Wie war die Reise?	*[O sr.] Fez uma boa viagem?* *Como foi a viagem?*
Wie lange sind Sie schon hier?	*Há quanto tempo [o sr.] já está aqui/cá?*
Wie lange werden Sie hier bleiben?	*Quanto tempo [o sr.] vai ficar/permane- cer aqui/cá?*
Sind Sie schon einmal in Berlin gewesen?	*Já esteve alguma vez em Berlim?*
Haben Sie gut geschlafen? Recht gut, (danke) und Sie?	*[O sr.] Dormiu bem?* *Dormi bastante bem, e o sr.?*
Was gibt es Neues?	*O que há de novo? / Que novidades há?* *[Quais são as novas?]*
Wie geht es Ihrer Frau? Wie geht es Ihrem Mann?	*Como está/vai a sua esposa?* *Como está/vai o seu marido?*
Was machen die Kinder? Danke, (es geht ihnen) gut.	*Como vão os filhos?* *Obrigado, (os filhos) vão bem.*
Gestatten Sie? / Darf ich bitte vorbei?	*Com licença? /Dá licença?*

Erste Verständigung	*Primeiros conta̲c̲tos*

Sprechen Sie ...
  Deutsch?
  Portugiesisch?
	O sr. fala ...
	  alemão?
	  português?

Spricht hier jemand Deutsch?	*Há aqui alguém que fale alemão?*
Ja, ein wenig.	*Sim, um pouco.*
Ja, gerade so viel, um mich verständ- lich zu machen.	*Sim, exactamente o necessário/suficiente para me fazer entender.*
Ja, Sie können Deutsch sprechen.	*Pois claro [não], pode falar alemão.*
Ich verstehe es ziemlich gut.	*Entendo(-o) bastante bem.*
Verstehen Sie mich?	*O sr. entende-me? / O sr. está-me a enten- der? [O sr. está me entendendo?]*
Ich habe Sie nicht verstanden.	*Não compreendi o que disse. / Não o entendi.*
Es fällt mir schwer, (Sie) zu verstehen.	*Tenho dificuldades em entendê-lo.*

Ich verstehe nicht allzu viel. Erklären Sie es mir bitte!	*Não entendo muito. Explique-me, por favor.*
Bitte wiederholen Sie noch einmal den letzten Satz.	*Repita a última frase, por favor.*
Ich wiederhole.	*Repito.*
Ah! Jetzt verstehe ich.	*Ah, agora entendo.*
Verstehen Sie alles?	*O sr. entende tudo?*
Nein, ich verstehe nicht alles, was Sie sagen.	*Não, não entendo tudo o que o sr. diz.*
Sie sprechen zu schnell.	*O sr. fala muito depressa.*

Sprechen Sie bitte …
  langsamer.
  lauter.
  leiser.
	Por favor, fale …
	  mais devagar.
	  mais alto.
	  mais baixo.

Haben Sie verstanden, was ich gesagt habe?	*O sr. entendeu o que eu disse?*
Wie sagten Sie?	*O que é que o sr. disse?*
Was meinen Sie?	*O que é que o sr. quer dizer com isso?*
Sie haben mich falsch verstanden.	*O sr. entendeu-me mal.*
Was heißt das auf Portugiesisch?	*O que é isto em português (Gegenstand)? / O que quer dizer isto em português (Wort)?*
Was bedeutet dieses Wort?	*Que significa esta palavra?*
Es hat folgende Bedeutung: …	*Significa, que … / Tem o seguinte significado: …*
Würden Sie das noch einmal wiederholen?	*O sr. não pode repetir isso outra vez? [O sr. poderia repetir isso mais uma vez?]*
Was verstehen Sie unter …?	*O que é que o sr. entende por …?*
Sagen Sie mir doch bitte ein anderes Wort für …	*Diga-ma uma outra palavra para …, por favor*
Entschuldigen Sie bitte meine schlechte Aussprache.	*Desculpe/Perdoe a minha má pronúncia.*
Wie wird dieses Wort ausgesprochen?	*Como se pronuncia esta palavra?*
Habe ich dieses Wort richtig ausgesprochen?	*Eu pronunciei esta palavra correctamente [certo]?*
Das wird verstanden, aber man sagt (das) nicht so.	*Entende-se, mas não se diz assim/desta maneira.*
Korrigieren Sie mich bitte, wenn ich Fehler mache.	*Corrija-me, por favor, se eu der um erro.*

Ich verstehe diesen Ausdruck nicht.	*Não entendo esta expressão.*
Könnten Sie ihn mit anderen Worten umschreiben?	*O sr. podia expressar isso por outras palavras / de outro modo?*
Kennen Sie dieses Sprichwort?	*O sr. conhece este provérbio?*

Ich höre … zum ersten Mal.
    diesen Ausdruck
    dieses Wort
    dieses Lied
    diesen Namen
	É a primeira vez que ouço …
	    esta expressão.
	    esta palavra.
	    esta canção.
	    este nome.

Holen Sie doch bitte …
    den Dolmetscher.
    den Betreuer.
    den Reiseleiter.
	Chame/Traga, por favor, …
	    o interprete.
	    o acompanhante.
	    o guia (turístico).

Seit wann lernen Sie schon Portugiesisch?	*Há quanto tempo é que o sr. anda a aprender [Desde quando o sr. vem aprendendo] português?*
Seit wann sprechen Sie schon Deutsch?	*Desde quando é que o sr. já fala alemão?*
Sie sprechen sehr gut Deutsch.	*O sr. fala muito bem alemão.*
Ich habe Deutsch 4 Jahre lang an der Volkshochschule gelernt.	*Estudei alemão na escola nocturna durante 4 anos.*
Ich bin aber leider aus der Übung.	*Lamentavelmente não tenho tido prática [estou fora de prática].*
Es ist schon lange her, dass ich es gelernt habe.	*Já há [faz] muito tempo que o estudei [o aprendi].*
Ich habe seit Jahren kein Wort Portugiesisch mehr gesprochen.	*Há anos que não falo uma palavra de português.*
Ich habe viel vergessen.	*Já esqueci muito / muita coisa.*
Ich hoffe, dass ich meine Portugiesischkenntnisse hier wieder auffrischen kann.	*Espero poder melhorar/aperfeiçoar [desenferrujar] o meu português aqui.*

Haben Sie …
    ein deutsch-portugiesisches Wörterbuch?
    einen Sprachführer?
	[O sr.] Tem …
	    um dicionário de alemão-português?
	    um guia de conversação?

Vorstellung	Apresentação
Gestatten Sie, dass ich mich vorstelle …	Permita-me que me apresente … [Permita-me apresentar-me …] / Permita apresentar-me ao senhor …
Mein Name ist …	O meu nome é …
Wie heißen Sie? / Wie ist Ihr Name?	Como se chama? [Como é o seu nome?]
Ich heiße Thomas.	Chamo-me Thomas.
Es freut mich, Sie kennenzulernen.	Muito prazer em conhecê-lo.
Sehr angenehm.	Muito prazer.
Aus welchem Land sind/kommen Sie?	De onde é o sr.? / De que país vem?
Ich komme aus Brasilien.	Sou do Brasil.
Sind Sie allein?	Está só?
Sind Sie schon lange hier?	Já cá está [Já está aqui] há muito tempo?

Ich bin … hier.
    dienstlich.
    auf einer Studienreise
    als Tourist
	Estou aqui …
	    em [a] serviço
	    em viagem de estudo.
	    como turista.

Ich bin auf Einladung … gekommen.
    des Instituts
    des Betriebes
    von Verwandten
    von Freunden
	Vim a convite …
	    do instituto.
	    da empresa.
	    de familiares [de parentes].
	    de amigos.

Darf ich bekannt machen? Das ist Frau S.	Posso apresentar-lhe? Esta é a sra. dona S.

Gestatten Sie mir, Ihnen … vorzu-stellen.
    Fräulein M.
    Herrn D.
    meinen Kollegen R.
	Permita-me apresentar-lhe …
	    a menina M. [a senhorita M.]
	    o sr. D.
	    o meu colega R.

Sehr erfreut!	Muito prazer!
Könnten Sie mich bitte mit diesem Herrn bekannt machen?	O sr. poderia apresentar-me àquele sr.? / Gostaria de ser apresentado a esse sr.
Darf ich (Sie miteinander) bekannt machen?	Posso apresentá-los um ao outro?
Darf ich bekannt machen? Das ist meine Freundin Manuela.	Posso apresentar-lhe? Esta é a minha amiga Manuela.
Robert hat mir schon viel von Ihnen erzählt.	O Roberto já me falou muito sobre a sra.

Endlich lernen wir uns kennen!	*Finalmente conhecemo-nos!* *[Nossa! Finalmente vou conhecer o sr.!]*
Wir kennen uns schon, nicht wahr?	*Nós já nos conhecemos, não é verdade?*
Verzeihung, ich habe Ihren Namen nicht behalten.	*Desculpe-me, mas não fixei [gravei] o seu nome.*
Würden Sie mich bitte Ihrer Familie vorstellen?	*Não se importa [Quer ter a bondade] de me apresentar à sua família?*
Ich möchte Frau Professor N. kennenlernen.	*Gostaria de conhecer a professora N.*
Sie kennen doch meinen Freund Lars, nicht wahr?	*Mas o sr. conhece o meu amigo Lars, não é verdade?*
Nein, ich glaube nicht (, dass ich ihn kenne).	*Não, acho que não (o conheço).*
Wir haben uns vor einem Jahr in Lissabon kennengelernt.	*Faz um ano que nos conhecemos em Lisboa.*
Wir sind alte Bekannte.	*Somos velhos conhecidos.*
Ich freue mich, Sie wiederzusehen.	*Alegro-me por voltar a vê-lo.* *[Alegro-me em revê-lo.]*
Sie müssen unbedingt Herrn N. kennenlernen.	*O sr. tem que conhecer o sr. N.*
Wir kennen uns vom Sehen.	*Já nos conhecemos de vista.*
Kennst du Fräulein B.?	*Conheces [Você conhece] a menina [a senhorita] B.?*
Ich kenne sie nur dem Namen nach.	*Eu só a conheço de nome.*
Ich wollte sie schon lange kennenlernen.	*Há muito que queria/desejava conhecê-la.*
Schade, dass wir uns nicht schon eher kennengelernt haben.	*É pena não nos termos conhecido há mais tempo.*
Schön, Sie kennengelernt zu haben.	*Foi um prazer tê-lo conhecido.*
Jetzt werde ich dich meinen Eltern vorstellen.	*Agora quero apresentar-te aos meus pais.*
Entschuldigen Sie bitte. Sind Sie Frau M. aus Berlin?	*Desculpe[-me]. A sra. é a sra. M. de Berlim?*

Verabschiedung	Despedida
Auf Wiedersehen!	*Adeus!/Bom dia!/Boa tarde! [Até logo!]*
Auf baldiges Wiedersehen!	*Até logo! / Até à próxima!*
Bis bald!	*Até breve! / Até já!*
Leben Sie wohl!	*Adeus! [Passe bem!]*
Auf Wiedersehen und alles Gute!	*Adeus e que tudo lhe/te corra bem! [Adeus e tudo bem para você.]*
Bleiben Sie gesund!	*Desejo-lhe muita saúde!*
Mach's gut! / Tschüss!	*Adeus! [Tchau! / Passe bem!]*
Vielen Dank für Ihren Besuch.	*Muito obrigado pela sua visita.*
Gute Reise!	*Boa viagem!*
Angenehme Reise!	*Uma boa viagem!*
Bis heute Abend um acht!	*Até hoje à noite às oito!*
Bis morgen!	*Até amanhã!*
Wir sehen uns morgen.	*Amanhã nos veremos.*
Viel Vergnügen!	*Divirta-se/Diverte-te!*
Einen angenehmen Abend!	*Uma noite agradável!*
Gute Nacht!	*Boa noite!*
Schönen Sonntag!	*Um bom domingo!*
Schönes Wochenende!	*Bom fim de semana!*
Danke, gleichfalls.	*Obrigado, igualmente.*
Darf ich mich verabschieden?	*Dá-me licença que me despeça? [Permita-me despedir do sr./de vocês.]*
Ich muss gehen.	*Tenho que me ir embora. [Eu tenho que ir (embora).]*
Es ist/wird Zeit, dass ich gehe.	*Já é altura de me ir embora. [Já é tempo de ir (embora).]*
Es tut mir leid, aber ich muss jetzt gehen.	*Lamento, mas tenho de me ir embora [tenho de ir embora].*
Ich habe es eilig.	*Tenho pressa. / Estou com pressa.*
Ich möchte nicht länger stören.	*Não quero incomodar mais.*
Sie wollen uns schon verlassen?	*Mas o sr. já nos vai deixar? / O sr. já se quer ir embora?*
Es ist noch nicht so spät.	*Ainda não é muito tarde.*
Bleiben Sie doch bitte noch.	*Fique mais um pouco.*

Können Sie nicht noch ein wenig bleiben?	*Não pode ficar mais um pouco?*
Ich bedaure sehr, aber mein Kollege wartet auf mich.	*Lamento muito, mas o meu colega está à minha espera.*
Bitte, gehen Sie noch nicht.	*Por favor, não se vá ainda embora. [não vá agora não.]*
Sie bleiben noch, nicht wahr?	*Mas o sr. ainda fica, não é verdade?*
Haben Sie es denn so eilig?	*Mas o sr. tem tanta pressa?*
Es tut mir leid, dass Sie gehen.	*Lamento que o sr. já se vá embora. [que o sr. já vai/vá embora.]*
Entschuldigen Sie mich bitte, ich muss gehen.	*Desculpe-me, mas tenho que ir.*
Ich hoffe, Sie bald wiederzusehen.	*Espero voltar a vê-lo [Espero revê-lo] em breve.*
Ich hoffe, dass wir uns vor der Abreise noch sehen.	*Espero que nos vejamos [Espero nos vermos] ainda antes de partida.*
Es hat mich gefreut, Sie wiederzusehen.	*Foi um prazer ter voltado a vê-lo [revê-lo.]*
Grüßen Sie alle Freunde und Bekannten von mir.	*Dê os meus cumprimentos [as minhas recomendações/lembranças] a todos os amigos e conhecidos meus.*
Vielen Dank für den netten Abend.	*Muito obrigado por este serão tão agradável. [Muito obrigado pela noite agradável].*
Bitte rufen Sie mich an.	*Telefone-me, por favor.*
Ich lasse von mir hören.	*Eu depois dou notícias.*
Ich warte auf Ihren Brief.	*Estou à espera de [Estou aguardando] uma carta sua.*
Vergessen Sie uns nicht!	*Não nos esqueça!*
Sie müssen wiederkommen, sobald Sie können.	*O sr. tem que voltar logo que puder.*
Ich schreibe Ihnen, sobald ich zu Hause angekommen bin.	*Eu vou-lhe escrever logo que chegar a casa.*
Ich bringe Sie zur Tür.	*Vou levá-lo à porta.*
Danke für alles.	*Obrigado por tudo.*
Ich werde mit den schönsten Erinnerungen abreisen.	*Vou partir com/levando comigo as melhores recordações.*

Verabredung	Combinar/Marcar encontro
Ich bin mit Nina verabredet.	Tenho um encontro marcado com a Nina.
Wo habt ihr euch verabredet?	Onde é que vocês combinaram encontrar-se? [Onde vocês combinaram de se encontrar?]
Wann und wo können wir uns treffen?	Quando e onde é que nos podemos encontrar?
Verabreden wir uns für nächste Woche.	Vamos combinar um encontro para a próxima semana.
Wenn Sie aus irgendeinem Grund nicht (kommen) können, rufen Sie mich bitte an.	Se por algum motivo não puder vir, telefone-me [... não puder chegar, me dá uma ligada], por favor.
Wenn sich irgendetwas ändert, geben Sie bitte Bescheid.	Se houver alguma mudança, informe-me. [Me avise se houver alguma mudança.]
Passt es Ihnen am nächsten Freitag?	Convém-lhe a sexta-feira que vem? / O sr. concordaria com a próxima sexta-feira?
Es passt mir ausgezeichnet.	Para mim está óptimo.
Wo treffen wir uns? Und wann?	Onde e quando é que nos encontramos? / nos vamos encontrar?

Nach ... treffen wir uns am Haupteingang.
    der Vorstellung
    dem Vortrag
	Depois ... vamo-nos encontrar à [na] entrada principal.
	    do espectáculo
	    da conferência

Ich warte unten auf Sie.	Vou esperar por si lá [Eu vou lhe esperar] em baixo.

Wir treffen uns in einer Stunde ...
 	
    in der Hotelhalle.
    vor dem Blumenladen.
    am Bahnhof.
	Vamo-nos encontrar dentro de uma hora ...
	    no vestíbulo do hotel.
	    em frente à florista.
	    junto da [na] estação.

Ich hole Sie um zwei (Uhr) im Institut ab, wenn Sie wollen.	Se o sr. quiser eu vou buscá-lo ao [no] instituto às duas horas.
Würde es Ihnen etwas später passen?	Convém-lhe/Prefere mais tarde?
Einverstanden.	De acordo.
Ich möchte ein Treffen mit Herrn Berg vereinbaren.	Quero combinar um encontro com o sr. Berg.
Sie können ein Treffen telefonisch oder schriftlich vereinbaren.	O sr. pode combinar um encontro por telefone ou por carta.

Wollen Sie mit ihm dienstlich sprechen?	*O sr. quer falar com ele oficialmente?* *[em caráter oficial?]*
Nein, privat.	*Não, é um assunto particular.* *[Não, em caráter particular.]*
Ich muss dienstlich mit ihm Kontakt aufnehmen.	*Eu tenho de tratar com ele um assunto oficial.*
Rufen Sie an und erkundigen Sie sich, wann er frei ist.	*Telefone [para ele] e procure saber quando é que ele está disponível.*
Kann ich Sie nächste Woche einmal in einer persönlichen Angelegenheit sprechen?	*Posso falar com o sr. na próxima semana para tratar de um assunto pessoal?*
Gern. Passt es Ihnen vielleicht am Mittwoch?	*Está bem. Convém-lhe [Ficaria bem para o sr.] na quarta-feira?*
Legen wir (gleich) noch die Uhrzeit fest. Um 17 Uhr?	*Vamos (logo) marcar a hora.* *As dezassete horas?*
Sehr gut.	*Óptimo.*
Kommen Sie doch zu mir nach Hause. Ich wohne Goetheallee 13.	*Venha ter a minha casa. [Venha para minha casa.] Moro na avenida Goethe, número treze.*
Können wir heute zusammen Mittag essen?	*Podemos almoçar juntos hoje?*
Leider nein, heute bin ich schon verabredet; aber würde es Ihnen morgen passen?	*Lamentavelmente não, hoje já tenho um compromisso, mas pode ser amanhã?*
Ja, gern.	*Óptimo.*
Es wäre schön, wenn wir gemeinsam dorthin gehen könnten.	*Seria bom se pudéssemos ir lá juntos.*
Ich kenne den Weg nicht so gut.	*Eu não conheço muito bem o caminho.*
Kommen Sie mit?	*O sr. vem comigo/também?*
Wollen Sie mit mir mitkommen?	*O sr. quer vir comigo?*
Sind Sie heute Nachmittag frei?	*O sr. está disponível hoje à tarde?*
Nein, leider nicht.	*Não, lamentavelmente não.*
Schade!	*Que pena!*
Darf ich Sie begleiten?	*Posso acompanhá-lo?*
Vergessen Sie bitte unsere Verabredung um 17 Uhr nicht.	*Não se esqueça do nosso encontro às 17 horas.*

Einladung	Convite
Ich möchte Sie zu meinem Geburtstag einladen.	Quero [Desejo] convidá-lo para o meu aniversário.
Darf ich Sie ... einzuladen. zum Frühstück zum Mittagessen zum Abendessen ins Theater	Permita-me convidá-lo para ... o pequeno-almoço [o café da manhã]. almoçar. jantar. irmos ao teatro.
Ich nehme Ihre Einladung gern an.	Aceito o seu convite com prazer.
Ich kann Ihre Einladung leider nicht annehmen.	Lamento não poder aceitar o seu convite.
Möchten Sie diesen Abend mit uns gemeinsam verbringen?	O sr. quer passar esta noite (junto) connosco?
Für heute bin ich schon verabredet.	Já tenho <u>um</u> compromisso hoje.
Würde es Ihnen morgen passen?	Pode ser então amanhã?
Was würden Sie sagen, wenn wir gemeinsam ins Theater gingen?	Que tal se fôssemos juntos ao teatro?
Ich würde mich sehr freuen.	Ficaria muito contente.
Keine schlechte Idee.	Não é má ideia.
Bringen Sie auch Ihren Freund mit, ich möchte ihn kennenlernen.	Traga <u>o</u> seu amigo também, quero conhecê-lo.
Ich hoffe, dass Ihr Freund auch kommen kann.	Espero que <u>o</u> seu amigo também possa vir.
Vielen Dank für Ihre Aufmerksamkeit, wir kommen auf jeden Fall.	Muito obrigado pela atenção/gentileza, vamos/iremos com toda a certeza.
Vielen Dank für Ihre Freundlichkeit.	Muito obrigado pela sua amabilidade/gentileza.
Möchten Sie, dass wir die wichtigsten Museen der Stadt gemeinsam besuchen?	O sr. gostaria de ir visitar comigo [que visitássemos juntos] os museus mais importantes da cidade?
Sie sind sehr liebenswürdig.	O sr. é muito amável.
Wenn Sie nach Berlin kommen, besuchen Sie uns einmal.	Quando for/vier um dia a Berlim vá/venha visitar-nos/ver-nos [nos ver].
Meine Frau und ich würden uns sehr freuen.	A minha esposa e eu ficaríamos muito contentes com a sua visita.
Ich würde mich freuen, wenn Sie einige Tage bei uns bleiben könnten.	Seria um prazer se o sr. pudesse passar alguns dias na nossa casa.
Wollt ihr nicht heute Abend zu uns kommen?	Vocês não querem ir lá à nossa casa hoje à noite?

Leider muss ich absagen.	*Lamentavelmente não posso.*
Es tut mit leid, aber ich bin schon ver-abredet.	*Lamento, mas já tenho um compromisso.*
Wie schade!	*Que pena!*
Besuchen Sie mich mal in den nächsten Tagen?	*O sr. não me quer [O sr. vem me] visitar um destes dias?*
Ist es Ihnen recht, wenn ich Sonntag komme?	*Convém-lhe que eu vá lá/se eu for/vier no domingo? [Ficaria bem para o sr. se eu chegasse domingo?]*
Sie können mich jederzeit besuchen.	*O sr. pode-me visitar em qualquer altura [a qualquer hora].*
Sie brauchen mir nicht vorher Bescheid sagen.	*Não precisa de me avisar com antece-dência.*
Ich danke Ihnen, dass Sie gekommen sind.	*Agradeço-lhe por ter vindo.*
Entschuldigen Sie, dass ich Sie habe warten lassen.	*Desculpe por o ter feito [por ter lhe feito] esperar.*
Kommst du am Nachmittag mal vor-bei?	*Passas [Você passa] por aqui à tarde?*
Eine Stunde warte ich schon auf dich!	*Já há [faz] uma hora que estou à tua espera!*
Ich habe stundenlang auf dich gewartet.	*Esperei horas a fio por ti [você]!*

Wünsche | Glückwünsche	*Desejos | Votos de felicitações*
Herzlich willkommen!	*Seja bem-vindo!*
Wir wünschen Ihnen einen angeneh-men Aufenthalt bei uns.	*Desejamos-lhe uma agradável estadia [estada] no nosso país.*
Ich wünsche Ihnen gute Erholung.	*Desejo que descanse bem. [Desejo-lhe um bom repouso.]*
Einen angenehmen/schönen Abend!	*Uma boa noite. / Uma noite agradável.*
Ich wünsche dir Erfolg bei der Arbeit.	*Desejo-te [Desejo-lhe] êxito/sucesso no trabalho.*
Wir wünschen Ihnen gute Unter-haltung.	*Desejamos que se divirta(m).*
Ich wünsche dir alles Gute.	*Desejo que tudo te corra bem. [Desejo-lhe tudo de bom.]*
Danke, gleichfalls.	*Igualmente, obrigado.*

Viel Spaß! / Viel Vergnügen!	*Diverte-te! / Divirta-se!*
Viel Erfolg!	*Muitos êxitos [sucessos]!*
Wir wünschen dir Glück und Gesundheit.	*Desejamos-te saúde e felicidades.*
Alles Gute!	*Passa/Passe bem! / Que tudo te/lhe corra bem! [Tudo de bom!]*
Gleichfalls.	*Igualmente.*
Herzlichen Glückwunsch!	*Muitos parabéns!* *[Meus cordiais parabéns!]*
Ich gratuliere Ihnen/dir!	*Parabéns!*
Ich gratuliere Ihnen/dir herzlich!	*Os meus cordiais parabéns!*

Ich gratuliere Ihnen zur …
  Verlobung.
  Hochzeit.
  Geburt Ihres Sohnes.
	Parabéns …
	  pelo noivado.
	  pelo casamento.
	  pelo nascimento do seu filho.

Meine herzlichen Glückwünsche zum Geburtstag.	*Os meus cordiais parabéns pelo aniversário [pela data natalícia].*
Meinen herzlichen Glückwunsch zu Ihrem Erfolg.	*Os meus cordiais parabéns pelos seus êxitos.*
Ich gratuliere Ihnen zu dem glücklichen Ereignis.	*Parabéns pelo feliz acontecimento.*
Viel Glück und Gesundheit!	*Muita saúde e felicidades!*
Ich wünsche Ihnen alles Gute.	*Desejo que tudo lhe corra bem.*
Frohes Fest! / Gesunde Feiertage!	*Boas festas!*
Frohe/Fröhliche Weihnachten!	*Feliz Natal!*
Ein glückliches neues Jahr!	*Feliz Ano Novo! / Próspero Ano Novo!*
Viel Glück im neuen Jahr!	*Muitas felicidades no Ano Novo!*
Auf Ihr Wohl!	*À sua saúde!*
Zum Wohl! / Prosit!	*À saúde! [Saúde!]*
Trinken wir auf unsere Freundschaft.	*Bebamos [Bebemos] à nossa amizade.*
Baldige Genesung! / Gute Besserung!	*Desejo que se restabeleça rapidamente. / Desejo as melhoras.*

Dank	Agradecimento
Danke schön. / Vielen Dank.	*Muito obrigado.*
Herzlichen Dank.	*<u>Os</u> meus cordiais agradecimentos.*
Mit bestem Dank.	*Muitíssimo obrigado.*
Danke, ebenfalls.	*Obrigado, igualmente.*

Vielen Dank für …
   Ihre Liebenswürdigkeit.
   Ihre Hilfe.
   Ihre Mühe.
   Ihre Aufmerksamkeit.
   Ihre Einladung.
   Ihre Gastfreundschaft.
   deine Ratschläge.
   das Geschenk.
	Muito obrigado …
	   pela (sua) gentileza.
	   pela sua ajuda.
	   pelos seus esforços.
	   pela sua atenção.
	   pelo seu convite.
	   pela sua hospitalidade.
	   pelos teus conselhos.
	   pelo presente.

Ich bin Ihnen sehr dankbar.	*Estou-lhe muito grato.*
Ich bin Ihnen sehr verbunden.	*Estou-lhe muito agradecido.*
Danke. Das ist sehr nett von dir (Ihnen).	*Obrigado. (Isso) É muito gentil da tua (sua) parte.*
Ich weiß nicht, wie ich Ihnen danken soll.	*Não sei como lhe agradecer.*
Ich danke Ihnen im Voraus.	*Agradeço-lhe antecipadamente.*
Ich danke Ihnen im Namen aller.	*Agradeço-lhe em nome de todos.*
Ich danke Ihnen für die Mühe, die Sie sich gegeben haben.	*Agradeço-lhe pelo seu empenho/trabalho que teve.*
Ich finde keine Worte, (um) Ihnen meine Dankbarkeit auszudrücken.	*Não encontro palavras para lhe expressar os meus agradecimentos.*

Es war sehr freundlich von Ihnen, …
   dass Sie mich rechtzeitig benachrichtigt haben.
   dass Sie mich begleitet haben.
   dass Sie mir Gesellschaft geleistet haben.
	Foi muito gentil da sua parte …
	   [por] ter-me informado a tempo.
	   [por] ter-me acompanhado.
	   [por] ter-me feito companhia.

Sie sind zu nett!	*O sr. é muito gentil.*
Ich habe mich glänzend unterhalten, vielen Dank.	*Diverti-me bastante, muito obrigado.*
Richten Sie ihm meinen besten Dank aus für diese schönen Blumen.	*Transmita [Dê]-lhe os meus melhores agradecimentos por estas lindas flores.*

Ich freue mich, …	Fico muito contente …
Ihnen nützlich zu sein.	por [em] lhe ser útil.
Ihnen einen Dienst erweisen zu können.	por [em] lhe poder prestar um serviço.
Es macht mir Freude, …	É um prazer …
bei Ihnen zu sein.	estar com o sr.
Gäste zu empfangen.	receber convidados.
Sie haben so viel für mich getan.	O sr. fez tanto por mim.
Das werde ich nicht vergessen.	Eu não vou esquecer isso.
Ich würde alles tun, um Ihnen einen Gegendienst zu erweisen.	Faria tudo para lhe retribuir o favor.
Keine Ursache. Ich freue mich, Ihnen helfen zu können.	Não há de quê. Estou contente por lhe poder ser útil. [Alegro-me em poder ser-lhe útil.]
Es war mir ein Vergnügen.	Foi um prazer.
Ich habe nur meine Pflicht getan.	Apenas cumpri o meu dever.
Das ist nicht der Rede wert. / Keine Ursache.	De nada. / Não há de quê.

Fragen | Erkundigungen	Perguntas | Pedidos de informação
Wie bitte?	Como, por favor?
Warum nicht?	Porque não?
Wer?	Quem?
Wer sind Sie?	Quem é o sr.?
Wer ist dieser Herr?	Quem é este senhor?
Woher kommst du?	De onde és? [Você é de onde?]
Lebst Du allein?	Moras sozinho? / Você mora sozinho?
Darf ich Ihnen eine Frage stellen? – Nur zu!	Posso fazer-lhe uma pergunta? – Faça favor! [Pols não.]
Würde es Ihnen etwas ausmachen, wenn ich frage …	Não se importava, se eu lhe perguntasse … [O sr. se ofenderia/incomodaria se eu perguntasse ….]
Warum wollen Sie das wissen? – Nur so, aus reiner Neugierde.	Porque quer saber isso? – Por nada de especial, apenas por mera curiosidade. [Só por curiosidade.]
Ich möchte Ihnen nicht zu nahe treten, aber darf ich fragen, wie alt Sie sind?	Não quero ser inconveniente, mas posso perguntar quantos anos tem?

Sie müssen nicht antworten, wenn Sie nicht wollen.	*Não precisa de responder, se não quiser.*
Wer klingelt?	*Quem é que está a tocar [Quem está tocando] a campainha?*
Wer hat angerufen?	*Quem é que telefonou?*
Wer ist da?	*Quem está aí?*
Wer hat dir das gesagt?	*Quem te disse isso?*
Wem gehört diese Handtasche?	*A quem pertence esta mala [bolsa]?*
An wen soll ich mich wenden?	*A quem me devo dirigir?*
Mit wem haben Sie gesprochen?	*Com quem [o sr.] falou?*
Von wem ist die Rede?	*De quem é que se está a falar? [De quem se está falando?]*
Wen suchst du?	*Quem é que estás a procurar? [Quem você está procurando?]*
Was?	*O quê?*
Was suchen Sie?	*O que é que está a procurar? [O que o sr. está procurando?]*
Was ist geschehen?	*O que é que aconteceu?*
Was ist zu tun?	*O que é que há para fazer?*
Was gibt es Neues?	*O que há de novo? / Quais são as novas?*
Wie?	*Como?*
Wie war der Film (von) gestern Abend?	*Como foi o filme ontem à noite?*
Wie komme ich zum Bahnhof?	*Como é que se vai daqui para a estação?*
Wie kommt es, dass Sie so früh da sind?	*Como é que o sr. conseguiu estar tão cedo aqui? [Que foi que houve que o sr. está aqui tão cedo?]*
Wie alt ist diese Kirche?	*Quantos anos tem essa igreja?*
Wie alt ist Ihre Tochter?	*Quantos anos tem a sua filha? / Que idade tem a sua filha?*
Wie lange dauert die Vorstellung?	*Quanto tempo dura / leva o espectáculo?*
Wo?	*Onde?*
Wo ist das Fundbüro?	*Onde fica a agência de perdidos e achados?*
Wo arbeiten Sie?	*Onde é que o sr. trabalha?*
Wo ist der Eingang?	*Onde fica a entrada?*
Wo waren Sie?	*Onde é que [o sr.] esteve?*
Wo ist das Informationsbüro?	*Onde fica a agência de informações?*

Das Büro ist …	A agência é …
hier.	aqui.
dort.	ali.
nebenan.	ao lado.
unten.	em baixo.
oben.	em cima.
rechts.	à direita.
links.	à esquerda.
geradeaus.	em frente.
in der Nähe.	aqui perto.

Woher?	Donde?/ De onde?
Woher kommt er?	Donde é que ele vem?
Woher haben Sie diese Neuigkeit?	De onde é que soube esta [Onde é que descobriu essa] novidade?
Wohin?	Aonde?/ Para onde?
Wohin führt diese Straße?	Para onde / Aonde vai ter/dar esta rua?
Wohin wollen Sie fahren (gehen)?	Aonde é que o sr. quer ir?
Wo muss ich hingehen?	Aonde devo ir?
Wohin gehst du? / Wo gehst du hin?	Para onde é que vais? [Para onde você vai?]
Wann?	Quando?
Wann könnte ich kommen?	Quando é que poderei vir? [Quando eu poderia vir?]
Wann fahren wir ab?	Quando é que partimos?
Wann kann ich mit Frau M. sprechen?	Quando posso falar com a sra. M.?
Seit wann tragen Sie eine Brille?	Desde quando usa [está usando] óculos?
Bis wann werden Sie im Lande bleiben?	Até quando vai ficar/permanecer aqui?
Warum?	Porque é que? / Porquê?
Warum ist die Straße gesperrt?	Porque é que a rua está interdita [interditada]?
Warum kommst du so spät?	Porque é que vens [Por que você está chegando] tão tarde?
Welcher? / Welche? / Welches?	Qual? / Quais? / Que?
Was ist Ihr/dein Sternzeichen?	Qual é o seu/o teu signo?
Welche Apotheke hat Nachtdienst?	Qual é a farmácia de serviço [plantão] hoje à noite?
Welcher Zug fährt nach Coimbra?	Qual é o comboio [trem] para Coimbra?
Welches ist das beste Hotel der Stadt?	Qual é o melhor hotel da cidade?

Wie viel?/Wie viele?	*Quanto?/Quantos?/Quanta?/Quantas?*
Wie viel Zeit haben wir verloren?	*Quanto tempo perdemos?*
Wie viele Reisende kann dieser Bus befördern?	*Quantos passageiros leva este autocarro [ônibus]?*
Wie viele Frauen sind in Ihrer Delegation?	*Quantas mulheres há na sua delegação?*
Ist Herr N. zu Hause?	*O sr. N. está (em casa)?*
Ja, treten Sie bitte ein.	*Sim, entre por favor.*
Kann ich Frau L. sprechen?	*Posso falar com a sra. L.?*
Warten Sie bitte einen Augenblick.	*Espere/Queira esperar um momento, por favor.*
Sind Sie Fräulein B.?	*É a menina B.? [A senhorita se chama B.?]*
Ja, nehmen Sie bitte Platz.	*Sou, sim, sente-se, por favor.*
Störe ich?	*Incomodo? / Estou a incomodar? [Estou lhe incomodando?]*
Durchaus nicht. Sie sind immer willkommen.	*De maneira alguma. A senhora é sempre bem-vinda.*
Darf ich eintreten?	*Permite-me entrar? / Posso entrar?*
Bitte. Nehmen Sie Platz.	*Ora essa. [Pois não.] Queira sentar-se.*
Haben Sie einen Moment Zeit für mich?	*O sr. dispõe de um minuto para mim?*
Ich stehe zu Ihrer Verfügung.	*Estou à sua disposição.*
Suchen Sie etwas?	*O sr. procura [está procurando] alguma coisa?*
Suchen Sie jemanden?	*O sr. procura [está procurando] alguém?*
Kann ich etwas für Sie tun?	*Posso ajudá-lo [lhe ajudar] nalguma coisa [em alguma coisa]?*
Womit kann ich dienen?	*Em que lhe posso ser útil? Em que posso servi-lo?*
Darf ich Sie etwas fragen?	*Posso-lhe perguntar uma coisa?*
Gern, fragen Sie nur.	*Faça favor, pergunte lá. [Pois não, pode perguntar.]*
Wollen Sie, dass ich Sie begleite?	*Quer que eu o acompanhe?*
Ist das Ihr Ernst?	*O sr. está a falar [está falando] a sério?*
Es ist mein voller Ernst.	*Estou a falar [Estou falando] com toda a sinceridade.*
Sind Sie einverstanden?	*O sr. está de acordo?*

Einverstanden. Sie werden uns sehr nützlich sein.	*De acordo. O sr. vai nos ser muito útil.*
Können Sie mir einen Dienst erweisen?	*O sr. pode-me fazer um favor?*
Selbstverständlich. Worum handelt es sich?	*É claro. [Pois não.] De que se trata?*
Ich habe eine Bitte.	*Tenho um favor a pedir-lhe.*
Übermitteln Sie bitte Frau P. diese Mitteilung von mir.	*Transmita à sra. P. um recado meu, por favor.*
Sehr gern.	*Com muito prazer.*
Könnten Sie mir eine Auskunft geben?	*O sr. poderia dar-me uma informação?*
Ja, bitte?	*Sim, claro. [Sim, pois não.]*
Welche ist die kürzeste Strecke nach Coimbra?	*Qual é o trajecto [trecho] mais curto para Coimbra?*
Haben Sie eine Straßenkarte bei sich?	*O sr. tem um mapa das estradas [um mapa rodoviário] consigo?*
Wollen Sie mir bitte behilflich sein? Ich bekomme das Fenster nicht zu.	*O sr. pode-me ajudar? Eu não consigo fechar a janela.*
Stört es Sie, wenn ich rauche?	*Incomodo-o se fumar? [O sr. se incomoda se eu fumar?]*
Das stört mich nicht.	*Isso não me incomoda.*
Wenn Sie nichts dagegen haben, stelle ich das Radio an.	*Se o sr. não tiver nada contra eu ligo o rádio.*
Bitte.	*Por favor. [Pois não.]*
Ich möchte Sie damit nicht belästigen.	*Eu não o quero [não quero lhe] incomodar com isso.*
Das macht mir nichts aus.	*Isso não me incomoda. / Para mim tanto faz.*
Können Sie mir dieses Buch leihen?	*Pode-me emprestar este livro?*
Wenn es Ihnen nicht zu viel Mühe macht: Könnten Sie mir etwas aus der Stadt mitbringen?	*Se não o incomodar muito [Se não foi incómodo para o sr.]: Poderia trazer-me uma [alguma] coisa da cidade?*
Wollen Sie das für mich tun?	*Quer-me fazer isso? [O sr. faz isso para mim?]*
Das könnte ich Ihnen nicht abschlagen.	*Eu nunca poderia recusar-lhe isso.*
Danke. Das ist nett von Ihnen.	*Obrigado. É simpático [gentil] da sua parte.*

Denken und Fühlen
Pensar e sentir

Meinungen | Standpunkte	Opiniões | Pontos de vista
Welche Meinung haben Sie? / Was ist Ihre Meinung? / Was meinen Sie? / Was glauben Sie?	*Qual é a sua opinião? / O que é que pensa disso? / O que é que acha? [Que o sr. acha?]*
Glauben Sie, … es wäre möglich? es wäre angebracht?	*O sr. acha que … seria possível? seria conveniente?*
Wie gefällt dir das?	*Gostas disto/disso? / Isto/ Isso agrada-te? [Isso lhe agrada?]*
Wie soll ich das Problem lösen?	*Como é que devo resolver o problema?*
Finden Sie eine Lösung?	*O sr. encontra uma solução?*
Was kann man hier tun?	*O que é que se pode fazer aqui?*
Ich bin der Ansicht, dass es ein annehmbarer Vorschlag ist.	*Eu sou da opinião que esta é uma proposta aceitável.*
Meiner Meinung/Ansicht nach … haben Sie recht. war das Gespräch nützlich. war die Reise erfolgreich. sollten wir sobald wie möglich zusammenkommen.	*A meu ver … o sr. tem razão. a conversa foi útil. a viagem teve êxito. deveríamos encontrar-nos o mais breve/cedo possível.*
Ich möchte auch andere Meinungen hören.	*Eu quero ouvir também a opinião de outros.*
Alle sind der Meinung, dass wir noch bleiben sollten.	*Todos acham que deveríamos ficar mais tempo.*
Ich bin der gleichen Meinung.	*Sou da mesma opinião.*
Ich schließe mich Ihrer Meinung an.	*Eu adiro à sua opinião.*
Ich kann meine Meinung nicht sagen.	*Não posso dar/expressar a minha opinião.*
Soweit ich das beurteilen kann, hat er recht.	*Pelo que me parece, ele tem razão.*
Ich bin zwar anderer Meinung, aber das ist unwichtig.	*Na realidade tenho outra opinião/sou de outra opinião, mas isso não importa.*
Soweit ich mich erinnere, waren Sie auch meiner Meinung.	*Pelo que me lembro o sr. também era da minha opinião.*
Was mich angeht, habe ich meine Meinung gesagt.	*Quanto a mim, dei a minha opinião.*

Ich bleibe bei meiner Meinung.	*Eu continuo com a minha opinião.*
Ich bezweifle, dass das stimmt.	*Eu tenho dúvidas. / Eu duvido. / Eu desconfio que isso seja verdade.*
Ich habe (es) geahnt, dass es so kommen wird.	*Pressenti que viria a acontecer assim/dessa maneira.*
Ich habe es von vornherein gesagt.	*Eu disse isso desde o início.*
Es kommt auf die Umstände an.	*Depende das circunstâncias.*
Wenn mich mein Gedächtnis nicht trügt, hattest du den Vorschlag angenommen.	*Se não me falha a memória tu aceitaste [você aceitou] a proposta.*
Ich vertrete meinen Standpunkt.	*Defendo o meu ponto de vista.*
Ich finde dabei nichts Besonderes.	*Não vejo nada de extraordinário / de especial nisto.*
Das sind unbegründete Behauptungen.	*(Isso) São afirmações infundadas.*
So habe ich es auch vermutet.	*Também supus que era assim.*
Schließlich und endlich hat er seine Meinung geändert.	*Finalmente ele mudou a sua opinião / mudou de ideias.*
Ich bin von der Wahrheit seiner Ausführungen völlig überzeugt.	*Estou plenamente convicto da verdade das suas palavras.*

Möglichkeit | Unmöglichkeit	*Possibilidade | Impossibilidade*
Das ist möglich/unmöglich.	*Isso é possível/impossível.*
Wie ist das möglich?	*Como é que isso é possível?*
Ich will sehen, dass ich es möglich machen kann.	*Vou cuidar que isso seja possível.*
Ich werde mein Möglichstes tun.	*Vou fazer todo o possível.*
Können Sie das möglich machen?	*O sr. pode fazer com que isso seja possível?*
Beschreiben Sie mir den Weg so genau wie möglich.	*Descreva-me o caminho de maneira/forma mais exacta possível.*
Kommen Sie so früh wie möglich.	*Venha o mais cedo possível.*
Er soll möglichst sofort kommen.	*Ele deve vir o mais rápido possível.*
Ich werde mich so gut wie möglich in Acht nehmen.	*Eu me cuidarei o máximo possível. / Terei o máximo de precaução desde que seja possível.*
Würden Sie das bitte möglichst morgen erledigen.	*O sr. poderia resolver isso amanhã, se possível?*

Sie müssen im Rahmen des Möglichen bleiben.	*O sr. deve ficar dentro dos limites.*
Er sollte das nach Möglichkeit vermeiden.	*Ele deve evitar isso o quanto possível.*
Ich weiß sehr wohl Mögliches von Unmöglichem zu unterscheiden.	*Sei distinguir muito bem o possível do impossível.*
Es gibt hier nur zwei Möglichkeiten.	*Aqui só há duas possibilidades. / Neste caso há apenas duas possibilidades.*
Das ist technisch unmöglich.	*Isso é tecnicamente impossível.*
Damit verlange ich doch wirklich nichts Unmögliches.	*Com isso/Nesse caso, não estou exigindo nada de impossível.*
Das kann ich unmöglich annehmen.	*É impossível eu poder aceitar isso.*
Das kann sich unmöglich so verhalten haben.	*Isso não pode ter ocorrido dessa forma.*

Zustimmung | Bestätigung	Concordar | Afirmar [aprovar]
Ja (, so ist es).	*Sim, é isso.*
Ja, es ist wahr.	*Sim, é verdade.*
Ja, wahrhaftig.	*Sim, é realmente verdade.*
Ja, eine gute Idee.	*Sim, isso é uma boa ideia.*
Sicher. / Gewiss.	*Certo. / Certamente.*
Zweifellos.	*Sem dúvida.*
Ganz ohne (jeden) Zweifel.	*Sem sombra de dúvidas. / Sem dúvida alguma.*
Darüber gibt es keinen Zweifel.	*Quanto a isso, não há dúvida.*
Es ist absolut sicher.	*É absolutamente certo.*
Genau so!	*Exactamente assim.*
So ist es auch.	*Assim é.*
Nein, es ist so!	*Não, é assim.*
Glauben Sie mir, es ist so!	*Acredite-me, mas é assim.*
So ist es, nichts zu machen.	*É assim, não se pode fazer nada.*
Es ist leider so.	*Lamentavelmente é assim.*
Unbedingt.	*De todo o modo. / De qualquer maneira.*
Auf alle Fälle.	*Em todo o caso.*

Das versteht sich von selbst. / Selbstverständlich.	*Isso entende-se por si próprio. [Isto é por si explicativo.] / Pois claro. [É claro, pois não.]*
Gut (so)!	*Bem!*
Ausgezeichnet!	*Excelente!*
In Ordnung.	*Está bem. / Em ordem.*
Es ist klar.	*É claro.*
So geht es auch.	*Assim também é possível.*
Einverstanden.	*De acordo. / Concordo.*
Wie Sie wünschen.	*Como [o sr.] quiser.*
Sehr gern.	*Com muito prazer.*
Es passt mir.	*Isso convém-me. [Isso me convém.]*
Warum nicht?	*Porque não?*
Es wäre gut.	*Seria bom.*
Es wäre nicht schlecht.	*Não seria mal. / Não é má ideia.*
Es würde nichts schaden.	*Não fazia mal nenhum. [Não prejudicaria.]*
Nichts einfacher als das.	*Nada mais simples do que isso.*
Da sage ich nicht nein.	*Não digo que não.*
Ich glaube ja.	*Acho/Creio que sim.*
Ich hoffe (es).	*Espero.*
Meinetwegen/Von mir aus kann er gehen.	*Por mim / Pela [Da] minha parte ele pode sair.*
Sie haben (vollkommen) recht.	*O sr. tem (toda a) razão.*
Sie hatten doch recht.	*O sr. tinha realmente razão.*
Ich bin ganz (und gar) Ihrer Meinung.	*Partilho completamente da sua opinião. [Sou da sua inteira opinião.]*
Das ist auch meine Meinung.	*Isso também é a minha opinião. / Concordo plenamente com o sr.*
Wir sind völlig einer Meinung.	*Somos exactamente da mesma opinião.*
Ich war schon immer dieser Meinung.	*Eu sempre fui dessa opinião. / Eu sempre tive essa opinião.*
Ich bin mit Ihrer Haltung zu diesem Problem einverstanden.	*Estou de acordo com a sua atitude no que se refere a este problema.*
Es ist ein Körnchen Wahrheit darin.	*Essa coisa tem algo [contém um vislumbre] de verdade.*
Letztlich gebe ich ihnen doch recht.	*Por fim, dou-lhe razão.*

Ich muss zugeben, dass ich mich geirrt habe.	*Tenho que admitir/reconhecer que errei.*
Ich kann Ihnen nicht widersprechen.	*Não posso contradizer a sua opinião.*
Ich habe nichts zu entgegnen.	*Não tenho nada a opor.*

Was mich betrifft, …
    können Sie beruhigt sein.
    ist es möglich.
	Quanto a mim, …
	    pode ficar tranquilo.
	    é possível.

Sie können sich auf mich verlassen.	*Pode confiar em mim.* *[Pode deixar isso comigo.]*
Sie können auf mich zählen.	*Pode contar comigo.*
Daran brauchen Sie nicht zu zweifeln.	*Quanto a isso, não precisa <u>de</u> ter dúvidas.*
Darüber brauchen Sie sich keine Sorgen zu machen.	*Quanto a isso, não precisa <u>de</u> se preocupar.*
Ich habe nichts dagegen.	*Não tenho nada contra.*
Wie Sie wünschen/wollen.	*Como quiser.*
Ich werde darüber nachdenken.	*[Eu] Vou pensar no caso.*
So hab ich's mir auch vorgestellt.	*Foi assim que eu imaginei isso.*
Das ist es gerade, was ich wünschte.	*É exa<u>c</u>tamente o que eu queria.*
Ich glaube, ich weiß, was Sie sagen wollen.	*Creio que sei o que o sr. quer dizer.*
Ja. Das würde mich sehr freuen.	*Sim. Isso dava-me muita alegria.* *[Isso me alegraria muito.]*
Ja. Das interessiert mich.	*Sim. Isso interessa-me.*
Ja. Warum nicht?	*Sim. Porque não?*
Ja. Ich werde es erledigen.	*Sim. Eu vou resolver isso.*
Ja. Ich werde Ihnen diesen Gefallen tun.	*Sim. Vou fazer-lhe esse favor.*
Ja. Es ist besser, wenn Sie das tun.	*Sim. É melhor o sr. fazê-lo.*
Dein Vorschlag gefällt mir.	*Agrada-me a tua proposta.* *[Sua/Tua proposta me agrada.]*
Ich nehme Ihren Vorschlag gern an.	*Aceito <u>a</u> sua proposta de bom grado / com prazer.*

Ablehnung	Recusa
Nein, danke.	*Não, obrigado.*
Nein. Es tut mir leid.	*Não, lamento.*
Nein, das ist nicht möglich.	*Não, isso é impossível.*
Nein, das lehne ich (strikt) ab.	*Não, eu recuso isto (absolutamente).*
Ich bleibe bei meinem Nein.	*Eu mantenho [permaneço com] o meu não.*
Nein, ich kann es dir nicht sagen.	*Não te posso dizer isso.* *[Não, isso não posso lhe dizer.]*
Nein, ich tue es nicht.	*Não, eu não faço isso.*
Ich kann nicht.	*Não posso.*
Ich will nicht.	*Não quero.*
Es geht nicht.	*Não é/será possível. / Não se admite.*
Ich glaube nicht.	*Acredito que não.*
Ich mag nicht.	*Não gosto/quero.*
Wir sind (damit) nicht einverstanden.	*Não estamos de acordo (com isso.)*
Sie ist anderer Meinung.	*Ela tem outra opinião.*
Leider bin ich anderer Meinung.	*Infelizmente, sou de outra opinião.*
Ich bin nicht deiner Meinung, dass …	*Não concordo com a tua opinião que …*
In diesem Punkt sind wir nicht einer Meinung.	*Aí não somos da mesma opinião.*
Das sagt mir nicht zu.	*Isso não me agrada/convém.*
Ich habe keine Lust.	*Não tenho vontade nenhuma.* *[Estou sem vontade.]*
Das überzeugt mich nicht.	*Isso não me convence.*
Auf gar keinen Fall.	*De modo nenhum. [De jeito nenhum. / De modo algum.]*
Das wird nicht geschehen.	*Isso não vai acontecer.*
Niemals!	*Jamais! / Nunca!*
Unmöglich!	*Impossível!*
Es ist mir nicht möglich, zu …	*Não me é possível …*
Ausgeschlossen!	*Impossível! [De jeito nenhum.]*
Unsinn!	*Palermice! [Tolice!]*
Nie im Leben!	*Nunca jamais.*
Das lass ich nicht zu!	*Não admito isso!*
Ich denke gar nicht daran.	*Eu nem penso nisso. [Isso eu não faço não.]*

Es fällt mir gar nicht ein, so etwas zu tun.	*Não me passa pela cabeça fazer uma coisa dessas [algo como isso].*
Ich bin dagegen.	*Eu sou contra.*
Das kommt nicht in Frage.	*Isto está fora de questão [cogitação].*
So etwas kann ich nicht akzeptieren.	*Uma coisa dessas não posso aceitar.*
Um nichts in der Welt.	*Por nada deste mundo.* *[Em hipótese alguma.]*
Überhaupt nicht.	*De modo algum.*
Keine Rede davon!	*Nem pensar!*
Das hat keinen Sinn/Zweck.	*Isso não faz sentido [não adianta].*
Im Gegenteil.	*Pelo contrário.*
Das würde mir nicht im Traum einfallen.	*Não me passaria pela cabeça nem em sonho.*
Das macht man nicht!	*Isto não se faz.*
Er wird so etwas nicht tolerieren.	*Ele não vai tolerar tal coisa.*
Das ist eine bodenlose Frechheit.	*Isso é um atrevimento incrível.*
Was für eine Frechheit!	*Que audácia/impertinência!*
Das ist nicht wahr.	*Isso não é verdade.*
Das ist eine Lüge.	*Isso é mentira.*
Sie haben nicht recht.	*O sr. não tem razão.*
Ich fürchte, Sie irren sich.	*Receio que o sr. esteja enganado.*
Ich glaube, Sie irren sich.	*Creio que o sr. está enganado.*
Ich sehe nicht ein, warum.	*Não vejo/entendo porquê.*
Ich sehe nicht ein, was für einen Sinn das haben soll.	*Eu não vejo qual é o sentido que isto pode ter [que tem isso].*
Diesen Gefallen kann ich Ihnen leider nicht tun.	*Lamentavelmente, não lhe posso prestar este favor.*
Es tut mir leid, aber …	*Lamento, mas …*
Das interessiert mich nicht.	*Isto não me interessa.*
Es ist mir gleichgültig.	*A [Para] mim tanto me faz.*
Das geht ihn nichts an.	*Ele não tem nada a ver com isso.*

Ich will/möchte nicht …
    dass Sie sich umsonst bemühen.
    dass sie Unannehmlichkeiten bekommen.
    dass Sie sich Sorgen machen.
	Não quero …
	    que o sr. se preocupe em vão/à toa.
	    que o sr. tenha aborrecimentos.
	    que o sr. se preocupe.

Das ist nicht das Problem.	*O problema não é isso.*

Davon ist nicht die Rede.	*Não se falou nisso.*
Das fehlte uns gerade noch.	*Era só o [Só era essa] que nos faltava.*
Ganz so ist es nicht.	*Não é bem assim.*
Wir können Ihrem Antrag nicht statt-geben.	*Não podemos deferir o [ao] seu pedido.*
Wie unangenehm!	*Que coisa desagradável! / Que trans-torno!*
Ich kann ihr überhaupt nicht mehr glauben.	*Eu já não posso acreditar mais nela [mais acreditar nela, de jeito nenhum].*
Das glaube ich nicht.	*Não acredito nisso.*
Er ist mit diesem Vorschlag nicht ein-verstanden.	*Ele não está de acordo com esta pro-posta.*
Was hat er dagegen einzuwenden?	*O que é que ele tem contra isso?*
Bedaure, ich habe nicht die geringste Ahnung.	*Lamento, não tenho a mínima ideia.*

Gefallen | Missfallen	Agrado | Desagrado
Dresden gefällt mir sehr gut.	*Gosto muito de Dresden.*
Es gefiel ihm gut in Rio.	*Ele gostou do Rio.*
Hat Ihnen dieser Film gefallen?	*Gostou desse filme?*
Das gefällt mir nicht.	*Isso não me agrada. / Não gosto disso.*
Daran kann ich keinen Gefallen finden.	*Não acho graça nisso. / Não gosto disso.*
Wie gefällt Ihnen das?	*Que tal acha? / Que lhe parece?*
Das lass ich mir gefallen!	*Isso me agrada. / Gosto disso. / Isso sim!*
Die Schauspielerin gefällt in ihrer neuen Rolle.	*A actriz desempenha/representa bem o seu novo papel.*
Ich habe das sehr gern.	*Gosto muito disto.*
Ich mag solche Sachen nicht.	*Não aprecio este gé[ê]nero de coisas. / Não gosto desse tipo de coisas.*
Ich finde das abscheulich.	*Detesto. / Acho isso horrível.*
Er mochte das nicht.	*Ele não gostou disso.*
Das toleriere ich nicht.	*Não tolero isso.*
Das missfällt mir.	*Não gosto disso.*
Ich habe bereits mein Missfallen geäußert.	*Já externei o meu desgosto. / Disse que não gosto.*
Damit haben Sie Missfallen erregt.	*Com isso o sr. causou desgosto.*

Sein Verhalten will mir nicht recht gefallen.	*O seu compartamento/a sua atitude não me agrada.*
Ich mag keinen Fisch.	*Não gosto de peixe.*
Die beiden mögen sich.	*Eles/Elas se gostam.*
Das lasse ich mir nicht gefallen.	*Isso, eu não aguento.*

Zweifel | Befürchtung | Verwunderung	Dúvida | Receio | Admiração
Glauben Sie wirklich?	*O sr. acredita realmente?*
Ist das wahr?	*É verdade?*
Wäre so etwas möglich?	*Seria possível uma coisa dessas?*
Es ist unglaublich.	*É incrível.*
Sind Sie sicher?	*O sr. tem a certeza?*
Ich bezweifle das.	*Eu duvido disso.*
Soll das wahr sein?	*Isso será verdade?*
Keine Rede davon!	*Nada disso! / Nem pensar!*
Was wird nicht alles erzählt.	*Muito se conta. [O povo fala demais.]*
Glauben Sie mir, so ist es.	*Pode crer-me que é assim.*
Mir kommen Zweifel.	*Estou a ficar com [Tenho] dúvidas.*
Haben Sie bitte keinen Zweifel.	*Não tenha dúvidas, por favor.*
Das steht außer Zweifel.	*Isto está fora de dúvida.*
(Auf) Ehrenwort!	*Palavra de honra!*
Ich glaube es schon, aber ich hätte es nicht erwartet.	*Eu acredito, sim, mas não esperava.*
Ich bin nicht ganz überzeugt.	*Não estou bem convicto.*
Ich befürchte, dass meine portugiesischen Sprachkenntnisse nicht ausreichen.	*Receio que os meus conhecimentos de português não sejam suficientes.*
Machen Sie sich (darüber) keine Sorgen.	*Não se preocupe (com isso).*
Es ist zu befürchten, dass wir zu spät kommen.	*Tenho medo que nos atrasemos.*
Das Schlimmste ist zu befürchten.	*É de se esperar o pior.*
Es wundert/überrascht mich, dass er gekommen ist.	*Admira-me que ele tenha vindo. [Surpreendeu-me que ele tenha chegado.]*
Es ist nicht verwunderlich.	*Não é de admirar.*

Es sollte mich wundern, wenn du nein sagen würdest.	*Admirar-me-ia se tu dissesses [você dissesse] que não.*
Das hätte ich nicht geglaubt.	*Eu nem acreditava nisso.*
So etwas habe ich noch nie gehört.	*Nunca ouvi tal coisa.*
Seltsame Sache!	*É uma coisa estranha.*
Welch seltsamer Zufall!	*Que coincidência estranha!*
Was alles so möglich ist!	*Coisas estranhas que acontecem! [O que não é possível neste mundo?!]*
Ich bin einfach sprachlos.	*Fico sem palavras. [Estou simplesmente sem saber o que dizer.]*
Ich weiß nicht, was ich davon halten soll.	*Não sei o que pensar sobre isso.*

Freude	Überraschung	Alegria	Surpresa
Das freut mich.	*Estou contente. [Alegro-me.]*
Es freut mich ungemein.	*Fico muito contente com/por isso. [Isso me deixa muito alegre.]*
Er ist sehr froh.	*Ele está muito satisfeito [contente].*
Er freut sich über das Bild, das er geschenkt bekommen hat.	*Ele está contente com o quadro que recebeu de presente.*
Es ist eine herrliche Arbeit.	*É uma obra maravilhosa.*
Einfach herrlich!	*É simplesmente esplêndido.*
Das ist aber eine Überraschung!	*Mas que surpresa!*
Welch angenehme Überraschung!	*Que surpresa agradável!*
Ihr Besuch hat uns angenehm überrascht.	*A sua visita causou-nos uma agradável surpresa.*
Diese Nachricht hat mich überrascht.	*Essa notícia surpreendeu-me.*
Soll das wahr sein?	*Isso é [mesmo] verdade?*
Ich bin einfach überwältigt!	*Estou simplesmente encantado.*
Herrlich!	*Esplêndido! / Magnífico!*
Wunderbar!	*Maravilhoso! / Que maravilha!*
Ausgezeichnet!	*Excelente!*
Damit hatte ich nicht gerechnet!	*Eu não esperava isso!*
Ich bin entzückt.	*Estou encantado.*

Entschuldigung | Bedauern | Beileid	Desculpa | Lamentar | Pêsames
Entschuldigen Sie bitte!	Desculpe, por favor. / Queira-me desculpar.
Ich bitte um Entschuldigung.	Peço desculpa.
Oh, Entschuldigung/Verzeihung!	Oh, desculpe-me! / Perdão!
Entschuldigung, darf ich bitte vorbei?	Com licença? / Dá licença?
Ich bitte um Verzeihung.	Peço desculpas/perdão.
Das macht nichts.	Não importa. / Não faz mal.
Ich bitte um Entschuldigung für die Verspätung.	Peço-lhe desculpas pelo atraso.
Entschuldigen Sie die Störung.	Desculpe-me o incómodo.
Entschuldigen Sie bitte, ich habe es sehr eilig.	Desculpe, mas estou com muita pressa.
Entschuldigen Sie bitte meine Vergesslichkeit.	Queira desculpar-me o meu esquecimento.
Entschuldigen Sie, wenn ich Sie noch so spät anrufe, aber …	Desculpe de eu lhe telefonar [por estar lhe telefonando] tão tarde, mas …
Ich bitte Sie zu entschuldigen, dass ich nicht eher kommen konnte.	Desculpe por não ter chegado mais cedo.
Entschuldigung, ich bin aber anderer Meinung.	Desculpe, mas eu sou de outra opinião.
Entschuldigen Sie, dass ich Sie unterbreche.	Desculpe interrompê-lo.
Verzeihen Sie, ich habe es aus Unachtsamkeit getan.	Desculpe, foi [por] negligência da minha parte / foi descuido meu / foi falta de atenção da minha parte.
Ich bedaure (es sehr)!	Lamento (muito)!
Es tut mir (sehr, außerordentlich) leid, dass ich Sie warten ließ.	Lamento (profundamente) tê-lo feito esperar.
Verzeihen Sie bitte, ich wollte Sie nicht kränken.	Queira-me desculpar, mas eu não queria magoá-lo/ofendê-lo.
Ich habe einen Fehler gemacht.	Eu cometi um erro.
Es ist mein Fehler, ich konnte aber nicht anders.	O erro foi meu, mas eu não podia fazer outra coisa [mas não havia outro jeito].
Ich hätte es lieber nicht tun sollen.	Era/Seria melhor que eu não tivesse feito isso.
Ich habe es nicht absichtlich getan.	Eu não o fiz de propósito.
Es war ohne Absicht.	Foi sem querer.

Ehrlich gesagt, ich habe nicht gedacht, dass ich einen Fehler mache.	*Para falar verdade, eu não pensei que ia cometer um erro.*
Das war mir nicht bewusst.	*Eu desconhecia isso [Isso eu desconhecia].*
Daran habe ich wirklich nicht gedacht.	*Realmente não pensei nisso. [Nisso eu realmente não pensei].*
Das ist mir unangenehm.	*Lamento muito.*
Ich hoffe, Sie sind mir nicht böse / nehmen es mir nicht übel.	*Espero que não me leve a mal.*
Macht nichts. Nicht so schlimm.	*Não importa. Não faz mal.*
Nehmen Sie es mir nicht übel, wenn ich Ihnen die Wahrheit sage.	*Não me leve a mal se lhe disser a verdade.*
Welch ein Pech! Ich hatte aber nicht die Wahl.	*Mas que azar! Não tinha/tive outra opção.*
Ich hoffe, dass es Ihnen nicht leid tun wird.	*Espero que não se vá lamentar depois.*
Leider muss ich darauf verzichten.	*Lamento, mas tenho que desistir disto.*
Es tut mir für Sie leid.	*Tenho pena de si [O sr. me dá pena].*
Herzliches Beileid!	*Os meus sentidos pêsames!*
Aufrichtige Anteilnahme!	*O meu profundo pesar!*
Ich möchte Ihnen mein aufrichtiges Beileid aussprechen.	*Quero expressar-lhe o meu profundo pesar.*
Nehmen Sie bitte den Ausdruck meines Mitgefühls entgegen.	*Aceite a expressão do meu profundo pesar.*

 **Angaben zur Person**
Dados pessoais

Altersangabe	Indicação de idade
Wie alt sind Sie?	*Quantos anos tem?*
Wie alt bist du?	*Quantos anos tens [você tem]?*
Wann hast Du Geburtstag?	*Quando fazes anos?*
Ihr Geburtsdatum bitte.	*A sua data de nascimento, por favor.*
Ich bin am 2. Mai 1956 geboren.	*Nasci no dia 2 de Maio de 1956.*
In welchem Jahr ist Ihr Sohn geboren?	*Em que ano nasceu o seu filho?*
Nächsten Monat wird er 35 (Jahre alt).	*Ele vai fazer [completar] 35 anos no próximo mês.*
Wie alt schätzen Sie meinen Bruder?	*Quantos anos é que o sr. dá ao meu irmão?*
Mein Bruder ist vier Jahre älter als ich.	*O meu irmão é 4 anos mais velho do que eu.*
Seine älteste Tochter hat einen zwei-jährigen Sohn.	*A filha mais velha dele tem um filho de dois anos.*
Wie alt schätzen Sie mich?	*Quantos anos é que acha que eu tenho? / Quantos anos é que me dá?*
Ich bin jünger als Sie.	*Sou mais jovem do que o sr.*
Ich dachte, Sie wären älter.	*Pensei que o sr. fosse mais velho.*
Meine Kinder sind erwachsen und verheiratet.	*Os meus filhos são adultos e casados.*
Sie ist bereits verheiratet.	*Ela já é [está] casada.*
Meine Frau ist zwei Jahre jünger als ich.	*A minha esposa é dois anos mais nova [jovem] do que eu.*
Sie sieht viel jünger aus.	*Ela aparenta ser [Ela parece] muito mais jovem.*
Was glauben Sie, wie alt der Großvater ist?	*Quantos anos [o sr.] daria ao avô? / acha que o avô tem?*
Er ist fast siebzig.	*Ele já está com / já tem quase 70 anos.*
Er wird jetzt alt.	*Ele está a ficar velho. [Está envelhecendo.]*
In den letzten Jahren ist er sehr gealtert.	*Ele envelheceu muito nos últimos anos.*
Die Großmutter hat sich nicht ver-ändert.	*A avó não mudou.*

Doch, sie hat sich zu ihren Gunsten verändert.	*Mudou sim, para [o] melhor.*
Sie ist noch sehr rege für ihr Alter.	*Ela ainda é muito activa para a sua idade.*
Man sieht ihr das Alter nicht an.	*Não se vê nela sinal de velhice.*
Mein Kollege ist genauso alt wie ich.	*O meu colega tem a mesma idade que eu.*
Wir sind gleichaltrig.	*Somos da mesma idade.*
Er hat eine sehr junge Frau.	*Ele tem uma esposa muito jovem.*
Sie ist höchstens 30 Jahre alt.	*Ela tem no máximo 30 anos.*
Ein ziemlich großer Altersunterschied.	*É uma diferença de idade muito grande.*
Das Alter spielt keine Rolle.	*A idade não importa.*
Wie alt ist dein Enkel jetzt?	*Que idade tem o teu neto agora?*
Er wird 14.	*Vai fazer/completar 14 anos.*
Erst 14? Er ist groß für sein Alter, nicht wahr?	*Só tem 14 anos? Ele está alto para a idade, não está?*
Das stimmt. Und er ist noch im Wachstum.	*Realmente, e ele ainda está a crescer [está crescendo].*
Heute ist mein Geburtstag.	*Hoje faço anos. / Hoje é o dia dos meus anos. [Hoje é o meu aniversário.]*
Herzlichen Glückwunsch zum Geburtstag!	*Muitos parabéns pelo seu aniversário [pela data de hoje]!*
Die Jahre vergehen.	*Os anos passam.*
Oje, ich werde alt.	*Oh/ai de mim, estou a ficar velho. [Puxa/Eta, estou ficando velho.]*
Die Kinder werden groß.	*As crianças crescem.*
Ich werde grauhaarig.	*Estou a ficar com [Estou criando] cabelos brancos.*
Sie sind doch nicht alt!	*Mas o sr. não é velho!*
Wäre ich zehn Jahre jünger …!	*Se eu fosse dez anos mais novo [jovem] …!*
In deinem Alter war ich auch viel auf Reisen.	*Na sua idade eu também viajava muito.*
Er hat ein hohes Alter erreicht.	*Ele atingiu uma idade elevada.*

Familie	Família
Wie heißen Sie?	*Como se chama [o sr.]?*
Ich heiße Werner Schulz.	*Chamo-me Werner Schulz.*
Mein Familienname ist Schulz.	*O meu sobrenome é Schulz.*
Mein Vorname ist Robert.	*O meu nome próprio [Meu nome de baptismo] é Robert.*
Der Mädchenname meiner Frau ist Lehmann.	*O nome de solteira da minha esposa é Lehmann.*
Wo sind Sie geboren?	*Onde é que nasceu [o sr.]?*
Ich bin in München geboren.	*Nasci em Munique.*
Haben Sie Geschwister?	*O sr. tem irmãos?*
Sind Sie verheiratet?	*O sr. é casado?*
Ja, ich bin verheiratet.	*Sim, sou casado.*
Wir sind eine fünfköpfige Familie.	*Somos uma família de cinco pessoas.*
Meine Frau ist Ingenieurin.	*A minha esposa é engenheira.*
Mein Mann ist Arzt.	*O meu marido é médico.*
Das ist mein Mann.	*Este é o meu marido.*
Haben Sie Kinder?	*Têm filhos?*
Wir haben drei Kinder: ein Mädchen und zwei Jungen.	*Temos três filhos: uma menina e dois meninos.*
Sind sie (noch) klein?	*Ainda são pequenos?*
Mein großer Sohn ist 17 Jahre alt.	*O meu filho mais velho [maior] tem 17 anos.*
Meine Tochter ist 14.	*A minha filha tem 14 anos.*
Und der jüngste ist erst fünf.	*E o mais novo [jovem] tem cinco.*
Beide Jungen ähneln der Mutter.	*Os dois rapazes [meninos] são parecidos com a mãe.*
Unsere Tochter ist mehr dem Vater ähnlich. / Die Tochter kommt mehr nach dem Vater.	*A nossa filha é mais parecida com o pai. [A filha puxa mais ao pai.]*
Und Sie, haben Sie Kinder?	*E o sr., o sr. tem filhos?*
Nein, ich habe keine Kinder.	*Não, não tenho filhos.*
Ich habe ein einziges Kind.	*Só tenho um filho único / uma filha única.*
Ich habe ein zweijähriges Mädchen.	*Tenho uma menina de dois anos.*
Wir haben zwei fünfjährige Jungen.	*Temos dois meninos de cinco anos.*
Sind Ihre Jungen Zwillinge?	*Os seus filhos são gêmeos?*

Nein, es sind keine Zwillinge, sie sind aber im gleichen Jahr geboren.	*Não, não são gêmeos, mas nasceram no mesmo ano.*
Ich reise mit meinem Mann und den beiden größeren Kindern.	*Eu viajo com o meu marido e com os dois filhos mais velhos.*
Meine Schwiegermutter und mein Schwiegervater kümmern sich um den Kleinen, der zu Hause geblieben ist.	*A minha sogra e meu sogro cuidam do mais pequeno [menor] que ficou em casa.*
Die Schwiegereltern sind immer hilfsbereit.	*Os sogros são sempre prestáveis [prestativos].*
Meine Eltern sind alt und kränklich.	*Os meus pais são velhos e doentes.*
Und wer pflegt sie?	*E quem cuida deles?*
Sie wohnen zusammen mit meinem Bruder und meiner Schwägerin.	*Eles moram com o meu irmão e a minha cunhada.*
Ich habe noch eine jüngere Schwester, sie ist leider verwitwet.	*Eu ainda tenho uma irmã mais nova [jovem], infelizmente ela enviuvou.*
Ihr Mann ist bei einem Verkehrsunfall ums Leben gekommen.	*O marido dela morreu num acidente de trânsito.*
Sie ist kinderlos.	*Ela não tem filhos.*
Haben Sie noch andere Verwandte?	*Ainda tem outros parentes?*
Aber ja! Einige leben in Rio: mein Onkel, meine Tante, eine Nichte und ein Neffe.	*Mas claro! Alguns moram no Rio: o meu tio, a minha tia, uma sobrinha e um sobrinho.*
Mein Lieblingsonkel, der Bruder meiner Mutter, wohnt in Lissabon. Er ist ledig geblieben.	*O meu tio preferido, irmão da minha mãe, mora em Lisboa. Ele ficou solteiro.*
Er ist der einzige Junggeselle in der Familie.	*É o único solteiro da família.*
Meine Großmutter, mein Großvater und die Großeltern meines Mannes leben auf dem Lande.	*A minha avó, o meu avô e os avós do meu marido moram no campo.*
Dort habe ich auch Cousinen und Cousins und entfernte Verwandte.	*Lá eu tenho também primas e primos e parentes distantes.*
Ich habe auch noch eine Nichte in Österreich.	*Eu ainda tenho uma sobrinha na Áustria.*
Unsere Schwiegertochter ist schwanger / in anderen Umständen.	*A nossa nora está grávida/em estado interessante.*
Sie erwartet ein Kind.	*Ela está à espera de [está esperando] bebé.*

Die Eltern meines Schwiegersohnes (die Schwiegereltern meiner Tochter) haben uns zu ihrer silbernen (goldenen, diamantenen) Hochzeit eingeladen.	*Os pais do meu genro (os sogros da minha filha) convidaram-nos para as suas bodas de prata (de ouro, de diamante).*
Ich bin verlobt.	*Estou noivo.*
Seine Eltern sind geschieden.	*Os pais dele estão [são] divorciados.*
Wie schade, dass sie geschieden sind!	*Que pena que estejam [são] divorciados!*
Er hat seine Frau verlassen.	*Ele deixou a mulher.*

Wann findet … statt?
   die Verlobung
   die Hochzeit
   die Taufe
	Quando é que vai ser …
	   o noivado?
	   o casamento?
	   o baptizado?

Sind Sie (schon) verheiratet?	*O sr. (já) é casado?*
Nein, ich bin (noch) nicht verheiratet.	*Não, (ainda) não sou casado.*
Sie ist mit einem Ausländer verheiratet.	*Ela é casada com um estrangeiro.*
Wann hast du geheiratet?	*Quando é que casaste?* *[Quando você se casou?]*
Wissen Sie, wann er geheiratet hat?	*O sr. sabe quando é que ele se casou?*
Wen hat sie geheiratet?	*Com quem é que ela se casou?*
Wohin fährt das junge Paar auf Hochzeitsreise?	*Para onde vai o jovem casal em viagem de núpcias?*
Wir wünschen ihnen eine glückliche Ehe.	*Desejamos-lhes um casamento feliz.*
Ist Herr Dorn mit Ihnen verwandt?	*O sr. Dorn é seu parente?*
Nein, aber er ist ein Freund unserer Familie. Ein guter Nachbar.	*Não, mas é um amigo da nossa família e um bom vizinho.*
Haben Sie / Hast du für morgen schon etwas vor?	*Já tem/tens alguns planos/algum programa para amanhã?*
Ich bin verliebt.	*Estou apaixonado.*
Ich liebe dich.	*Amo-te. [Eu te amo.]*
Ich liebe Sie.	*Amo-a. [Eu amo a senhora.]*
Ich habe mich in dich verliebt.	*Apaixonei-me por ti [você].*
Ich mich auch in dich.	*Também eu me apaixonei por ti/você.*
Ich bin in dich verliebt.	*Estou apaixonado por ti [você].*
Ich liebe dich sehr.	*Amo-te muito. [Eu te amo muito.]*
Liebst du mich?	*Amas-me? [Você me ama?]*

Du hast wunderschöne Augen.	*Tens uns olhos maravilhosos.*
Hast du einen Freund / eine Freundin?	*Tens namorado/namorada?*
Sie sind mir sehr sympathisch.	*O sr./Você [me] é muito simpático.*
Er hat sich in Vera verliebt.	*Ele apaixonou-se pela Vera.* *[Ele se apaixonou por Vera.]*
Wie sieht ihr Freund aus?	*Como é que é o amigo dela? /* *Como é o aspecto do amigo dela?*
Er sieht gut aus.	*Ele tem bom aspecto.*
Seine Freundin ist etwas älter, achtet aber auf ihre Figur.	*A amiga dele é um pouco mais velha, mas ela cuida bem de si [ela se cuida bem] para se manter em forma.*
Er ist in Trauer.	*Ele está de luto.*
Seine Tochter ist vorige Woche gestorben.	*A filha dele morreu na semana passada.*
Gestern war die Beerdigung.	*Ontem foi o enterro.*
Leben Ihre Großeltern noch?	*Os seus avós ainda estão vivos / ainda vivem?*
Mein Großvater und meine Großmutter sind vor zwei Jahren gestorben.	*O meu avô e a minha avó morreram há dois anos.*

Zeitangaben
A data / indicaçao da data e do tempo

Datum	Data
Der Wievielte ist heute? / Den Wievielten haben wir heute?	*A quantos estamos hoje?*
Welches Datum haben wir heute?	*Quantos são hoje? Que data temos hoje? / Qual é a data de hoje?*
Heute ... 　ist der 1. Dezember. 　haben wir den 2. Juli. 　ist der 23. März.	*Hoje ... 　é [o] primeiro/o dia 1 de Dezembro. 　são dois de Julho. 　são vinte e três / é o dia vinte e três de Março.*
Gestern war der 30. November.	*Ontem foi o dia 30 de Novembro.*
Morgen ist der 11. Januar.	*Amanhã é o dia / Amanhã são onze de Janeiro.*
Welchen Tag haben wir heute?	*Que dia da semana temos / Em que dia da semana estamos hoje?*
Heute ist Montag.	*Hoje é/estamos na segunda-feira.*
Ich komme Anfang (Ende) Februar wieder.	*Eu volto no início (em fins de) de Fevereiro.*
Ich nehme meinen Urlaub ... 　im Frühjahr. 　im Sommer. 　im Herbst. 　im Winter. 　Mitte August.	*Tiro as minhas ferias ... 　na Primavera. 　no Verão. 　no Outono. 　no Inverno. 　em meados de Agosto.*
Wir haben uns ... nicht mehr gesehen. 　seit Januar 　seit vorigem Herbst 　seit drei Monaten	*Não nos vemos ... 　desde Janeiro. 　desde o Outono passado. 　há três meses.*
Ich habe Sonnabend und Sonntag frei.	*Sábado e domingo tenho livre, não trabalho.*
Was für ein Tag war gestern?	*Que dia foi ontem?*
Kommen Sie uns am ersten oder zweiten Mai besuchen?	*O sr. vem-nos visitar/ver no primeiro ou no dia dois de Maio?*
Heute in acht Tagen. / in einer Woche.	*De hoje a oito dias. / Daqui a uma semana.*
Ich habe Sie am 18. Oktober angerufen.	*Eu telefonei ao sr. no dia 18 de Outubro.*

Am dritten Juli beginnt mein Urlaub.	*As minhas férias começam no dia três de Julho.*
Die Schulferien gehen vom … bis zum …	*As férias escolares vão de … a …*
Heute in einer Woche ist mein Geburtstag.	*De hoje a uma semana é o meu aniversário.*
Was hast du vorige Woche gemacht?	*O que é que fizeste [O que você fez] a semana passada?*
Ich bin die ganze Woche zu Hause geblieben.	*Eu fiquei toda a semana em casa. / Fiquei em casa semana toda.*
Ich habe mir für das Wochenende nichts Besonderes vorgenommen.	*Não programei/planeei nada de especial [Não fiz nenhum programa] para o fim de semana.*
Mir ist heute den ganzen Tag schon wie Sonntag.	*Para mim hoje [o dia inteiro] parece-me [um] domingo.*
Die Dienststellen sind … geöffnet.	*As repartições estão [são] abertas / funcionam …*
dienstags und freitags	*às terças e sextas.*
täglich	*diariamente.*
einmal wöchentlich	*uma vez por semana.*
werktags	*nos dias úteis da semana.*
jeden zweiten Tag	*de dois em dois dias.*
ganztags	*o dia inteiro.*
Sie sind an Feiertagen geschlossen.	*Estão fechadas nos dias feriados.*
Die Vorlesung findet 14-täglich statt.	*A aula é de quinze em quinze dias.*
ein 14-tägiges Praktikum	*um estágio de quinze dias*
tagelang	*dias a fio / por vários dias*
wochenlang	*semanas a fio / por várias semanas*
das Vierteljahr / das Quartal	*o trimestre*
vierteljährlich	*trimestralmente*
das Halbjahr	*o semestre*
halbjährlich	*semestralmente*
ein Dreivierteljahr	*três trimestres / nove meses*
Wie lange sind Sie schon hier?	*Há quanto tempo é que o sr. (já) está aqui?*
Seit gestern (vorgestern).	*Desde ontem (anteontem).*
Wie lange werden Sie noch bleiben?	*Quanto tempo vai ficar o sr. [o sr. vai ficar] ainda?*
Bis morgen (übermorgen).	*Até amanhã (depois de amanhã).*

Wann haben wir uns eigentlich das letzte Mal gesehen?	*Quando é que foi que nos vimos realmente a última vez?*
Das ist schon lange her!	*Já há tanto tempo!*
Ich glaube, das war (im Jahr) neunzehnhundertfünfundneunzig.	*Acho que foi no ano de mil novecentos e noventa e cinco.*
Neulich habe ich meinen alten Lehrer getroffen.	*Recentemente encontrei o̱ meu antigo professor.*
Ich habe ihn seit Dezember nicht mehr gesehen.	*[É] desde Dezembro que não o̱ via.*
Wann kommen Sie wieder?	*Quando é̱ que̱ o sr. volta?*
In etwa drei Stunden.	*Dentro de três horas, mais ou menos.*
Er kommt im nächsten Jahr wieder.	*Ele volta no próximo ano.*
Am 18. April fahre ich wieder ab. Das ist ein Dienstag.	*No dia 18 de Abril vou partir outra vez. É uma terça-feira.*
Wann kann ich den Antrag stellen?	*Quando é̱ que̱ posso apresentar o requerimento?*
Anfang nächsten Jahres	*no início do próximo ano*
Mitte (Ende) des Jahres	*em meados (no fim) do ano*
im Laufe dieses Jahres	*no decorrer deste ano*
Wir könnten den Ausflug ... machen. an einem Sonntag am nächsten/kommenden Sonntag am zweiten Sonntag im Februar im Juni vor den Ferien noch in diesem Jahr nächstes Jahr	*Poderíamos fazer a excursão ... num domingo. no próximo domingo. no segundo domingo de Fevereiro. em Junho. antes das férias. ainda este ano. no próximo ano.*
Wir wollen ... ins Theater gehen. in dieser Woche im nächsten Monat in den nächsten vierzehn Tagen am 20. August	*Queremos/Pretendemos ir ao teatro ... esta semana. no próximo mês. nos próximos quinze dias. no dia vinte de Agosto.*
Heute haben wir erst den fünfundzwanzigsten Juli.	*Hoje estamos apenas no dia vinte e cinco de Julho.*
Vorige Woche bin ich nicht aus dem Haus gegangen.	*A semana passada não saí de casa.*
Hat der Oktober 30 oder 31 Tage?	*Outubro tem 30 ou 31 dias?*
Nächstes Jahr ist ein Schaltjahr.	*O ano que vem é um ano bissexto.*

Uhrzeit | Zeitangabe	As horas | Indicação das horas
Wie spät ist es?	*Que horas são?*
Haben Sie (die) genaue Zeit?	*O sr. tem horas certas?*
Entschuldigen Sie bitte. Könnten Sie mir sagen, wie spät es ist?	*Desculpe-me. O sr. pode-me dizer que horas são?*
Es ist …	*São …*
genau/Punkt acht (Uhr).	*oito horas em ponto / exactamente oito horas.*
zehn Minuten nach acht.	*oito e dez.*
Viertel neun / Viertel nach acht.	*oito e quinze.*
acht Uhr (und) zwanzig (Minuten).	*oito (horas) e vinte (minutos).*
halb neun.	*oito e meia.*
Dreiviertel neun / Viertel vor neun.	*quinze/um quarto para as nove.*
zehn Minuten vor neun.	*dez para as nove. / Faltam dez para as nove.*
neun Uhr dreißig.	*nove e trinta/meia.*
neun Uhr fünfundvierzig.	*nove e quarenta e cinco.*
Es ist kurz vor neun.	*Falta[m] pouco[s] para as nove.*
Es ist kurz nach neun.	*São nove e poucos. / São nove e tal.*
Es ist Mittag.	*É meio-dia.*
Es ist Mitternacht.	*É meia-noite.*
Es ist acht Uhr morgens (abends).	*São oito horas da manhã (da noite).*
Es ist sieben Uhr Ortszeit.	*São sete horas, hora local.*
Wie viele Stunden Zeitunterschied bestehen zwischen Brasilien und Deutschland?	*Quantas horas de diferença existem entre o Brasil e a Alemanha? [Qual é a diferença de fuso horário entre o Brasil e a Alemanha?]*
Geht Ihre Uhr genau?	*O seu relógio está certo?*
Meine Uhr …	*O meu relógio …*
geht fünf Minuten vor.	*está cinco minutos adiantado.*
geht einige Sekunden nach.	*está/anda atrasado [por] alguns segundos.*
geht ganz genau.	*está certíssimo.*
Ich habe meine Uhr heute früh nach dem Radio gestellt.	*Hoje de [pela] manhã acertei o̲ meu relógio pela rádio.*
Der Wecker ist stehengeblieben. Ich muss ihn aufziehen.	*O despertador parou. Tenho de lhe dar corda. [Tenho de dar corda nele.]*
Der Wecker klingelt um sechs.	*O despertador toca às seis.*
Meine Uhr ist kaputt.	*O meu relógio está estragado/com defeito [quebrado].*

Haben Sie Zeit?	*O sr. tem tempo?*
Es ist Zeit, dass wir aufbrechen.	*Já são horas [Já é hora]/Está na hora de partirmos.*
Kommen wir zur rechten Zeit an?	*Vamos chegar à [na] hora certa/a horas?*
Ja, wir kommen rechtzeitig an.	*Sim, vamos chegar a tempo.*
Nein, wir kommen zu spät an.	*Não, vamos chegar tarde demais.*
Sie sind spät dran.	*Está atrasado.*
Es ist noch zu zeitig/früh.	*Ainda é cedo demais / muito cedo.*
Seien Sie bitte etwas eher da.	*Compareça um pouco antes.*
Sind wir zu zeitig da?	*Chegamos cedo demais? / Chegamos antes da hora?*
Haben Sie es sehr eilig?	*O sr. tem muita pressa?*
Ich habe noch über eine halbe Stunde Zeit.	*Eu ainda disponho de mais de meia hora.*
Ich habe keine Zeit zu verlieren.	*Não tenho tempo a perder.*
Ich habe keine Zeit, in dieser Woche ins Kino zu gehen.	*Esta semana não tenho tempo para ir ao cinema.*
Er hat keine Zeit mehr, vor seiner Abreise bei Ihnen vorbeizukommen.	*Ele não tem mais tempo de passar pela casa do sr. antes de partir de viagem [antes de viajar].*
Wir werden keine Zeit haben, um ins Restaurant essen zu gehen.	*Não vamos ter tempo para ir almoçar no restaurante.*
Können Sie in einer Stunde im Institut sein?	*O sr. pode estar no instituto dentro de uma hora?*
Wir treffen uns um fünfzehn Uhr.	*Vamo-nos encontrar às três.*
Rufen Sie mich bitte in einer halben Stunde an.	*Por favor, telefone-me dentro de meia-hora.*
Holen Sie mich bitte zwischen sieben und acht Uhr ab.	*Vá-me buscar, por favor, entre as sete e as oito.*
Kommen Sie in einer Stunde wieder.	*Volte dentro de/em uma hora.*
Kommen Sie nicht vor sechs Uhr.	*Não venha antes das seis.*
Ich werde pünktlich sein.	*Eu vou chegar pontualmente.*
Die Sitzung wird so gegen zehn (Uhr) zu Ende sein.	*A sessão terminará por volta das dez horas.*
Er ist um ein Uhr nachts angekommen.	*Ele chegou à uma hora da madrugada.*
Es war so gegen halb drei.	*Eram mais ou menos duas e meia.*
Wenn ich bis um acht noch nicht da bin, komme ich nicht mehr.	*Se até às oito eu ainda não tiver chegado já [então] não venho mais.*

Bis (um) wie viel Uhr werden Sie im Hotel bleiben?	Até que horas [o sr.] vai ficar no hotel?
Spätestens bis um fünf (bis um siebzehn Uhr).	O mais tardar até às cinco da tarde (até às dezassete horas).
Warten Sie bitte einen Augenblick auf mich.	Espere um momento por mim, por favor.
Ich muss mich beeilen. Es ist schon Viertel vier / Viertel nach drei.	Eu tenho que me apressar / despachar. Já são três e quinze.
Beeilen Sie sich!	Despache-se / Apresse-se!
Wann fährt der letzte Bus?	A que horas sai o último autocarro [ônibus]?
Der letzte Bus fährt um drei Uhr nachts.	O último autocarro [ônibus] sai / parte às três horas da manhã / da madrugada.
Um wie viel Uhr kommt der Zug aus Lissabon an?	A que horas chega o comboio [trem] de Lisboa?
Er kommt um zweiundzwanzig Uhr fünfunddreißig an.	Chega às vinte e duas horas e trinta e cinco minutos.
Morgen Vormittag bin ich nicht zu Hause.	Amanhã de manhã não estarei em casa.
Gestern Nachmittag war ich in der Bibliothek.	Ontem à tarde estive na biblioteca.
Ich werde … kommen. rechtzeitig etwas später eine Viertelstunde später	Eu vou chegar … a tempo / na hora exacta. um pouco atrasado. quinze minutos atrasado.
Ich komme sofort zurück.	Eu volto imediatamente.
Ich habe sie vor einer Stunde gesehen.	Eu vi-a [Eu a vi] há uma hora.
Ich erwarte ihn in einer Woche.	Eu espero-o [Eu o aguardo] dentro de uma semana.
Ich rufe in einer Stunde noch einmal an.	Vou telefonar mais uma vez dentro de uma hora.

Wetter
O tempo

Wetter	O tempo
Wie ist das Wetter heute Morgen?	Como está o tempo hoje de [pela] manhã?
Es ist herrliches Wetter heute.	Hoje está [faz] um tempo maravilhoso.
Es sieht so aus, als hätten wir heute wieder schönes Wetter.	Parece que/Tudo indica que vamos ter bom tempo hoje.
Wie wird das Wetter in den nächsten Tagen sein?	Como estará o tempo nos próximos dias?
Es bleibt schön.	O tempo continua bom.
Wie sind die Wetteraussichten für morgen?	Qual é a previsão do tempo para amanhã?
Es wird ein warmer Tag (werden).	Vamos ter um dia quente.
Was sagt der Wetterbericht für das Wochenende an?	O que diz o boletim meteorológico/ a previsão meteorológica para o fim de semana?
Für das Wochenende ist schlechtes Wetter angesagt.	Está previsto mau tempo para o fim de semana.
Für das Wochenende wird vorher-gesagt:	Está previsto para o fim de semana:
eine Besserung des Wetters.	uma melhoria do tempo.
vereinzelt Schauer.	chuvisco [chuvas esparsas].
örtliche Regenfälle.	chuvas/precipitações em diversas zonas [áreas].
schwacher Wind.	ventos fracos/moderados.
bedeckter Himmel.	céu nublado.
örtlich Frühnebel.	nevoeiro pela madrugada em diversas zonas [áreas].
Aufheiterung.	céu claro [aclareamento].
Haben Sie schon den Wetterbericht für heute gehört?	Já ouviu o boletim meteorológico para hoje?
Es wurde Schneefall angesagt.	Anunciaram que vai cair neve.
Wie war das Wetter gestern bei Ihnen?	Como estava o tempo ontem aí / na sua zona [área]?
Frühmorgens bei der Abfahrt war Nebel.	De manhã à [na] partida havia nevoeiro.
Das Wetter hat sich geändert.	O tempo mudou.
Wir bekommen unbeständiges Wetter.	Vamos ter tempo variável.

Hoffentlich bleibt das Wetter so.	*Espero que o tempo fique como está.*
Der Himmel ist … bedeckt. wolkenlos.	*O céu está …* *nublado/encoberto.* *limpo.*
Es ist wolkig.	*Está nublado.*
Es ist regnerisch.	*Está chuvoso.*
Nimm dir den Mantel mit, falls es regnet.	*Leva o casaco porque pode chover.* *[Leve a capa caso chover].*
Es regnet.	*Está a chover. [Está chovendo.]*
Es regnet in Strömen (Es gießt).	*Chove a cântaros.*
Seit heute Morgen regnet es ununter- brochen.	*Desde hoje de [pela] manhã que chove sem parar.*
Bei diesem Wetter werden wir bis auf die Haut durchweichen.	*Com este tempo vamos ficar totalmente ensopados.*
Wenn es so weiter regnet, können wir nicht ausgehen.	*Se continua a chover [continua cho- vendo] assim não podemos sair.*
Pass auf, dass du dich bei dieser Nässe nicht erkältest.	*Tem cuidado para não apanhares uma constipação. [Cuida-te para não contrair um resfriado com esta humidade.]*
Vergessen Sie den Regenschirm nicht.	*Não se esqueça do guarda-chuva / da sombrinha (senhora).*
Es hat aufgehört zu regnen.	*Parou de chover.*
Die Wolken haben sich verzogen.	*As nuvens passaram.*
Das war ein echter Wolkenbruch.	*Foi uma verdadeira tromba de água.*
Es war eine Husche / ein kurzer Regen- schauer.	*Foi apenas um chuvisco / uma chuva passageira.*
Der Himmel hat sich aufgeklärt.	*O céu clareou.*
Es blitzt.	*Está a fazer relâmpagos.* *[Está relampejando.]*
Es donnert.	*Está a trovejar. [Está trovejando.]*
Es wird ein Gewitter geben.	*Vai haver trovoada.*
Der Blitz hat in unserer Nähe einge- schlagen.	*O raio caiu bem perto.*
Bei diesem Wetter werden wir zu Hause bleiben müssen.	*Com este tempo teremos que ficar em casa.*
Das Gewitter verzieht sich.	*A trovoada está a passar [está passando].*
Haben Sie den Regenbogen gesehen?	*O sr. viu o arco-íris?*
Der Sturm hat sich gelegt.	*A ventania passou.*

Es klart sich auf.	*Está a clarear. [Está clareando.]*
Die Temperatur ist plötzlich gefallen.	*A temperatura caiu de repente.*
Es hat den ganzen Tag genieselt.	*Chuviscou o dia inteiro.*
Der Nebel …	*O nevoeiro …*
steigt.	*está a subir [está subindo].*
fällt.	*está a cair [está caindo].*
verzieht sich.	*está a passar [está passando].*
Es weht ein trockener Wind.	*Sopra um vento seco.*
Es schneit.	*Está a nevar. [Está nevando.]*
Es sieht nach Schnee aus.	*Parece / Tudo indica que vai nevar.*
Heute Nacht hat es geschneit.	*Hoje à noite nevou.*
Der Winter hat angefangen.	*Começou o Inverno.*
Es friert.	*Temos temperaturas abaixo de zero. [Está congelando.]*
Auf der Straße ist Glatteis.	*As ruas estão congeladas. [Há finas camadas de gelo sobre as ruas.]*
Heute Morgen waren es minus zehn Grad.	*Hoje de manhã fez dez graus abaixo de zero.*
Der See ist zugefroren.	*O lago congelou.*
Es ist eisiger Frost.	*É um frio de rachar.*
Es ist viel Schnee gefallen.	*Caiu muita neve.*
Die Straßen sind schneefrei/geräumt.	*A neve foi retirada / removida das ruas.*
Auf der Autobahn ist mit Schnee-verwehungen zu rechnen.	*Conta-se com acumulações de neve nas auto-estradas.*
Es sind Schneeketten erforderlich.	*É preciso pôr correntes.*
Die Züge haben bei diesem Wetter Verspätung.	*Com este tempo, os comboios [trens] andam [estão] atrasados.*
Es ist kalt.	*Faz frio. / Está a fazer [Está fazendo] frio.*
Dieses Jahr hatten wir einen zeitigen Winter.	*Este ano o Inverno chegou cedo.*
Die Kälte lässt nach.	*O frio está a passar [está passando].*
Der Schnee schmilzt.	*A neve está a derreter-se [está se derre-tendo].*
Ab und zu gibt es noch einen Schnee-sturm.	*De vez em quando ainda há uma tem-pestade de neve.*
Es wird wärmer.	*O tempo vai aquecer [esquentar] mais.*
Es ist schön geworden.	*O tempo ficou bom.*

Ein schöner Tag heute, nicht wahr?	*Um belo dia hoje, não é?*
Was für ein herrliches Wetter!	*Que tempo maravilhoso!*
Das Wetter ist …	*O tempo está …*
mild.	*ameno [agradável].*
unbeständig/veränderlich.	*instável.*
beständig.	*estável.*
trocken.	*seco.*
Es ist warm.	*Faz calor. / Está a fazer [Está fazendo] calor.*
Es ist …	*Está …*
frisch.	*fresco.*
ziemlich kühl.	*bem fresco.*
neblig.	*nebuloso.*
windig.	*ventoso [ventando].*
Es ist windstill.	*Não há vento.*
Es ist zu kalt für diese Jahreszeit.	*Está frio demais para esta época do ano.*
Es ist … Wetter.	*Faz um tempo …*
sommerliches	*de Verão.*
winterliches	*de Inverno.*
frühlingshaftes	*primaveril.*
Das Wetter ist …	*O tempo …*
herrlich.	*está esplêndido/maravilhoso.*
unfreundlich/unangenehm.	*não está agradável.*
scheußlich.	*horrível.*
Es ist ziemlich kalt in meinem Zimmer.	*No meu quarto está bastante frio.*
Letzte Nacht war eine drückende Schwüle.	*Ontem à noite fazia um calor abafado/sufocante.*
Die Sonne geht auf (unter).	*O sol nasce (põe-se).*
Die Sonne scheint.	*Faz sol. / Está a fazer sol. [Está fazendo sol.]*
Welch sengende Hitze!	*Que calor abrasador!*
Wir hatten strahlenden Sonnenschein.	*Tivemos um sol resplandecente.*
Sie hat den ganzen Tag in der Sonne gelegen.	*Ela passou o dia inteiro deitada ao [no] sol.*
Schade, dass ich meine Sonnenbrille nicht mitgenommen habe.	*É pena não ter trazido os meus óculos escuros.*
Er kann die Hitze nicht vertragen.	*Ele não suporta o calor.*
Ich schwitze.	*Eu suo. / Estou a suar. [Estou suando.]*

Wir hatten streckenweise Nebel, deshalb konnten wir nicht eher da sein.	*Tivemos [Pegamos] nevoeiro em algumas zonas [em alguns/determinados trechos], por isso, não pudemos chegar mais cedo.*
Die ganze Nacht über tobte ein fürchterlicher Sturm.	*Uma forte/terrível ventania soprou [rugiu] a noite inteira.*
Jetzt hagelt es.	*Está a cair [Está caindo] granizo. / Está a cair chuva de pedra. [Está chovendo pedras.]*
Es ist ein Nebel, dass man die Hand vor Augen nicht sieht.	*O nevoeiro é tão denso que não se consegue ver um palmo à frente da cara [que não se consegue enxergar a mão no rosto].*
Für morgen ist mit Tageshöchsttemperaturen um 17 Grad zu rechnen.	*(Para) Amanhã espera-se a máxima de 17 graus durante o dia.*
Das Thermometer zeigt minus zwölf Grad.	*O termómetro indica doze graus abaixo de zero / graus negativos.*
Der Wind weht …	*O vento sopra …*
von Nordwesten.	*do noroeste.*
von Südosten.	*do sudeste.*
von Südwesten.	*do sudoeste.*
Es ist sternenklarer Himmel.	*Está [Faz] um céu estrelado.*
Es ist …	*Está [É] …*
Vollmond.	*lua cheia.*
Halbmond.	*meia-lua.*
zunehmender Mond.	*quarto crescente.*
abnehmender Mond.	*quarto minguante.*
Neumond.	*lua nova.*
Wir haben am Meer einen wunderschönen … gesehen.	*Vimos um lindo … no mar/ na praia.*
Sonnenaufgang	*nascer do sol*
Sonnenuntergang	*pôr do sol*
Das Barometer steht …	*O barómetro está a indicar [está indicando] …*
auf schön.	*bom tempo / tempo bom.*
auf wechselhaft.	*tempo instável.*
Heute sind zwanzig Grad im Schatten.	*Hoje faz [está fazendo] vinte graus à sombra.*
Die Temperatur ist unter null Grad gefallen.	*A temperatura caiu para abaixo de zero.*
Es wird kühl.	*Vai esfriar.*
Auf das Wetter kann man sich nie verlassen.	*Nunca se pode confiar no tempo.*

Unsere Pläne hängen vom Wetter ab.	*Os nossos planos dependem do tempo.*
Es soll einen strengen Winter geben.	*Deve fazer um Inverno rigoroso.*
Es soll einen zeitigen Frühling geben.	*A Primavera deve chegar com muita antecedência. / Diz-se que a Primavera este ano vai chegar cedo.*
Es ist ein Wetter, dass man keinen Hund hinausjagen möchte.	*Está a fazer [Está fazendo] um tempo ruim do [para] diabo.*
Wir reden nur über das Wetter.	*Só falamos / andamos a falar [estamos falando] sobre o tempo*

Gesundheit
Saúde

Allgemeine Ausdrücke	Expressões gerais
Sie sehen nicht gut aus. Ist Ihnen etwas passiert?	O sr. está com mau aspecto. Aconteceu-lhe alguma coisa?
Sie sehen blass aus.	O sr. está com um ar pálido.
Ich rate Ihnen, einen Arzt aufzusuchen.	Aconselho-o a [Aconselho-lhe] procurar/consultar um médico.
Ich bin krank.	Estou doente.
Ich bin Diabetiker.	Sou diabético.
Ich bin im 4. Monat schwanger.	Estou grávida de 4 meses.
Ich bin allergisch gegen Penizillin.	Sou alérgico à penicilina.
Ich fühle mich schlecht.	Sinto-me mal.
Ich habe mir den Magen verdorben.	Apanhei uma indigestão.
Ich brauche einen Arzt.	Preciso de um médico.
Rufen Sie bitte einen Notarzt!	Chame, por favor, um médico das urgências!
Rufen Sie schnell den Rettungswagen!	Chame depressa o pronto-socorro/a ambulância!
Rufen Sie den Notdienst an.	Chame o pronto-socorro [o socorro de emergência.]
Mein Mann ist erkrankt.	O meu marido adoeceu.
Kennen Sie einen Arzt, der Deutsch spricht?	O sr. conhece um médico que fale alemão?
Ich muss zum Arzt gehen.	Eu tenho que ir ao médico.
Ich bin gestürzt.	Caí.
Ich möchte mich von einem Facharzt untersuchen lassen.	Eu quero ser examinado por um especialista.
Empfehlen Sie mir bitte einen guten ... Internisten. praktischen Arzt. Orthopäden. Hautarzt. Chirurgen.	Indique-me/Recomende-me um bom ... internista. médico de clínica geral. ortopedista. dermatologista. cirurgião.
Ich habe einen Herzschrittmacher.	Tenho um estimulador cardíaco/pacemaker.
Ich möchte in die Poliklinik gehen.	Quero ir à policlínica.

Taxi! Ich fühle mich schlecht. Fahren Sie mich bitte sofort in die Poliklinik.	*Táxi! Estou-me a sentir [Estou me sentindo] mal. Leve-me imediatamente à policlínica, por favor.*
Helfen Sie mir bitte, aus dem Wagen auszusteigen.	*Ajude-me a descer do carro.*
Wo ist das Sprechzimmer?	*Onde é o consultório / a sala de consultas?*
Um wie viel Uhr ist Sprechstunde?	*A que horas começam as consultas [é o expediente]?*
Hat er vormittags oder nachmittags Sprechstunde?	*Ele dá consultas / Ele atende de [pela] manhã ou à tarde?*

Wann hat ... Sprechstunde?
  der Augenarzt
  der HNO-Arzt
  der Gynäkologe (Frauenarzt)
  der Kinderarzt
	Quando é que ... dá consultas?
	  o oftalmologista
	  o otorinolaringologista/otorino
	  o ginecologista
	  o pediatra

Dr. Lopes hat von 9 bis 12 Uhr Sprechstunde.	*O doutor Lopes atende das nove ao meio-dia.*
Muss ich mir einen Termin geben lassen?	*Tenho que ter uma hora marcada? / Tenho que marcar uma consulta?*
Heute ist keine Sprechstunde.	*Hoje não há consultas [expediente].*
Ich möchte mich lieber in Deutschland operieren lassen.	*Preferia ser operado na Alemanha.*
Ich habe eine Versicherung für den Rücktransport.	*Tenho um seguro para o transporte de regresso [volta].*

Beim Arzt	No médico
Kommen Sie bitte ins Sprechzimmer.	*Venha para a sala de consultas.*
Was haben Sie für Beschwerden?	*De que se queixa? [Qual é o problema?]*
Was tut Ihnen weh?	*O que é que lhe dói [o sr. sente]?*
Haben Sie Fieber?	*O sr. tem febre?*
Haben Sie Fieber gemessen?	*O sr. tirou a temperatura?*
Ja, ich habe hohes Fieber.	*Sim, tenho febre alta.*
Wie lange sind Sie schon krank?	*Há quanto tempo [o sr.] já está doente?*
Haben Sie noch andere Beschwerden? / Was fehlt Ihnen noch?	*O sr. ainda tem outros incómodos? / De que é que se queixa mais?*
Ich liege seit vier Tagen.	*Estou de cama há quatro dias.*
Freitag fing es an.	*Começou sexta-feira.*

Mein Allgemeinbefinden ist schlecht.	*O meu estado geral é mau. / Tenho um mal-estar geral.*
Ich bin herzkrank.	*Eu sofro do coração.*
Ich bin leberleidend.	*Eu sofro do fígado.*
Ich bin magenkrank.	*Eu sou doente do estômago.*
Ich bin nierenkrank.	*Eu sou doente dos rins.*
Ich hatte einen Herzanfall.	*Eu tive um ataque cardíaco/do coração.*
Ich bin erkältet.	*Estou constipado [resfriado].*
Ich habe hier Stiche (Schmerzen).	*Sinto pontadas (dores) aqui.*
Ich kann schlecht atmen.	*Respiro com dificuldade.*
Ich glaube, ich habe eine Grippe.	*Acho que estou com gripe.*
Ich werde den Schnupfen nicht los.	*Esta constipação [Este resfriado] não me deixa.*
Ich habe starken Husten.	*Tenho muita tosse.* *[Estou tossindo muito.]*
Ich habe Gliederschmerzen.	*Estou com dores nas articulações.*
Ich habe Aspirintabletten genommen, sie haben aber nicht geholfen.	*Tomei comprimidos de aspirina, mas não adiantou.*
Ich habe mich tüchtig erkältet.	*Apanhei uma grande constipação.* *[Eu me resfriei para valer.]*
Ich habe Schüttelfrost.	*Estou com calafrios.*
Ich habe Kopfschmerzen.	*Tenho [Sinto] dores de cabeça.*

Ich habe …
  Halsschmerzen.
  Magenschmerzen.
  Herzklopfen.
  Stechen im Rücken.
  Magenkrämpfe.
 	
  Juckreiz.
  einen Ausschlag.
	Tenho …
	  dores de garganta.
	  dores no estômago.
	  palpitações.
	  pontadas nas costas.
	  cólicas no estômago [cólica estoma-cal].
	  comichão.
	  erupção cutânea.

Mir ist schwindlig. Ich kann mich nicht aufrechthalten.	*Estou com vertigens. Não me aguento de pé. [Eu não posso ficar em pé.]*
Ich leide an Schlaflosigkeit.	*Sofro de insónias [insônias].*
Ich habe oft Nasenbluten.	*Frequentemente tenho hemorragia nasal.*
Ich bin zuckerkrank.	*Sou diabético.*
Ich habe mir den Magen verdorben.	*Apanhei uma indigestão.*
Ich habe Durchfall.	*Estou com diarreia [diarréia].*

Ich habe Verstopfung.	*Estou com prisão de ventre.*
Ich habe in letzter Zeit keinen Appetit.	*Recentemente/Nos últimos tempos não tenho tido apetite.*
Ich habe abgenommen.	*Emagreci.*
Nach dem Essen ist mir immer übel.	*Depois da comida, sinto-me sempre mal disposto.*
Ich leide an …	*Sofro de …*
Migräne.	* enxaqueca.*
Verdauungsstörungen.	* indigestão.*
Rheuma.	* reumatismo.*
Gicht.	* artrite.*
Kreislaufstörungen.	* distúrbio circulatório.*
Ich bin rekonvaleszent.	*Estou [Sou] convalescente. / Estou em [fase de] convalescença.*
Ich schwitze nachts.	*Eu suo à noite.*
Manchmal habe ich Ohrensausen.	*Às vezes sinto zunidos nos ouvidos.*
Ich habe mir die Hand verbrannt.	*Queimei a mão.*
Ich habe eine Schnittwunde.	*Cortei-me. / Tenho um golpe [uma ferida de incisão].*
Ich habe eine Prellung.	*Tenho uma contusão.*
Ich habe mir den Fuß verrenkt.	*Torci o pé.*
Ich habe mir den Arm gebrochen.	*Parti [Quebrei] o braço.*
Die Hand ist stark geschwollen.	*A mão está muito inchada.*
Ich hatte einen Unfall.	*Tive [Sofri] um acidente.*
Ziehen Sie sich aus, ich will Sie untersuchen.	*Dispa-se [Tire a roupa] eu quero examiná-lo [examinar o sr.].*
Machen Sie den Oberkörper frei.	*Dispa-se da cintura para cima.*
Legen Sie sich hier hin, ich muss Sie untersuchen.	*Deite-se aqui, eu tenho de o [lhe] examinar.*
Wo haben Sie Schmerzen?	*Onde sente dores?*
Tut es hier weh?	*Dói-lhe aqui?*
Ich will Ihre Lunge untersuchen.	*Quero auscultar os seus pulmões.*
Tief einatmen.	*Respire fundo.*
Nicht atmen. / Atem anhalten.	*Não respire! / Prenda/Contenha a respiração.*
Jetzt langsam ausatmen.	*Agora expire lentamente.*
Ich werde Ihren Puls fühlen.	*Vou tomar o seu pulso.*

Bitte messen Sie auch meinen Blutdruck.	*Por favor, meça-me também a tensão arterial [tire também a pressão].*
Ich habe einen zu hohen Blutdruck.	*Eu tenho a tensão [pressão] muito alta.*
Zeigen Sie die Zunge.	*Mostre-me a língua.*
Was haben Sie gegessen (getrunken)?	*O que é que [o sr.] comeu (bebeu)?*
Sie haben …	*O sr. tem …*
eine Fleischvergiftung.	*uma intoxicação por ingestão de carne estragada/deteriorada.*
eine Fischvergiftung.	*uma intoxicação causada por ingestão de peixe estragado.*
eine Pilzvergiftung.	*uma intoxicação causada por ingestão de cogumelos.*
Sie müssen Fieber messen.	*O sr. tem de tirar a temperatura.*
Ihr Blutdruck ist normal.	*O sr. está com a tensão arterial [com uma pressão] normal.*
Der Puls ist beschleunigt.	*O pulso está acelerado.*
Schlafen Sie nachts ruhig?	*O sr. dorme bem à noite?*
Welche ansteckenden Krankheiten hatten Sie?	*Que doenças contagiosas teve?*
Ich hatte …	*Tive …*
Scharlach.	*escarlatina.*
die Masern.	*sarampo.*
Mumps/Ziegenpeter.	*papeira.*
Wie steht es mit Ihrem Appetit?	*Como está o seu apetite?*
Ich habe keinen Appetit.	*Não tenho apetite.*
Sind Sie verletzt?	*O sr. está ferido?*
Wie fühlen Sie sich heute?	*Como se sente hoje?*
Ich fühle mich heute besser.	*Hoje estou-me a sentir [estou me sentindo] melhor.*
Sie haben etwas Fieber.	*O sr. está com um pouco de febre.*
Sie brauchen sich keine Sorgen zu machen, es ist nichts Schlimmes.	*O sr. não precisa de se preocupar, não é nada de grave.*
Sie haben sich eine Grippe eingefangen.	*O sr. apanhou [pegou] uma gripe.*
Die Zunge ist belegt.	*A língua está saburrenta.*

Sie haben …	*O sr. tem/está com …*
eine Bronchitis.	*bronquite.*
eine Mandelentzündung.	*inflamação das amígdalas.*
eine Blinddarmentzündung.	*apendicite.*
ein Magengeschwür.	*úlcera no estômago.*
einen Sonnenbrand.	*queimadura do sol.*
eine Fraktur.	*fractura.*

Das muss geröntgt werden.	*Tem que tirar <u>uma</u> radiografia.*

Wir werden … machen.	*Vamos fazer …*
eine Ultraschall-Untersuchung	*uma ecografia [ultras(s)onografia].*
eine Computertomographie (CT)	*uma tomografia computorizada.*

Ich muss Sie gegen Tetanus impfen.	*Tenho que o vacinar [vacinar o sr.] contra o tétano.*
Sie müssen ein paar Tage im Bett bleiben.	*O sr. tem que ficar alguns dias de cama [acamado].*
Sie sollten im Bett bleiben, bis Sie sich besser fühlen.	*O sr. deveria ficar de cama [acamado] até se sentir melhor.*
Sie dürfen nicht aus dem Haus gehen.	*O sr. não deve sair de casa.*
Sie dürfen heute nichts essen.	*Hoje o sr. não deve comer nada.*
Sie müssen Diät halten.	*O sr. tem que fazer dieta.*
Sie brauchen Ruhe und Erholung und dürfen sich nicht aufregen.	*O sr. precisa de calma e repouso e não se deve emocionar.*
Sie müssen zu einem Facharzt gehen.	*O sr. precisa <u>de</u> consultar um especialista.*
Ist (es) etwas Ernstes?	*É [algo] grave?*
Muss ich ins Krankenhaus?	*Tenho que dar baixa ao hospital?*
Sie müssen ins Krankenhaus. Es ist besser so.	*O sr. tem que ficar hospitalizado. É melhor assim.*
Muss ich operiert werden?	*Eu tenho que ser operado?*
Hoffentlich gibt es keine Komplikationen.	*Espero que não tenha complicações.*
Wann kann ich aus dem Krankenhaus entlassen werden?	*Quando posso ter [receber] alta do hospital?*
Wann darf ich aufstehen?	*Quando <u>é que</u> me posso levantar?*
Darf ich alles essen?	*Posso comer de tudo?*
Ich werde Ihnen ein Rezept geben.	*Vou-lhe passar uma receita. [Vou passar receita para o sr.]*
Bitte verschreiben Sie mir ein Medikament.	*Passe-me remédio, por favor.*

Nehmen Sie die Arznei dreimal täglich nach dem Essen ein.	*Tome o medicamento três vezes ao dia após as refeições.*
Messen Sie die Temperatur morgens und abends.	*Tire a temperatura de [pela] manhã e à noite.*
Sie werden bald wieder gesund.	*Em breve o sr. ficará bom.*
Wenn es mir nicht besser geht, soll ich dann nächste Woche wiederkommen?	*Se eu não melhorar devo voltar na próxima semana?*
Sie müssen mit dem Rauchen aufhören.	*O sr. tem que deixar de fumar.*
Was für eine Diagnose hat der Arzt gestellt?	*O que é que o médico diagnosticou?*
Ich habe gehört, du warst krank?	*Eu ouvi falar que tu estiveste [você estava] doente?*
Ich bin noch bis Freitag krankgeschrieben. Es geht mir aber schon wieder besser.	*Eu ainda estou de baixa [de licença médica] até sexta-feira. Mas eu já me estou a sentir [já estou me sentindo] melhor.*
Mein Kind ist krank. Ich muss mit ihm zu einem Kinderarzt.	*O meu filho está doente. Eu tenho que levá-lo a um pediatra.*
Frau Doktor, können Sie nach meinem Jungen sehen? Er hustet und hat Fieber.	*Doutora, a sra. pode examinar o meu filho. Ele tem tosse e está com febre.*
Es ist nichts Schlimmes. Er hat eine leichte Mandelentzündung.	*Não é nada de mal. Ele está com uma leve inflamação nas amígdalas.*
Machen Sie ihm einen nassen Umschlag um den Hals.	*Aplique-lhe uma compressa no pescoço.*

Beim Zahnarzt	No dentista
Ich möchte einen Termin beim Zahnarzt vereinbaren.	*Eu quero marcar uma hora no dentista.*
Ich hatte die ganze Nacht fürchterliche Zahnschmerzen.	*Eu tive horríveis dores de dentes a noite inteira.*
Wo haben Sie Schmerzen?	*Onde é que tem dores?*
Mir tut der … weh. Schneidezahn Eckzahn Backenzahn Weisheitszahn	*Estou com dores no … dente incisivo. dente canino. molar. dente do siso.*
Mein Zahnfleisch blutet.	*A minha gengiva está a sangrar [está sangrando].*
Dieser Zahn muss eine Krone bekommen.	*Tenho de pôr uma coroa neste dente [Este dente precisa de uma coroa.].*

Bitte gut spülen.	*Bocheche bem [Enxague bem a boca], por favor.*
Bitte zwei Stunden nichts essen.	*Por favor, não coma durante duas horas.*
Die Plombe/Füllung am Eckzahn ist herausgefallen.	*A obturação/o chumbo do dente canino caiu.*
Sie haben einen Abszess an der Wurzel.	*Tem um abcesso na raiz.*
Suchen Sie dann zu Hause gleich Ihren Zahnarzt auf.	*Quando chegar a [em] casa, vá logo ao seu dentista.*
Muss der Backenzahn gezogen werden oder können Sie ihn noch einmal plombieren?	*O molar tem de ser extraído ou pode obturá-lo mais uma vez?*
Geben Sie mir bitte eine Spritze.	*Dê-me uma injecção, por favor.*
Meine Zahnprothese ist durchgebrochen. Können Sie sie reparieren?	*A minha prótese partiu-se. O sr. pode consertá-la?*

Apotheke	Farmácia
Sagen Sie mir bitte, ...	*Diga-me, por favor ...*
wo ist die nächste Apotheke?	*onde fica a farmácia mais próxima [a próxima farmácia]?*
welche Apotheke hat heute geöffnet?	*qual é a farmácia que está aberta hoje?*
welche Apotheke hat Nachtdienst?	*qual é a farmácia de serviço [plantão]?*
Hier ist das Rezept.	*Aqui está a receita.*
Um wie viel Uhr kann ich es abholen?	*A que horas posso vir buscá-la [apanhar]?*
In einer Stunde. Bei der Abholung der Arznei legen Sie bitte diesen Schein vor.	*Daqui a uma hora. Quando vier buscar/receber [Na hora de apanhar] o medicamento apresente este talão [comprovante].*
Ist diese Arznei (dieses Medikament) rezeptpflichtig?	*Este medicamento exige receita? / Este medicamento só pode ser comprado mediante receita?*
Ich hätte gern ...	*O sr. poderia vender / Eu preciso (de) ...*
ein Schlafmittel.	*um soporífero [soporífico].*
ein Beruhigungsmittel.	*um calmante.*
eine Schachtel Vitamintabletten.	*uma caixa de vitaminas em comprimidos.*
ein Abführmittel.	*um purgante.*
ein Desinfektionsmittel.	*um desinfectante.*

Außerdem möchte ich …	Além disso eu queria …
Hustensaft.	um xarope contra a tosse.
Nasentropfen.	gotas para o nariz.
Heftpflaster.	adesivos [esparadrapos].
eine Mullbinde und Watte.	uma ligadura [atadura] de gaze e algodão.
Geben Sie mir bitte ein Mittel gegen …	Dê-me, por favor, um remédio contra …
Grippe.	a gripe.
Durchfall.	a diarreia [diarréia].
Verstopfung.	o prisão de ventre.
Kopfschmerzen.	as dores de cabeça.
Wie wird diese Arznei eingenommen?	Como é que se deve tomar este remédio?
Dieses Medikament muss eingenommen werden: …	Este medicamento deve ser tomado …
dreimal täglich nach (vor) dem Essen.	três vezes ao dia após as (antes das) refeições.
eine Tablette vor dem Schlafengehen.	um comprimido antes de dormir.
dreimal täglich einen Teelöffel (Esslöffel) voll.	uma colher de chá (uma colher de sopa) três vezes ao dia.
Vor Gebrauch schütteln.	Agitar antes de usar.
Nicht zum Einnehmen.	Não deve ser ingerido.

Mahlzeiten
Refeições

Allgemeine Ausdrücke	*Expressões gerais*
Ich habe Hunger.	*Estou com fome.*
Ich habe Hunger wie ein Wolf / einen Riesenhunger.	*Estou com uma fome canina.*
Mir knurrt der Magen vor Hunger.	*O meu estômago está a roncar [está roncando] de fome.*
Ich muss etwas essen.	*Eu tenho de comer alguma coisa.*
Haben Sie schon gegessen?	*O sr. já comeu?*
Sie werden bestimmt Hunger haben.	*De certeza está com fome.*
Möchten Sie etwas essen?	*[O sr.] Quer comer alguma coisa?*
Ich habe keinen Hunger.	*Não estou com fome.*
Heute habe ich keinen Appetit.	*Hoje estou sem apetite.*
Möchten Sie etwas trinken?	*[O sr.] Quer beber alguma coisa?*
Ich habe Durst.	*Estou com sede.*
Was gibt es heute (zum Mittag / zum Essen)?	*O que vamos comer hoje?* *O que há para comer hoje ao almoço?*
Was möchten Sie gern essen?	*O que é que [o sr.] gostaria de comer?*
Ich decke gleich den Tisch.	*Vou já pôr a mesa. [Vou pôr a mesa logo.]*
Gib mir bitte eine Tischdecke.	*Dá-me por favor uma toalha de mesa.*
Der Tisch ist gedeckt.	*A mesa está posta [pronta].*
Das Essen ist fertig.	*A comida está pronta.*
Bitte zu Tisch!	*Venham para a mesa!*
Meine Frau bittet Sie, Platz zu nehmen.	*A minha mulher pede para os senhores se sentarem.*
Wenn Sie ... Platz nehmen wollen.	*Queira-se sentar / Tenha a gentileza de se sentar ...*
hier neben mir	*aqui ao meu lado.*
neben meiner Frau	*ao lado da minha mulher/esposa.*
auf dieser Seite	*neste lado.*
dort [drüben]	*ali.*
Bitte! Bedienen Sie sich!	*Por favor, sirva-se! / Sirvam-se!*
Guten Appetit!	*Bom proveito! [Bom apetite!]*
Gleichfalls.	*Igualmente.*

Möchten Sie etwas Erfrischendes oder lieber etwas Warmes trinken?	*Quer algum refrigerante ou <u>beber</u> algo quente?*
Darf ich Ihnen einen Weinbrand anbieten?	*Posso-lhe oferecer um conhaque?*
Nein, danke. Ich trinke keinen Alkohol.	*Não, obrigado. Eu não tomo/bebo bebidas alcoólicas.*
Was könnte ich Ihnen dann anbieten? Vielleicht einen Obstsaft?	*O que é que eu lhe posso então oferecer? [O que poderia então lhe oferecer?] Um sumo [suco] de frutas, talvez?*
Ja, bitte. Sie sind sehr nett.	*Sim, por favor. O sr. é muito gentil.*
Ich finde … nicht. den Korkenzieher den Büchsenöffner/Dosenöffner den Flaschenöffner	*Não consigo encontrar … o saca-rolhas. o abre-latas [o abridor de latas]. o abre-garrafas/tira-cápsulas [o abridor de garrafas].*
Nehmen Sie noch von dem Braten?	*O sr. quer mais carne assada?*
Nein, danke. Ich habe genug.	*Não, muito obrigado. Já tenho o suficiente [bastante].*
Ich möchte nicht mehr, danke.	*Não quero mais, obrigado.*
Ich habe gerade erst gefrühstückt.	*Acabo de tomar o pequeno-almoço [o café da manhã].*
Ich nehme noch etwas, um nicht unhöflich zu sein.	*Eu vou comer mais um pouco, para não ser indelicado [descortês].*
Möchten Sie noch Gemüse?	*O sr. ainda quer verduras?*
Sie haben mir zu viel aufgefüllt.	*A sra. encheu-me demasiado o prato.*
Kochen Sie gern?	*O sr. gosta de cozinhar?*
Ja, aber ich putze nicht gern Gemüse. Ich nehme lieber Feinfrostgemüse/tiefgefrorenes Gemüse.	*Sim, mas eu não gosto de arranjar [lavar] verduras. Prefiro legumes congelados.*
Schmeckt es Ihnen nicht?	*Não gosta? [Não está gostando?]*
Hat es Ihnen geschmeckt?	*Gostou?*
Ja, es hat mir sehr gut geschmeckt.	*Sim, gostei muito da comida.*
Das Essen ist sehr schmackhaft.	*A comida está muito gostosa.*
Ich bedanke mich für das Essen.	*Quero agredecer-lhe pela comida.*

Frühstück	Pequeno-almoço [Café da manhã]
Das Frühstück ist von 7 bis 11 Uhr.	O pequeno-almoço [o café da manhã] é das sete às onze horas.
Wir möchten frühstücken.	Queríamos tomar o pequeno-almoço [o café da manhã].
Das Frühstücksbuffet ist im Restaurant des Erdgeschosses aufgebaut.	O buffet [bufé] do pequeno-almoço [café da manhã] é servido no restaurante do rés-do-chão [andar térreo].
Ich sehe nur Weißbrot. Haben Sie auch Schwarzbrot?	Vejo apenas [Eu só estou vendo] pão branco. Tem também pão escuro [preto]?
Natürlich. Wir haben Schwarzbrot, Mischbrot, Roggenbrot, Vollkornbrot, Baguette, Brötchen, Vollkornbrötchen.	Naturalmente. Temos pão branco, pão de mistura [misto], pão de centeio, pão integral, baguete [pão francês], pãezinhos (pãozinhos)/papos secos, pãezinhos integrais [pãozinho integral].
Ich möchte …	Quero …
eine Tasse Kaffee.	uma chávena [xícara] de café.
ein Kännchen Kaffee.	um bulezinho de café.
entkoffeinierten Kaffee.	[café] descafeinado.
Milchkaffee.	café com leite.
heiße Schokolade mit Sahne.	chocolate quente com natas batidas [creme batido].
schwarzen Tee.	chá preto.
Früchtetee.	tisana/chá de frutos/frutas.
Ich hätte gern Frühstück Nr. 2.	Queria o pequeno-almoço [café da manhã] número dois.
Gut. Und wie wünschen Sie die Eier.	Certo. E como deseja os ovos?/E como é que quer os ovos?
Rühreier, bitte.	Mexidos, por favor.
Und was für eine Sorte Brot hätten Sie gern für den Toast?	E que tipo de pão vai querer para as torradas?
Vollkornbrot, bitte.	Integral, por favor.
Morgens habe ich gewöhnlich Hunger.	De [Pela] manhã normalmente tenho fome.
Zum Frühstück esse ich reichlich.	Eu como bem ao pequeno-almoço [no café da manhã].
Auch mir würde ein Frühstück jetzt gut tun.	Agora também tomava o pequeno-almoço. [A mim também o café da manhã faria bem agora.]
Sagen Sie mir, was Sie essen möchten.	Diga-me, o que é que [o sr.] deseja comer.

Ich esse nur zwei Sandwiches/belegte Brote.	*Quero só duas sanduíches. [Eu vou querer apenas dois sanduíches.]*

Wünschen/Möchten Sie …
  Kaffee?
  Tee (mit Zitrone)?
  Kakao?
	*[O sr.] Quer …
	  café?
	  chá (com limão)?
	  leite com cacau [chocolate]?*

Ich trinke morgens zwei Tassen Kaffee mit Milch und Zucker/Süßstoff.	*De manhã, tomo duas chávenas [xícaras] de café com leite e açúcar/adoçante.*
Wie schmeckt Ihnen der Kaffee?	*Que tal o café?*
Ihr Kaffee ist sehr stark.	*O seu café é/está muito forte.*
Er schmeckt mir aber so.	*Mas eu gosto dele assim.*
Soll ich Ihnen noch eine Tasse eingießen?	*Quer que ponha mais café?/ Quer mais um café?*
Nein, danke. Ich darf nicht mehr als zwei Tassen trinken. Ich habe zu hohen Blutdruck.	*Não, obrigado. Eu não devo tomar mais do que duas chávenas [xícaras]. Tenho a tensão arterial [a pressão] muito alta.*

Möchten Sie …
  Butter und Honig?
  Konfitüre oder Schnittkäse?
 	
  Salami oder Schinken?
  die Eier hart oder weich?
 	
  Brot oder Brötchen?
 	
  Getreideflocken/Frühstückskost?
  Joghurt?
  Spiegeleier?
  ein Paar Würstchen?
	*[O sr.] Quer …
	  manteiga e mel?
	  compota de frutas ou queijo [geleia de frutas ou fatias de queijo]?
	  salame ou presunto?
	  [o] ovo bem cozido ou mal cozido [mole]?
	  fatia de pão ou carcaça/papo-secos [pão ou pãezinhos]?
	  <u>flocos de</u> cereais/cereal?
	  iogurte?
	  ovos estrelados?
	  salsichas [duas salsichinhas]?*

Ich nehme noch von der Aprikosenmarmelade. Sie ist sehr gut.	*Eu vou tirar mais um pouco de doce de damasco [da geleia de damasco]. É muito bom.*
Das essen unsere Kinder gern.	*Os nossos filhos gostam de comer isso.*
Das Brot ist ganz frisch.	*O pão é muito fresco.*
Essen Sie gern Hörnchen/Croissants?	*O sr. gosta de comer 'croissants' [rosquinhas]?*
Für die Kinder werde ich belegte Brote vorbereiten.	*Vou preparar sanduíches para as crianças.*

Mittagessen	Almoço
Wir können gleich essen.	Já podemos ir comer.
Als Vorspeise haben wir … Oliven, Fleischklößchen, Hummersalat.	Temos como entrada … azeitonas, bolinhas de carne, salada de mariscos.
Ich serviere Ihnen anschließend eine Spezialität von mir: Tapiokabrei und Krebsfleisch.	Depois vou-lhe servir uma especialidade minha: pirão de caranguejo.
Essen Sie Brot dazu?	[O sr.] come com pão?
Zum Mittagessen gibt es bei uns kein Brot.	Não comemos pão ao [no] almoço.
Ich nehme mal ein Stück, um zu sehen, ob es mir dazu schmeckt.	Vou tirar um bocado [pedaço] para ver se me sabe bem [se combina] com esta comida.
Der Braten duftet.	A carne assada está a cheirar [está cheirando] bem.
Nehmen Sie sich bitte Gemüse.	Sirva-se dos legumes [da verdura].
Hier ist Salz und Pfeffer, falls Sie nachwürzen möchten.	Se quiser pôr mais sal ou pimenta, está aqui (o saleiro e o pimenteiro). [Se o sr. quiser condimentar mais aqui estão o sal e a pimenta.]
Ich hoffe, dass ich die Sauce nach Ihrem Geschmack gewürzt habe.	Espero ter preparado [condimentado] o molho a[o] seu gosto.
Wie machen Sie … die Rouladen? die gefüllte Paprika? den Auberginensalat?	Como ó que [a sra.] prepara … o bife enrolado? o pimentão recheado? a salada de beringela?
Ich tue immer Knoblauch in den Salat. Stört Sie das?	Eu ponho sempre alho na salada. Não se importa? [Isso lhe incomoda?]
Ich esse gern scharf gewürzt.	Gosto de comida muito picante.
Die Soße hat einen hervorragenden Geschmack.	O molho tem um sabor excelente.
Der Braten ist sehr zart.	A carne assada está muito macia/tenra.
Darf ich Ihnen noch Rotwein einschenken?	Posso-lhe servir mais um pouco de vinho tinto?
Das reicht, danke. Ich nehme noch Sodawasser dazu.	Chega, obrigado. Vou juntar [acrescentar] mais um pouco de água de soda / água gasosa.
Ich möchte ein Glas Mineralwasser.	Eu queria um copo de água mineral.

Als Nachspeise habe ich Eierkuchen mit süßem Quark gemacht.	*Para sobremesa tenho crepes da [omeleta de] China com requeijão doce.*
Bedienen Sie sich bitte auch mit Obst.	*Sirva-se também de fruta, se faz favor.*
Nein, danke. Vielleicht später.	*Não, obrigado. Talvez mais tarde.*
Ich habe schon zu viel gegessen.	*Já comi demais.*
Das Essen hat mir hervorragend geschmeckt.	*A comida estava excelente.*
Sie sind eine ausgezeichnete Köchin.	*A sra. é uma excelente cozinheira.*
Und jetzt trinken wir noch eine Tasse Kaffee, nicht wahr?	*Agora vamos tomar uma bica [um cafezinho], está bem?*
Ja, bitte!	*Sim, com muito gosto.*

Abendbrot	Jantar
Was gibt es heute zum Abendbrot?	*O que há hoje para jantar?*
Was essen Sie normalerweise zum Abendbrot?	*O que é que o sr. normalmente come ao [no] jantar?*

Gewöhnlich essen wir …
   eine Suppe.
   Fleisch.
   Maisbrei mit Käse und Butter.
	Normalmente tomamos/comemos …
	   uma sopa.
	   carne.
	   papas de milho [angu] com queijo e manteiga.

Die Kinder essen lieber Milchreis, Grießbrei oder Nudeln mit Milch.	*As crianças preferem arroz doce, sêmola com açúcar [sêmola adocicada] ou massa com leite doce [ou talharim com leite].*
Im Sommer essen wir vor allem Obst, Salate und Gemüse.	*No Verão, comemos mais fruta, saladas e verduras.*
Zum Abendessen trinkt man Tee oder Früchtesaft, ab und zu mal eine Flasche Bier, manchmal ein Glas Wein.	*Ao [No] jantar bebe-se chá ou sumo [suco] de fruta, uma vez por outra uma garrafa de cerveja, às vezes um copo de vinho.*

Abends essen wir …
   Butterbrot,
   Aufschnitt,
   Fischkonserven,
   Käse,
   Obstsalat.
	A noite, comemos …
	   pão com manteiga,
	   fatias de carnes frias,
	   conserva de peixe [peixe em conserva],
	   queijo,
	   salada de frutas.

Mein Mann verzichtet niemals auf seine Suppe.	*O meu marido não passa sem comer sopa às refeições. [Meu marido jamais dispensa sua sopa.]*

Vorsicht! Die Suppe ist sehr heiß.	*Cuidado! A sopa está muito quente.*
Die Fischsuppe schmeckt ausgezeichnet.	*A sopa de peixe está excelente.*
Könnten Sie mir das Rezept geben?	*A sra. pode-me dar a receita?*

Im Restaurant	**No restaurante**
Wo kann man gut und billig essen?	*Onde é que se pode comer bem e barato?*
Ich kenne in der Nähe ein gutes Restaurant, wo man preiswert essen kann.	*Eu conheço um bom restaurante aqui perto onde se pode comer em conta [barato].*
Können Sie mir ein Restaurant mit typisch deutscher Küche empfehlen?	*O sr. pode-me recomendar um restaurante de comidas típicas alemãs?*
Nicht weit von hier ist ein Restaurant mit deutschen Spezialitäten.	*Perto daqui há um restaurante de comidas típicas alemãs.*
Ist diese Gaststätte täglich geöffnet?	*Este restaurante está aberto todos os dias?*
Haben Sie schon … gegessen? gefrühstückt? zu Mittag gegessen? Abendbrot gegessen?	*O sr. já …* *comeu?* *tomou o pequeno almoço [o café da manhã]?* *almoçou?* *jantou?*
Ich kenne hier in der Nähe einen Schnellimbiss.	*Conheço aqui perto um snack-bar/ um self-service [uma lanchonete].*
Kann ich Sie zu einem Imbiss einladen?	*Posso convidá-lo para comermos qualquer coisa ligeira [para comer alguma coisa leve]?*
Ja, gern. Ich habe auch Hunger bekommen.	*Com muito prazer. Eu também já fiquei com fome.*
Kann man dorthin zu Fuß gehen?	*Pode-se ir a pé até lá?*
An diesem Büffet gibt es … Wiener Würstchen. Bouletten. Backhähnchen. Rührei mit Käse.	*Neste balcão [bufê] há …* *salsichas (vienenses)* *almôndegas.* *frango assado [galetos].* *ovos mexidos com queijo.*
Mit diesen Essensmarken können Sie in unserer Kantine essen.	*Estas senhas dão [Esta ficha dá] direito a comer na nossa cantina.*
Gehen wir zusammen essen?	*Vamos comer juntos?*
In dieser Gaststätte isst man sehr gut.	*Neste restaurante come-se muito bem.*

Wir geben unsere Mäntel und Aktentaschen an der Garderobe ab.	*Vamos deixar os nossos casacos/sobretudos e malas/pastas [nossas capas e pastas] no vestiário.*
Haben Sie einen Raucherbereich?	*Tem zona de fumador<u>es</u>?*
Haben Sie einen Tisch bestellt/reserviert?	*Os srs. reservaram uma mesa?*
Ja, ich habe einen Tisch für sechs Personen bestellt/reserviert.	*Sim, reservei uma mesa para seis pessoas.*
Ich möchte einen Tisch neben dem Fenster.	*Eu quero uma mesa perto da janela.*
Bitte hier. Ist es recht so?	*Aqui. Está bem assim?*
Wir sind sieben Personen.	*Somos sete pessoas.*
Bringen Sie noch ein Besteck, bitte.	*Traga, por favor, mais um talher.*
Rufen Sie den Ober, bitte.	*Chame o empregado [o garçom], por favor.*
Wer bedient hier?	*Quem é que está a atender/a servir aqui? [Quem está atendendo/servindo aqui?]*
Herr Ober!	*Faz favor! [Garçom!]*
Bedienen Sie hier?	*É o sr. que serve esta mesa? [O sr. está servindo aqui/à mesa/nesta mesa?]*
Bitte die Speisekarte.	*Por favor, a ementa [o cardápio].*
Ich möchte gern bestellen.	*Gostaria de fazer o [um] pedido.*
Was können Sie uns gleich bringen?	*O que é que o sr. nos pode trazer já [logo]?*
Ab wie viel Uhr gibt es warme Speisen?	*A partir de que horas se servem refeições quentes?*
Hier ist das Rauchen nicht gestattet.	*Aqui não é permitido fumar.*
Haben Sie schon gewählt?	*Já escolheu?*
Ich hätte gern die Nummer 8.	*Queria o (prato) número oito.*
Was können Sie uns empfehlen?	*O que é que o sr. nos recomenda?*
Ich würde Ihnen ein portugiesisches Gericht empfehlen.	*Recomendo-lhes um prato português.*
Haben Sie schon bestellt?	*O sr. já pediu?*
Ich brauche noch einen Augenblick.	*Preciso ainda de algum tempo. [Preciso de mais um tempinho, por favor.]*
Wir erwarten noch zwei Personen.	*Estamos à espera de mais duas pessoas. [Estamos aguardando mais duas pessoas.]*

Haben Sie Kinderportionen?/Haben Sie Gerichte für Kinder?	*Tem pratos/porções para crianças?*
Kann ich Ihnen etwas zu trinken bringen?	*Posso trazer-lhe algo para beber?*
Was darf ich bringen?	*O que deseja que eu traga?* *[O que eu devo trazer?]*
Ein Bier, bitte!	*Uma cerveja, por favor.*

Ich hätte gern …
    ein helles Bier.
    ein dunkles Bier.
    ein alkoholfreies Bier.
    ein Bier vom Fass.
	Quero/Queria …
	    uma cerveja clara [branca].
	    uma cerveja preta.
	    uma cerveja sem álcool.
	    um fino/um imperial [um chope].

Haben Sie einen guten Wein?	*Tem bom vinho?*
Welchen Wein können Sie uns empfehlen?	*Que vinho é que o sr. nos recomenda?*
Wir möchten einen herben Weißwein trinken.	*Queremos um vinho branco seco.*

Wir hätten gern eine Flasche …
    Sekt.
    Dessertwein.
    Portwein.
	Queremos uma garrafa de …
	    champanhe [champanha].
	    vinho doce/de sobremesa.
	    vinho do Porto.

Bitte bringen Sie mir einen Schoppen Rotwein.	*Traga-me um copo de vinho tinto.*
Was haben Sie (denn) an offenem Rotwein?	*Qual dos vinhos tintos se serve a [ao] copo?*

Haben Sie …
    Kirschlikör?
    Genipa-Likör (bras. Spezialität)?
	Tem …
	    licor de cereja?
	    licor de jenipapo?

Haben Sie auch alkoholfreie Getränke?	*O sr. tem também bebidas não-alcoólicas?*
Ich trinke nur ein Glas Mineralwasser.	*Eu só quero [Eu tomo apenas] um copo de água mineral.*
Für die Kinder eine Limonade oder Fruchtsaft.	*Para as crianças uma limonada ou um sumo [suco] de fruta.*
Wollen wir anstoßen!	*Vamos fazer um brinde [Vamos brindar]!*
Prosit! / Zum Wohl!	*À saúde [Saúde]!*
Auf Ihre Gesundheit!	*À sua saúde!*
Möchten Sie zuerst eine Suppe?	*[O sr.] Quer primeiro uma sopa?*
Ja, Tomatensuppe.	*Sim, uma sopa de tomate.*

Die Geflügelsuppe …	A sopa de galinha …
ist kalt.	está fria.
ist versalzen.	está salgada.
hat einen guten Geschmack.	está gostosa.

Wir haben die Vorspeise vergessen.	Esquecemo-nos da [Esquecemos a] entrada.

Als Vorspeise haben wir …	Como entrada temos …
Sardellenröllchen.	anchovas [enchovas] (enroladas)
Leberpastete.	pasta [pastel] de fígado,
Kaviar.	caviar.

Ich möchte etwas Leichtes.	Quero uma coisa leve.

Ich verzichte auf die Vorspeise.	Dispenso a entrada.

Ich muss vorsichtig sein. Ich halte Diät.	Tenho que ter cuidado. Estou a fazer [Estou fazendo] dieta.

Mir bringen Sie bitte ein Omelett mit Pilzen.	Para mim, traga, por favor, uma omeleta com cogumelos.

Mir auch. Es darf aber nicht zu salzig sein.	Para mim também, mas não deve ser muito salgada.

Ich darf nichts … essen.	Eu não devo comer comida …
Gesalzenes	com sal.
Gepfeffertes	com pimenta / apimentada.
Fettes	gordurosa.
Gebratenes	assada.

Als Hauptgericht bringen Sie uns …	Como prato principal traga-nos …
Schnitzel.	(um) bife escalope.
Wiener Schnitzel.	(um) bife à milanesa.
Kotelett.	(uma) costeleta.
Schweinebraten.	carne de porco assada.
Rinderbraten.	carne de vaca [boi] assada.
Rumpsteak.	bife de alcatra.
Hammelbraten aus dem Rohr/Ofen.	carne de carneiro assada no forno.
Geflügel mit Reis.	galinha com arroz.
Hühnerfrikassee.	galinha fricassé.
Karpfen blau.	carpa cozida.
Hecht vom Grill.	lúcio grelhado/assado na grelha.

Wie möchten Sie Ihr Steak, blutig, englisch, medium oder gut durch-gebraten?	Como queria o bife, em sangue, mal passado/à inglesa, ao ponto ou bem passado?

Wir haben auch Wild.	Temos também carne de caça.

Lassen wir die Gäste entscheiden.	Deixemos os convidados escolherem.

Als Beilage bringen Sie uns bitte …	Traga-nos como acompanhamento …
Reis.	arroz.
Kartoffelbällchen.	bolinhas de batata.
Bratkartoffeln.	batatas assadas.
Zum Braten bringen Sie uns bitte Gemüse.	Traga-nos legumes [verdura] para acompanhar a carne assada.
Welches Gemüse möchten Sie:	Que legumes [verdura] o sr. deseja:
grüne Bohnen?	feijão verde [vagem]?
Mischgemüse?	legumes misturados [verdura mista]?
Spinat?	espinafre?
gedünstete Karotten?	cenoura cozida?
Sauerkohl?	'choucroute' [chucrute]?
Was darf's noch sein?	O que é que deseja mais?
Wir nehmen noch …	Queremos ainda …
Kopfsalat.	alface.
Tomatensalat.	salada de tomate.
Auberginensalat.	salada de beringela.
Gurkensalat.	salada de pepino.
Fräulein/Bedienung, bringen Sie uns bitte …	Faz favor, traga-nos … [Moça/Garçonete, traga-nos por favor …]
Röstbrot.	torradas.
Senf.	mostarda.
Essig und Öl.	vinagre e azeite.
Würden Sie mir bitte … geben/reichen?	Pode-me passar …
den Salzstreuer	o saleiro.
den Pfefferstreuer	o pimenteiro [a pimenteira].
die Zahnstocher	os palitos.
den Brotkorb	a cestinha do pão.
Die Sauce schmeckt vorzüglich.	O molho tem um sabor excelente.
Das Fleisch ist zäh.	A carne está dura.
Könnte ich die Speisekarte noch einmal haben?	Posso ver novamente a ementa? [Posso ver o cardápio de novo?]
Möchten Sie als Nachtisch Obst, Kuchen oder Eis?	Como sobremesa, o sr. quer fruta, bolo ou sorvete?
Das habe ich nicht bestellt. Ich wollte …	Eu não pedi isso [não]./Não foi isso que eu pedi. Eu queria …
Hier fehlt noch …	Aqui falta ainda …
Das Essen ist …	O comer [A comida] está …
kalt.	frio[a].
versalzen.	salgado[a].
Haben Sie unser Bier vergessen?	Esqueceu-se da nossa cerveja?

Das Fleisch ist nicht lange genug gebraten.	*A carne não está suficientemente passada.*
Bitte nehmen Sie es zurück.	*Por favor, leve isto outra vez [leve de volta].*

Wünschen Sie …
   Apfelstrudel?
   Obsttorte?
   Sahnetorte?
   einen Eisbecher mit Erdbeeren?
   Eis mit Sahne?

[O sr.] Deseja …
   folhado de maçã?
   torta de fruta?
   torta de chantilly [natas/creme]?
   uma taça de sorvete com morangos?
   sorvete com chantilly [creme batido]?

Ich möchte (noch) einen Kaffee trinken.	*Queria tomar (mais) um café.*
Nach diesem Essen wäre ein guter Schnaps nicht schlecht.	*Depois de uma refeição destas, uma boa aguardente [cachaça] não caia mal.*
Fräulein/Bedienung! Bitte zahlen! / Die Rechnung bitte.	*Faz favor, queríamos pagar! / A conta por favor! [Garçonete, a conta por favor!]*
Getrennte Rechnungen, bitte.	*Contas separadas, por favor.*
Können wir getrennt bezahlen?	*Podemos pagar em separado?*
Alles zusammen!	*Tudo junto!*
Für mich extra, bitte.	*A minha é separada, por favor.*
Wir zahlen jeder einzeln.	*Cada um paga a sua.*
Was macht das?	*Quanto é?*
Ist dabei die Bedienung/der Service schon mitgerechnet?	*O serviço já está incluído?*
Der Rest ist für Sie.	*Pode ficar com o troco.*
Das ist für Sie.	*Isto é para si [você].*
(Es) Stimmt so.	*Está certo.*
Zum Abendessen kommen wir wieder.	*Voltamos para jantar.*
Reservieren Sie uns bitte den gleichen Tisch.	*Reserve-nos a mesma mesa.*

Im Café	No café
Ich will in das Café gegenüber vom Hotel gehen.	Eu quero ir ao café em frente do hotel.
Kommen Sie mit?	O sr. vem também?
Wenn Sie es wünschen, gern.	Se o sr. quiser, com muito prazer.
Gehen wir hinein?	Vamos entrar?
Draußen im Garten ist es angenehmer.	Cá fora [Do lado de fora] no jardim é mais agradável.
Entschuldigen Sie, sind an Ihrem Tisch noch zwei Plätze frei?	Desculpe, ainda há dois lugares livres à [na] sua mesa?
Ich hoffe, dass diese Plätze nicht besetzt sind.	Espero que estes lugares não estejam ocupados.
Bedauere. Die Plätze sind besetzt.	Lamento. Os lugares estão ocupados.
Wir müssen einen anderen Tisch suchen.	Temos que procurar outra mesa.
Fräulein, haben Sie einen freien Tisch für zwei Personen?	[A senhora] Tem uma mesa livre para duas pessoas?
Wo können wir Platz nehmen?	Onde é que nos podemos sentar?
Ich möchte …	Quero …
einen Mokka.	uma bica [um cafezinho].
eine große Tasse Kaffee mit Milch.	um garoto (nur Portugal).
ein großes Glas Milch mit Kaffee.	um galão (nur Portugal).
einen kleinen Kaffee mit Milch.	um pingado (nur Portugal).
eine Tasse Kaffee (schwach)	um carioca (nur Portugal).
ein Kännchen Kaffee.	uma cafeteirinha [um bulezinho] de café.
einen gefilterten Kaffee.	um café coado.
einen entkoffeinierten Kaffee.	um descafeinado.
einen Milchkaffee.	um café com leite/com natas.
Der Kaffee ist zu bitter.	O café está muito amargo.
Geben Sie mir bitte …	Dê-me …, por favor.
den Zucker.	o açúcar
die Kaffeesahne.	as natas para o café [o leite condensado].
den Aschenbecher.	o cinzeiro
Wenn Sie rauchen möchten, nehmen Sie bitte im Raucherbereich Platz.	Se o sr. quer/quiser fumar sente-se, por favor, no sector de fumadores [fumante].
Sind die Zeitungen von heute noch nicht da?	Os jornais de hoje ainda não chegaram?

Bringen Sie uns bitte …	*Traga-nos, por favor,…*
ein Mineralwasser mit/ohne Kohlensäure.	*uma água mineral com/sem gás.*
zwei Glas Wermut.	*dois vermutes [copos de vermute].*
einen Rum und einen Whisky.	*um rum e um uísque.*
einen frisch gepressten Orangensaft.	*um sumo natural de laranja [uma laranjada].*
ein Stück Himbeertorte.	*uma fatia de torta de framboesas.*
eine Portion Sahne.	*uma porção de natas batidas.*
zwei Sahnetörtchen.	*duas tortas de natas/dois pastéis de nata.*
ein Stück Frankfurter Kranz.	*uma fatia de torta Frankfurter Kranz. (Nao existe equivalente. Tem que definir: Bolo em forma circular, massa de pão-de-ló, em camadas).*
Da kommt mein Freund Timo.	*Lá vem o meu amigo Timo.*
Herr Ober, wir brauchen noch einen Stuhl.	*Faz favor [Garçom], precisamos de mais uma cadeira.*
Wir müssen zahlen.	*Temos que pagar.*
Dieses Mal bezahle ich.	*Desta vez quem paga sou eu.*
Wo ist die Toilette?	*Onde fica a casa de banho [o toalete]?*

Wohnung
Casa

Allgemeine Ausdrücke	*Expressões gerais*
Wo wohnen Sie?	*Onde mora [o sr.]?*
Ich wohne … in Berlin. in der Goethestraße. in einem Dorf in der Nähe der Hauptstadt. im Kreis …	*Moro …* *em Berlim.* *na rua Goethe.* *numa aldeia perto da capital.* *no concelho de [no distrito de / na comarca de] …*
Wohnen Sie im Zentrum?	*O sr. mora no centro?*
Nein, ich wohne in einem Neubau-viertel am Stadtrand.	*Não, moro num bairro novo na periferia da cidade.*
Ich wohne in einem Neubau.	*Moro num prédio novo.*
Ich habe eine Dreizimmerwohnung.	*Tenho um apartamento com três divisões [de três cómodos].*
Im wievielten Stock wohnen Sie?	*Em que andar [o sr.] mora?*
Ich wohne … im Erdgeschoss. in der ersten Etage. im zehnten Stock. in der Mansarde.	*Moro …* *no rés-do-chão [no andar térreo].* *no primeiro andar.* *no décimo andar.* *nas águas-furtadas.*
Ich bin vor Kurzem erst umgezogen.	*Mudei-me há pouco tempo.* *[Eu me mudei há pouco.]*
Und wo haben Sie vorher gewohnt?	*E onde é que [o sr.] morava antes?*
In einem Altbau am Platz der Freiheit.	*Morava num prédio antigo na Praça da Liberdade.*
Meine Eltern haben ein Einfamilien-haus mit einem schönen Garten.	*Os meus pais têm casa própria com um belo jardim.*
Sie wohnen dort, solange ich denken kann.	*Eles já lá moram [Eles moram lá desde] há muito tempo / desde que me entendo.*
Und ihre Kinder, wo wohnen die?	*E os seus filhos, onde moram?*
Mein Sohn wohnt mit seiner Frau bei den Schwiegereltern.	*O meu filho mora com a mulher na casa dos sogros.*
Meine beiden Töchter studieren noch.	*As minhas duas filhas ainda andam a estudar [ainda estudam].*
Eine wohnt im Internat, die andere wohnt zur Untermiete.	*Uma mora num internato e a outra mora num quarto alugado [em cómodos].*

Mein Bruder hat eine Einzimmerwohnung.	*O meu irmão tem um apartamento com [de] uma divisão só [uma sala].*
Unser Haus liegt …	*A nossa casa fica …*
in einer sehr ruhigen Straße.	*numa rua muito sossegada [calma].*
in der Nähe meiner Arbeitsstelle.	*perto do meu local de trabalho.*
in der Nähe des Kindergartens.	*perto do jardim de infância.*
fünf Minuten von der Straßenbahnhaltestelle entfernt.	*a cinco minutos da paragem do eléctrico [da parada de bonde].*
Ich bin froh, dass ich nicht in einem Industriegebiet wohne.	*Felizmente não moro numa zona [num distrito] industrial.*
Mein Kollege sucht eine neue Wohnung.	*O meu colega está à procura de uma casa nova.*
Er will umziehen.	*Ele quer se mudar.*
Seine Wohnung ist viel zu klein.	*O seu apartamento é pequeno demais.*
Er will eine Wohnung mit Zentralheizung mieten.	*Ele quer alugar um apartamento com aquecimento central.*
Wie hoch ist die Miete für eine Zweizimmerwohnung in einem Neubau?	*Quanto custa o aluguer [aluguel] de um apartamento de duas divisões [de dois cómodos] num prédio novo?*
Vermieten Sie Zimmer?	*O sr. aluga quartos?*
Ich habe ein paar Adressen für Sie.	*Eu tenho alguns endereços para si [para o sr.].*
Kann ich das Zimmer sehen?	*Posso ver a sala?*
Dieses Zimmer sagt mir zu.	*Esta sala agrada-me [me agrada].*
Es ist hell und ruhig.	*É clara e calma.*
Sie haben Bad- und Küchenbenutzung.	*O sr. pode usar a cozinha e a casa de banho [o banheiro].*
Wie hoch ist die Monatsmiete?	*Qual é a renda [o aluguel] mensal?*
Ist der Stromverbrauch inbegriffen?	*A electricidade [a energia/a luz] está incluída?*
Muss ich noch etwas extra bezahlen?	*Tenho que pagar alguma coisa extra?*
Ja, für die Heizung im Winter.	*Sim, pelo aquecimento durante o inverno.*
Wir haben Gasheizung.	*Temos aquecimento a gás.*
Könnte ich bei Ihnen das Frühstück bekommen?	*A sra. pode-me servir o pequeno almoço? [A sra. me serve o café da manhã?]*
Sie können auch Vollpension haben.	*O sr. pode ter também pensão completa.*
Ich möchte nur das Frühstück, weil ich mittags im Betrieb esse.	*Eu quero apenas o pequeno almoço [o café da manhã] porque almoço na empresa.*

Wann kann ich einziehen?	*Quando é que me posso mudar para cá?*
Es klingelt.	*A campainha está a tocar [está tocando]. / Estão a tocar [Estão tocando] a campainha.*
Kommen Sie herein!	*Entre!*
Sie haben mich eingeladen, damit ich mir Ihre Wohnung ansehen kann.	*O sr. convidou-me para ver o seu apartamento.*
Wollen Sie Ihren Mantel ablegen?	*Quer tirar o sobretudo [sua capa]?*
Die Garderobe ist hier rechts.	*O cabide está (fica) aqui à direita.*
Nehmen Sie bitte im Wohnzimmer Platz und machen Sie es sich bequem!	*Sente-se por favor na sala de estar e esteja [fique] à vontade.*
Sind Sie mit dem Auto gekommen?	*O sr. veio de carro?*
Wo haben Sie Ihr Auto geparkt?	*Onde estacionou o seu carro?*
Vor dem Haus ist ein Parkplatz.	*Há um parque de estacionamento em frente da casa.*
War es schwer, die Straße zu finden?	*Foi difícil encontrar a rua?*
Ziemlich schwer, da sich die Straßen im Neubauviertel alle ähnlich sind.	*Foi bastante difícil porque no bairro novo as ruas parecem-se muito umas com as outras.*
Wir können uns auf den Balkon setzen.	*Podemo-nos sentar na varanda [sacada].*
Aber zunächst will ich Ihnen die Wohnung zeigen.	*Mas primeiro quero mostrar-lhe o apartamento.*
Hier am Ende des Korridors ist unser Arbeitszimmer.	*Aqui ao fim do corredor fica a nossa sala de trabalho.*
Hier arbeiten wir, meine Frau und ich, gewöhnlich bis spät in die Nacht hinein.	*Aqui trabalhamos eu e a minha mulher, normalmente até altas horas da noite.*
Das Esszimmer ist gleichzeitig Wohnzimmer für unsere Familie.	*A sala de jantar funciona também como sala de estar para a nossa família.*
Links haben wir zwei Kinderzimmer eingerichtet.	*À esquerda instalámos dois quartos para os meninos.*
Da die Kinder zurzeit nicht im Hause sind, wird das eine Zimmer als Gästezimmer genutzt.	*Como agora os filhos não estão em casa, um dos quartos é usado como quarto de hóspedes.*
Diese Tür führt zur Küche und die nächste zum Bad mit Toilette.	*Esta porta dá para a cozinha e a próxima para a casa de banho [o banheiro].*
Die Wohnung hat eine Zentralheizung, die Küche und das Bad haben ständig warmes Wasser.	*O apartamento tem aquecimento central, a cozinha e a casa de banho [o banheiro] têm sempre água quente [têm água quente toda a hora].*

Wohnzimmer	Sala de estar
Unser Wohnzimmer ist recht hell und durch eine Glasschiebetür vom Schlafzimmer getrennt.	A nossa sala de estar é bem clara e separada do quarto de dormir por uma porta de correr [porta corrediça] de vidro.
Die Möbel sind doch neu, nicht wahr?	Os móveis são novos, não são?
Wir mussten uns eine Menge neuer Sachen kaufen, aber jetzt ist die Wohnung schön eingerichtet.	Precisámos de comprar uma série de coisas novas, mas agora o apartamento está bem montado/instalado.
Das Wohnzimmer ist neu.	Os móveis da sala de estar são novos.
Leider mussten wir unsere alten Stilmöbel verkaufen.	Lamentavelmente tivemos que vender os nossos antigos móveis de estilo.
Die Räume hier sind zu klein.	As salas aqui são pequenas demais.
Wir haben nur diesen alten Sessel, den Bücherschrank und den Schreibtisch behalten.	Ficámos apenas com esta poltrona antiga, a estante de / o armário para livros e a escrivaninha.
Wir konnten uns von diesen Möbeln, die wir von meinen Großeltern geerbt haben, nicht trennen.	Não nos pudemos separar destes móveis que herdámos dos meus avós.
Auch die Kommode ist alt.	A cómoda também é antiga.
Ich habe sie preisgünstig kaufen können.	Comprei-a por um preço razoável.
Es ist Ihnen wirklich gelungen, die neuen Möbel mit den alten zu kombinieren.	O sr. realmente conseguiu combinar os móveis novos com os antigos.
Es freut uns, dass auch Sie dieser Meinung sind.	Ficamos muito contentes por saber que o sr. também é desta opinião.
Hier neben dem Fenster essen wir.	Comemos aqui ao lado da janela.
Ich habe diesen Tisch mit den vier Stühlen extra gekauft.	Comprei esta mesa e as quatro cadeiras à parte.
Was für einen schönen Teppich Sie haben!	Que lindo tapete que o sr. tem!
Der Teppich ist nichts Besonderes. Er ist nicht handgearbeitet.	O tapete não tem nada de especial. Não é feito à mão.

Arbeitszimmer

Arbeitszimmer	Escritório [Gabinete]
Das ist unser Arbeitszimmer mit den alten Möbeln meines Großvaters.	Isto é o nosso escritório [gabinete] com os móveis antigos do meu avô.
Nur die Bücherregale und die Couch sind neu.	Só as estantes e o sofá são novos.
Aus welchem Holz sind der Bücherschrank und der Schreibtisch?	De que madeira são a estante e a escrivaninha?
Sie sind aus Mahagoni und Nussbaumfurnier.	São de mogno e de chapeado de nogueira.
Ich brauche aber noch einen größeren Tisch, auf dem ich den Computer mit Tastatur und Drucker sowie das Faxgerät abstellen kann.	Preciso ainda de uma mesa maior para poder instalar o computador com teclado e impressora, bem como o fax.
Die Regale habe ich selbst angefertigt.	As estantes fui eu que as fiz.
Es fehlt uns noch ein kleines Tischchen für die Schreibmaschine.	Falta-nos ainda uma mesinha para a máquina de escrever.
Die Stehlampe gehört in das Wohnzimmer. Ich habe sie hergebracht, weil die Schreibtischlampe kaputt ist.	O candeeiro [A lâmpada] de pé <u>alto</u> é da sala de estar. Trouxe-o para cá porque o da escrivaninha está estragado [está com defeito].
Die Wandbehänge passen gut zu der Tapete.	As tapeçarias [colgaduras] combinam bem com o papel de parede.

Schlafzimmer	Quarto de dormir
Das Schlafzimmer ist recht klein.	O quarto de dormir é bem pequeno.
Wir haben uns kein neues Schlafzimmer gekauft.	Não comprámos móveis novos para o quarto (de dormir).
Um Platz einzusparen, haben wir Wandschränke und Wandregale einbauen lassen.	Para ganhar/economizar espaço mandámos montar [embutir] armários e estantes.
Statt der Ehebetten haben wir nur eine Schlafcouch.	Em vez de uma cama do casal temos apenas um sofá-cama.

Kinderzimmer | Gästezimmer	Quarto de criança | Quarto de hóspedes
Wie schon gesagt, wir haben zwei Kinderzimmer eingerichtet.	Conforme já foi dito, fizemos [instalámos] dois quartos de criança.
Die beiden Töchter haben ein Zimmer, der Sohn das andere.	Um quarto é para as duas meninas e o outro é para o rapaz.

Im Zimmer der Mädchen befinden sich:	No quarto das meninas encontram-se:
ein Doppelstockbett/Etagenbett,	um beliche,
ein Nachtschränkchen,	uma mesinha de cabeceira,
ein großer Schrank,	um armário grande,
ein großer Arbeitstisch,	uma mesa grande de trabalho,
ein Regal für Bücher und Spielzeug.	uma estante para livros e brinquedos.
Seit unser Sohn (von uns) weggezogen ist, benutzen wir diesen Raum als Gästezimmer.	Desde que o nosso filho se mudou utilizamos este quarto para os hóspedes.
Meine Frau hat schon das Bett für Sie bezogen.	A minha mulher já preparou a cama para o sr.
Sie hat Ihnen auch ein Handtuch und Seife zurechtgelegt.	Ela também _lhe_ arranjou [colocou] uma toalha e sabonete.
Im Schrank ist noch Platz für Ihre Sachen.	No armário há espaço para as suas roupas [seus pertences].
In diesem Bett werde ich bestimmt gut schlafen.	Com certeza vou dormir bem nesta cama.
Schlafen Sie bei offenem Fenster?	O sr. dorme com janela aberta?
Ja, wenn der Straßenlärm nicht zu stark ist.	Sim, desde que o barulho da rua não seja muito grande.
Wir können die Rollläden herunterlassen.	Podemos baixar as persianas.
Wird es Ihnen nicht zu kalt sein?	Não vai fazer frio demais para o sr.?
Möchten Sie noch eine Decke?	Quer mais um cobertor?
Würden Sie bitte die Vorhänge zuziehen?	Quer ter a bondade de fechar as cortinas?

Küche	Cozinha
Hier ist die Küche.	Aqui é a cozinha.
Die Küche ist etwas klein, aber wir haben auch für den Kühlschrank und den Geschirrspüler Platz gefunden.	A cozinha é um pouco pequena, mas conseguimos _arranjar_ lugar também para o frigorífico [a geladeira] e a máquina lava-louça(s) [de lavar louça].
Ist das ein Gefrier-Kühlschrank mit Eisfach, Gefrierfach und Gemüsefach?	É um combinado com [uma combinação de] secção de gelo, congelador e gaveta de legumes?
An diesem Tischchen unter dem Fenster frühstücken wir für gewöhnlich.	Normalmente tomamos o pequeno almoço [o café da manhã] nesta mesinha junto da janela.

Wie Sie sehen, sind die Möbel nicht gerade neu, aber es geht noch.	*Como o sr. está a ver [está vendo] os móveis não são muito novos, mas escapam [servem].*
Meine Frau wollte sich nicht von dem alten Küchenschrank trennen, der so praktisch ist.	*A minha mulher não se queria desfazer do velho armário da cozinha que é muito prático.*
In der Tat, hier ist Platz für das ganze Geschirr, für das Besteck, für Töpfe und Pfannen.	*De facto, há bastante espaço para toda a louça, para os talheres, para as panelas e frigideiras.*

Hier sind die Elektrogeräte:
  die Kaffeemaschine,
  die Mikrowelle,
  der Mixer,
  die Küchenmaschine,
 	
  der Wasserkocher,
  der Toaster,
  das Bügeleisen
  usw.
	Aqui estão/ficam os electro-domésticos:
	  a máquina de café [a cafeteira],
	  [o forno de] microondas,
	  a misturadora/o 'mixer' [liquidificador],
	  o robô de cozinha [a centrífuga/o 'juicer'],
	  o jarro térmico/a chaleira,
	  a torradeira,
	  o ferro de engomar [ferro de passar]
	  etc.

Der Elektroherd mit Glaskeramik-Kochfeld/Ceranfeld und Dunstabzug ist nagelneu.	*O fogão eléctrico com placa vitrocerâmica e exaustor é novinho em folha.*
In der alten Küche hatten wir einen Gasherd.	*Na cozinha antiga tínhamos um fogão a gás.*
Besen und Staubsauger befinden sich in einem Schrank auf dem Korridor.	*As vassouras e o aspirador (de pó) encontram-se num armário do corredor.*

Hausarbeit	Trabalho doméstico
Wie wird Ihre Frau allein mit dem Haushalt fertig, jetzt, wo Ihre Töchter fort sind zum Studium?	*Agora que as suas filhas saíram de casa para estudar fora, como é que a sua esposa vai dar conta do trabalho de casa sozinha?*
Hin und wieder helfe ich mit.	*De vez em quando eu ajudo.*
Manchmal kommt meine Schwester und hilft ihr bei der Wäsche.	*Às vezes a minha irmã vem [chega] e ajuda na lavagem de roupa.*
Die Bettwäsche bringen wir zur Wäscherei.	*A roupa de cama mandamos (levamos) para a lavandaria.*
Heute habe ich in allen Zimmern saubergemacht.	*Hoje fiz limpeza de / limpei todos os quartos.*
Gestern habe ich die Fenster geputzt.	*Ontem lavei [limpei] as janelas.*

Am Freitag habe ich die Treppe gewischt.	*Na sexta-feira lavei [limpei] as escadas.*
Ich habe im Schlafzimmer noch nicht Staub gewischt.	*Ainda não passei o pano no quarto de dormir.*
Übermorgen will ich bügeln: die Tisch- decken, Hemden, Taschentücher.	*Depois de amanhã vou passar a roupa a ferro: as toalhas de mesa, camisas, lenços.*
Mein Mann hilft mir auch.	*O meu marido ajuda-me também.*
Er öffnet die Fenster und lüftet die Räume.	*Ele abre as janelas para arejar os quartos.*
In der Zwischenzeit decke ich den Frühstückstisch.	*Entretanto [Enquanto isso] eu ponho a mesa para o pequeno almoço [café da manhã].*
Danach mache ich die Betten.	*Depois eu faço [arrumo] as camas.*
Er hilft mir auch beim Geschirrspülen.	*Ele também me ajuda a lavar a louça.*
Ich decke den Tisch, er räumt ab.	*Eu ponho a mesa e ele levanta-a [tira a mesa].*
Nur beim Kochen habe ich keine Hilfe.	*Para cozinhar sou só eu [só conto comigo mesmo].*
Mein Mann kauft gern ein.	*O meu marido gosta de ir às [de fazer] compras.*

Garten	Jardim / Quintal
Arbeiten Sie viel im Garten?	*O sr. trabalha muito no jardim?*
Ich arbeite gern im Garten.	*Gosto de trabalhar no jardim.*
Ihr Garten ist so sauber und gepflegt.	*O seu jardim é tão limpo e cuidado.*
Selbstverständlich würde ich ohne die Hilfe meines Sohnes nicht zu Rande kommen.	*É claro que sem a ajuda do meu filho eu não daria conta de todo o trabalho.*
Die Gartenarbeit ist mein Hobby.	*A jardinagem é o meu passatempo.*
Für mich ist das eine Entspannung.	*Para mim é um descanso. / um relaxa- mento de nervos.*
Ich muss … die Blumen gießen. das Unkraut jäten. das Laub zusammenharken.	*Eu tenho de … regar as flores. arrancar as ervas daninhas [o mato]. apanhar as folhas com o ancinho [ciscar as folhas].*

Der Rasen muss regelmäßig geschnitten werden.	*A relva [grama] deve ser cortada regularmente.*
Die Rosen werden bald blühen, nicht wahr?	*Em breve as rosas vão-se abrir, não é?*
Sie haben kaum Knospen angesetzt. Es werden noch zwei Wochen vergehen.	*Elas quase não têm botões. Ainda temos que esperar duas semanas.*
Dort neben dem Zaun habe ich schöne Blumenbeete.	*Ali, perto da cerca, tenho lindos canteiros.*
Meine Frau pflegt sie.	*A minha mulher cuida deles.*
Haben Sie auch Gemüse im Garten?	*O sr. também planta legumes [verduras] no jardim?*
Nein, weil zu viel Schatten im Garten ist.	*Não, porque no jardim dá muita sombra.*
Wir haben nur ein Beet mit Erdbeeren angelegt.	*Apenas plantámos um canteiro de morangueiros.*
Ich habe sie voriges Jahr gepflanzt, nachdem ich einen Birnbaum gefällt habe.	*Plantei-os o ano passado depois de ter deitado abaixo [após derrubar] uma pereira.*
Die Kirschen sind reif.	*As cerejas estão maduras.*
Ich werde sie morgen oder übermorgen pflücken/abnehmen.	*Amanhã ou depois de amanhã vou colhê-las.*
Und wo bewahren Sie Ihre Gartengeräte auf?	*E onde é que [o sr.] guarda os seus apetrechos do jardim?*
Ich habe einen Schuppen hinter dem Haus gebaut.	*Eu construí uma arrecadação [um galpão] atrás da casa.*
Dort sind alle Geräte: Spaten, Harken, Rechen und die Schubkarre.	*Lá ficam guardados todos os apetrechos: pás, enxadas, ancinhos [ciscadores] e o carro de mão.*
Dort befindet sich auch meine kleine Werkstatt mit den verschiedenen Werkzeugen.	*Lá se encontra também a minha pequena oficina com diversas ferramentas.*

Dienstleistungen
Serviços de utilidade pública

Reinigung	Limpeza a seco [Lavagem química / a seco]

Wo gibt es ...
  eine chemische Reinigung?
 	
  eine Wäscherei?
  einen Schnellbügeldienst?
	Onde há ...
	  uma lavandaria que limpe a seco [uma lavagem a seco]?
	  uma lavandaria?
	  um serviço rápido de passar roupa a ferro?

Ist die Reinigung täglich geöffnet?	A lavandaria de limpeza a seco está aberta todos os dias?
Ja, außer sonntags.	Sim, excepto aos domingos.
Ich möchte diese Kleidungsstücke reinigen lassen.	Quero mandar limpar [lavar] esta roupa.
Können Sie diesen Fleck entfernen?	Pode tirar esta nódoa?
Wann ist es fertig?	Quando está/ficará pronta?
In drei Tagen.	Dentro de três dias.
Kommen Sie in einer Woche wieder.	Volte daqui a uma semana.
Geht es nicht (etwas) schneller?	Não pode ser mais rápido?
Wie hoch ist der Zuschlag für Eilaufträge?	Quanto custa a sobretaxa de expresso?
Sie müssen einen Zuschlag von 25 Prozent zahlen.	O sr. tem de pagar uma sobretaxa de 25 por cento.
Könnten Sie diese Hose bis heute Abend bügeln?	Poderia passar estas calças a ferro para hoje à noite?
Ich möchte diese Wäsche zum Waschen geben.	Quero mandar lavar esta roupa.

Reparatur elektrischer Geräte	Conserto de aparelhos eléctricos

Ich möchte ... reparieren lassen.
  meinen Rasierapparat
 	
  die Kaffeemühle
  diesen Fön/Haartrockner
  das Bügeleisen
	Quero mandar arranjar [consertar] ...
	  a minha máquina de barbear [meu barbeador eléctrico].
	  o moinho de café.
	  este secador de mão [de cabelo].
	  o ferro de engomar.

Könnten Sie auch … reparieren?	O sr. também é capaz de arranjar [O sr. pode também consertar] …
das Radio	o rádio?
den Plattenspieler	o gira-discos [o toca-disco]?
den Fernseher	o aparelho de televisão?
den Kassettenrecorder	o leitor [gravador] de cassetes?
Lohnt es sich noch, dieses Gerät reparieren zu lassen?	Vale a pena [de] mandar arranjar [consertar] este aparelho?
Dieses Gerät kann nicht mehr repariert werden.	Este aparelho já não pode ser mais arranjado. / Este aparelho não presta mais para conserto.
Könnten Sie einen Monteur für … schicken?	O sr. poderia mandar um mecânico para ver/examinar …
meine Waschmaschine	a minha máquina de lavar?
meinen Elektroherd	o meu fogão eléctrico?
Der Kühlschrank geht nicht mehr.	O frigorífico [A geladeira] deixou de funcionar.
Der Staubsauger funktioniert nicht.	O aspirador não funciona.
Könnten Sie … erneuern?	O sr. podia mudar …
den Schalter	o interruptor?
das Zuleitungskabel	o fio de entrada?
die Fassung	o bocal?
Haben Sie schon den Fehler entdeckt?	Já descobriu o defeito?
Ich muss die Sicherung auswechseln.	Tenho de mudar o fusível.
Ich bin sicher, dass es ein Kurzschluss (Wackelkontakt) ist.	Tenho a certeza de que é um curto-circuito (um mau contacto).

Friseur	Cabeleireiro
Gibt er hier in der Nähe einen Herrenfriseur?	Há um barbeiro aqui perto?
Können Sie mir einen Damensalon empfehlen?	A sra. pode-me recomendar um salão de beleza?
Das Friseurgeschäft des Hotels befindet sich im zweiten Stock.	O cabeleireiro do hotel fica no segundo andar.
Könnte ich mich für die nächste Woche anmelden?	Pode-me arranjar [conseguir] uma hora para a próxima semana?
Muss ich lange warten?	Tenho de esperar muito?
Ich komme wieder.	Eu vou voltar.
Bin ich jetzt dran?	É agora a minha vez?

Wie hätten Sie's denn gern?	*Como é que queria o cabelo?*
Bitte schneiden Sie mir das Haar.	*Corte-me o cabelo, por favor.*
Eine Haarwäsche, bitte.	*Lave-me o cabelo, por favor.*
Waschen und legen, bitte.	*Lavagem e mise [penteado], por favor.*
Waschen, schneiden und föhnen, bitte.	*Lavar, cortar e secar, por favor.*
Bitte nur die Spitzen der Locken abschneiden.	*Corte apenas as pontas dos caracóis.*
Nehmen Sie bitte … etwas weg. vorn an den Seiten im Nacken	*Tire um pouco …* *à [na] frente.* *nos lados.* *na nuca.*
Ich möchte … eine Dauerwelle. eine Kaltwelle. Strähnchen. eine Tönung.	*Quero …* *uma permanente.* *uma permanente a frio.* *fazer madeixas [balaiage].* *uma coloração suave [tonalizante].*
Eine Haarspülung, bitte.	*Ponha um condicionador.*
Eine Intensivspülung, bitte.	*Um condicionador intensivo [Uma hidratação profunda], por favor.*
Die Ohren bitte bedeckt, vorn Pony.	*Deixe o cabelo a tapar [cobrindo] as orelhas, à frente franja.*
Nehmen Sie bitte größere Lockenwickler.	*Use rolos [bobes] maiores, por favor.*
Den Scheitel bitte … in der Mitte. links.	*A risca do cabelo é …* *ao [no] meio.* *à esquerda.*
Ich möchte mein Haar tönen lassen.	*Quero pintar o meu cabelo [Quero tonalizante].*
Bitte auch Haarfestiger.	*Por favor use também fixador.*
Soll ich Ihr Haar toupieren?	*Quer que ripe [Devo cachear] o seu cabelo?*
Nicht toupieren, bitte.	*Por favor, não ripe [não faça cachos].*
Bitte keinen Haarlack.	*Por favor não use laca [laquê].*
Ich habe mich entschlossen, mein Haar zu färben.	*Resolvi tingir o cabelo.*
Welchen Farbton wünschen Sie?	*Que cor deseja?*

Hier sind unsere Farbmuster:	Aqui estão as nossas amostras de cores:
hellblond.	louro claro.
aschblond.	louro acinzentado.
mahagoni.	mogno.
kastanienbraun.	castanho [marrom].

Ich mache Ihnen eine Frisur nach der neusten Mode.

Vou-lhe fazer um penteado da última moda.

Ziehen Sie die Augenbrauen bitte etwas nach.

Retoque um pouco as sobrancelhas.

Soll ich die Wimpern färben?

Quer que eu lhe tinja também as pestanas?

Ich möchte mich (bei Ihnen) für Freitag zur Kosmetik anmelden.

Quero marcar uma hora para sexta-feira para a cosmética [para cosmético].

Es tut mir leid, der Freitag ist voll belegt. Würde es Ihnen Donnerstag- nachmittag passen?

Lamento muito, a sexta-feira está toda cheia. Pode ser na quinta-feira à tarde?

Möchten Sie …	Quer …
eine Gesichtsmassage?	uma massagem na cara [facial]?
eine Gesichtsmaske?	uma máscara facial?
zur Maniküre?	manicure?
zur Pediküre?	pedicure?

Lassen Sie die Nägel etwas länger.

Deixe as unhas um pouco mais longas.

Welche Farbe mögen Sie?

Que cor gosta [deseja]?

Nehmen Sie bitte diesen hellrosa Nagellack.

Ponha [Tome] este verniz rosa claro [esmalte róseo claro].

Heute Nachmittag habe ich eine Anmeldung beim Friseur.

Hoje à tarde tenho hora marcada no cabeleireiro.

Ich muss mir unbedingt die Haare schneiden lassen.

Tenho que ir cortar o cabelo, sem falta.

Haarschneiden und rasieren, bitte.

Cabelo e barba, por favor.

Soll ich das Haar waschen?

Quer que lave a cabeça?

Ja, bitte auch eine Kopfmassage und etwas gegen Schuppen.

Sim, e também uma massagem no couro cabeludo e alguma coisa contra a caspa.

Mein Haar trocknet schnell.

O meu cabelo seca rapidamente.

Ich brauche nicht unter die Trocken- haube.

Eu não preciso de ir para o secador. [Eu não preciso capacete-secador.]

Schneiden Sie mir bitte auch Bart und Schnurrbart.

Por favor, apare também a barba e o bigode.

Schuhmacher	Sapateiro
Ich muss unbedingt meine Schuhe zum Schuster bringen.	*Tenho que levar os meus sapatos para o sapateiro [remendão].*
Meine Schuhe müssen repariert werden.	*Os meus sapatos precisam de conserto.*
Könnten Sie diesen Halbschuh sofort reparieren?	*O sr. poderia arranjar [consertar] este sapato agora mesmo/imediatamente?*
Nehmen Sie bitte Platz und ziehen Sie den Schuh aus.	*Sente-se, por favor, e tire o sapato.*
In einer Viertelstunde wird er fertig sein.	*Vai ficar pronto em quinze minutos.*
Können Sie diese Schuhe bis morgen reparieren?	*Pode arranjar [consertar] estes sapatos para amanhã?*
Die Reparatur kann nicht bis morgen ausgeführt werden.	*O arranjo [O conserto] não pode ser feito para amanhã.*
Besohlen Sie mir bitte diese Stiefel.	*Por favor, ponha solas nestas botas.*
Die Sohlen sind durchgelaufen.	*As solas estão gastas.*
Bitte (nehmen Sie) eine Ledersohle (Gummisohle).	*Por favor, ponha sola de couro (sola [solado] de borracha).*
Erneuern Sie bitte die Absätze.	*Ponha novos saltos.*
Die Schnalle ist abgerissen.	*A fivela está arrancada.*
An meinem Schuh ist eine Naht aufgeplatzt.	*Rompeu-se a costura do meu sapato.*
Meine hohen Schuhe drücken.	*Os meus sapatos de salto alto / As minhas botas apertam-me [estão apertando].*
Können Sie sie weiten?	*Pode alargá-los?*

Schneider | Schneiderin	Alfaiate | Costureira
Ich brauche einen neuen Anzug.	*Preciso de um novo fato completo [terno].*
Die Konfektionsanzüge passen mir nicht.	*Os fatos [ternos] feitos não me ficam bem.*
Ich brauche einen Maßanzug.	*Preciso de um fato [terno] por [sob] medida.*

Ich möchte mir … nähen lassen.
  eine Hose
  einen Mantel
	Eu quero mandar fazer …
	  umas calças.
	  um sobretudo/casaco [uma capa].

Es sieht so aus, als hätte ich zuge-nommen.	*Dá impressão de que engordei.*
Können Sie mir einen guten Schneider empfehlen?	*O sr. pode-me recomendar um bom alfaiate?*
Womit kann ich dienen?	*Em que posso ser-lhe útil?*
Könnten Sie mir … anfertigen?	*O sr. pode-me fazer …*
einen einreihigen Anzug mit Weste	*um fato [terno] com [de] uma fileira de botões e colete?*
einen zweireihigen Anzug	*um fato assertoado [um terno de duas fileiras de botões]?*
ein Sakko	*um casaco [paletó/jaquetão]?*
Hier ist die aktuelle Modezeitung.	*Aqui está o último figurino.*
Ich möchte einen reinen Wollstoff.	*Quero uma fazenda de lã pura.*
Soll ich gleich Maß nehmen?	*Quer que lhe tire já [logo] as medidas?*
Ja, bitte. Ich möchte das Jackett nicht zu kurz haben.	*Sim, por favor. Eu não quero o casaco [paletó] muito curto.*
Wann kann ich zur Anprobe kommen?	*Quando posso vir [para] provar?*
Wann, denken Sie, werden Sie den Anzug fertig haben?	*Quando é que o sr. acha que tem o fato [terno] pronto?*
Bis wann möchten Sie ihn haben?	*Para quando é que [o sr.] o quer?*
So schnell wie möglich.	*O mais rapidamente possível.*
Gut, sagen wir in einem Monat.	*Bem, digamos [vamos dizer] daqui a um mês.*
Die Hose sitzt nicht.	*As calças não caem bem.*
Sie ist etwas zu weit.	*Elas estão um pouco largas (demais).*
Können Sie sie etwas enger machen?	*O sr. pode apertá-las um pouco?*
Ich glaube, die Ärmel müssten etwas länger sein.	*Acho que as mangas devem ser um pouco mais compridas.*
Die Ärmel müssen gekürzt werden.	*As mangas têm que ser encurtadas.*
Ich möchte mir ein Kleid nähen lassen.	*Quero mandar fazer um vestido.*
Könnten Sie mir ein Abendkleid nach diesem Modell nähen?	*O sr. poderia fazer-me um vestido de gala neste [por este] modelo?*
Wollen Sie es mit dreiviertellangen Ärmeln oder lieber ohne Ärmel?	*A sra. quer o vestido de manga a três quartos ou prefere sem mangas?*
Ohne Ärmel scheint es mir ein bisschen gewagt.	*Sem mangas parece-me um pouco ousado.*
Wollen Sie das Kleid ausgeschnitten haben?	*A sra. quer o vestido decotado?*

Ja, aber nicht zu weit.	*Sim, mas não muito exagerado.*
Kommen Sie bitte nächsten Mittwoch zur Anprobe.	*Venha na próxima quarta-feira para a prova.*
Wir brauchen keine Änderung vorzunehmen.	*Não precisamos de fazer nenhuma alteração.*
Das Kleid passt ausgezeichnet.	*O vestido ficou excelente.*
Könnten Sie mir auch ein Sommerkleid nähen?	*[O sr.] Poderia também fazer-me um vestido de Verão?*
Möchten Sie ein besonderes Modell?	*A sra. quer um modelo especial?*
Könnte ich einige von Ihren Modellen sehen?	*Posso ver alguns dos seus modelos?*
Machen Sie es bitte so.	*Faça assim [deste jeito].*
Was für ein Futter möchten Sie?	*Que tipo de forro quer a sra.?*
Ein Seidenfutter.	*Um forro de seda.*
Könnten Sie die Bluse ausbessern?	*O sr. poderia arranjar [consertar] a blusa?*
Bitte ändern Sie diesen Rock, er ist zu eng (weit, kurz, lang).	*Por favor, faça uma alteração nesta saia. Ela está muito apertada (larga, curta, comprida).*

Einkaufen
Compras

Allgemeine Ausdrücke	Expressões gerais
Wollen Sie einkaufen (gehen)?	Quer ir fazer compras?
Gehen wir zusammen einkaufen?	Vamos fazer compras juntos?
Ich muss Einiges einkaufen.	Preciso de comprar algumas coisas.
Wo können wir … kaufen? Babynahrung	Onde podemos comprar … a alimentação para bebé [para recém-nascido]?
Kinder(be)kleidung Windeln	a roupa de criança? as fraldas?
Ich muss heute viel besorgen.	Hoje, tenho que comprar muita coisa.
Kommen Sie mit?	Vem comigo?
Was wollen Sie einkaufen?	O que quer comprar?
Ich möchte einige Geschenke für meine Familie kaufen.	Quero comprar alguns presentes para a minha família.
Machen Sie sich eine Liste mit den Sachen, die Sie brauchen.	Faça uma relação das coisas de que a sra. precisa.
Wo sind die besten Geschäfte?	Onde ficam as melhores lojas?
Führen Sie mich bitte in eines der besten Geschäfte.	Leve-me, por favor, a uma das melhores lojas [casas comerciais].
Das Beste wäre, wenn wir in ein Kaufhaus gingen.	O melhor seria se fôssemos a um armazém [uma loja de departamentos].
Dort findet man alles.	Lá encontra-se tudo.
Gehen wir hinein.	Vamos entrar.
Ich würde mir lieber erst die Schaufenster ansehen.	Primeiro eu preferia ver [olhar] as montras [vitrinas].
Wir müssen uns beeilen.	Temos de nos apressar.
Die Geschäfte schließen um 19 Uhr.	As lojas fecham [O comércio fecha] às 19 horas.
Wann öffnen die Geschäfte?	Quando abrem as lojas [o comércio]?
Ist dieses Geschäft sonntags geschlossen?	Esta loja está fechada aos domingos?
Das Kaufhaus ist täglich, auch sonntags, geöffnet.	O armazém [a loja de departamentos] abre todos os dias, inclusive aos domingos.
Wo sind die Einkaufswagen?	Onde ficam os carrinhos [de compras]?

Schließen die Geschäfte mittags/über Mittag?	*As lojas fecham [O comércio fecha] para o almoço?*
Sehen wir uns doch die Öffnungszeiten an.	*Vamos ver [olhar] o horário [de expediente].*
In welchem Stockwerk ist die Spielwarenabteilung?	*Em que andar fica a secção de brinquedos?*
Womit kann ich dienen?	*Em que posso ser-lhe útil?*
Was wünschen Sie? / Sie wünschen?	*Que deseja a sra.? [Que a sra. deseja?]*
Werden Sie schon bedient?	*A sra. já está a ser atendida [já está sendo atendida]?*
Danke, ich sehe mich nur um.	*Obrigado, só estou a ver [estou apenas olhando].*
Ich werde schon bedient.	*Já estou a ser atendido [sendo atendido].*
Ist denn hier keine Verkäuferin?	*Não há <u>nenhuma</u> vendedora aqui?*
Warten Sie bitte. Ich bediene Sie sofort.	*Espere, por favor. Vou atendê-lo já. [Vou-lhe atender logo.]*
Suchen Sie etwas Bestimmtes?	*Está a procurar algo concreto? [Está procurando algo/alguma coisa em especial?]*
Zeigen Sie mir bitte …	*Mostre-me, por favor …*
Geben Sie mir bitte …	*Dê-me, por favor …*
Führen Sie …?	*A sra. vende …?*
Haben Sie …?	*A sra. tem …?*
Ich möchte … kaufen.	*Eu queria comprar …*
Könnte ich das sehen?	*Poderia ver?*
Kann ich es anprobieren?	*Posso provar/experimentar?*
Ich suche etwas in dieser Art.	*Estou à procura de [Estou procurando] algo deste tipo / desta espécie.*
Können Sie mir einige Modelle zeigen?	*A sra. pode-me mostrar alguns modelos?*
Haben Sie es etwas heller (dunkler)?	*A sra. tem este tipo em mais claro (mais escuro)?*
Darf ich Ihnen noch etwas anderes zeigen?	*Posso-lhe mostrar mais outra coisa?*
Wollen Sie das nehmen?	*A sra. vai levar este/esta / vai ficar com este/esta?*
Ich habe mich noch nicht entschieden.	*Ainda não me decidi.*
Ich muss mir das noch mal überlegen.	*Ainda tenho de pensar [Ainda vou pensar].*

Ich habe noch nicht gewählt.	*Ainda não escolhi.*
Ich suche noch.	*Ainda estou á procurar [estou procurando].*
Ich bin unentschlossen.	*Estou indecisa.*
Helfen Sie mir bitte. Was meinen Sie?	*Ajude-me, por favor. O que é que acha?*
Passt es mir?	*Fica-me bem? Dá bem com o meu tipo? [Fica bem para mim?]*
Haben Sie auch andere Farben?	*A sra. tem também <u>n</u>outras cores?*
Zeigen Sie mir …	*Mostre-me …*
eine größere (kleinere) Nummer.	*um tamanho/número maior (mais pequeno [menor]).*
eine andere Größe.	*(um) outro tamanho.*
Es ist mir zu …	*Fica-me … demais. [Fica … demais em mim.]*
groß (klein).	*grande (pequeno)*
weit (eng).	*largo (apertado)*
lang (kurz).	*comprido (curto)*
Ich glaube, das geht.	*Eu acho que está bem [que dá].*
Ist das die ganze Auswahl?	*É tudo o que tem neste gé[ê]nero?*
Haben Sie nichts Besseres?	*Não tem outro coisa melhor?*
Das ist das, woran ich dachte.	*Era isso o que imaginava.*
Das ist zu teuer.	*É caro demais.*
Haben Sie nicht etwas Preiswerteres?	*A sra. não tem uma coisa [algo] mais barata [barato]?*
Es tut mit leid, zurzeit nicht.	*Lamento, de [no] momento não.*
Was meinen Sie, habe ich gut gewählt?	*Que acha? Eu fiz uma boa escolha?*
Das ist etwas Schönes.	*Isso é [algo] bonito.*
Ich rate Ihnen, es zu nehmen.	*Aconselho-<u>o a</u> levar.*
Können Sie mir das bis morgen früh zurücklegen?	*A sra. pode-mo quardar [pode reservar para mim] até amanhã de manhã?*
Ich würde es gern vorher meiner Frau zeigen.	*Quero mostrá-lo antes [Antes eu quero mostrar] à minha mulher.*
Kann man das auf Teilzahlung/in Raten kaufen?	*Pode-se comprar a prestações?*
Wenn Sie wollen, zahle ich etwas an.	*Se quiser eu dou uma entrada.*
Dieser Artikel ist sehr gefragt.	*Este artigo é muito procurado.*
Diesen Artikel führen wir nicht.	*Não vendemos [trabalhamos com] este artigo.*

Können Sie mir das bis nächste Woche besorgen?	*Pode-me arranjar isso até à próxima semana?*
Das gefällt mir nicht.	*Isto não me agrada.*
Haben Sie sonst noch einen Wunsch? / Darf es sonst noch etwas sein?	*O sr. deseja mais alguma coisa? / O sr. tem mais algum desejo?*
Nein, danke, das ist alles.	*Não, obrigado, é tudo.*
Was kostet … das Kilo? der Meter? das Stück?	*Quanto custa … o quilo? o metro? cada peça? / a unidade?*
In welcher Preislage?	*Até quanto?*
Was muss ich zahlen?	*Quanto tenho a pagar?*
Was macht das alles zusammen?	*Quanto é / custa tudo?*
Wo wird bezahlt?	*Onde é que se paga?*
Zahle ich beim Verkäufer oder an der Kasse?	*Pago ao vendedor ou na [no] caixa?*
Wo ist die Kasse?	*Onde é a [o] caixa?*
Nehmen Sie Kreditkarten?	*Aceitam cartões de crédito?*
Ich bezahle in bar.	*Pago em dinheiro [à vista].*
Ich habe leider kein Kleingeld.	*Lamentavelmente não tenho dinheiro trocado.*
Können Sie mir herausgeben? Ich habe nur große Scheine.	*O sr. pode trocar? Só tenho notas [cédulas] grandes.*
Ich kann Ihnen leider nicht herausgeben.	*Lamento, mas não posso trocar.*
Mein Geld reicht nicht aus.	*O meu dinheiro não dá / não é suficiente.*
Ich möchte mit Scheck/Kreditkarte bezahlen.	*Quero pagar com cheque / cartão de crédito.*
Geben Sie bitte Ihre Geheimzahl ein.	*Introduza o PIN / código de acesso. [Dê o seu código por favor.].*
Tut mir leid, aber Ihre Karte wurde vom System nicht angenommen.	*Desculpe-me, mas o seu cartão não foi aceite pelo sistema. [Me desculpe, mas seu cartão não passou.]*
Wir nehmen keine Kreditkarten.	*Não aceitamos cartões de crédito.*
Ich habe leider nicht genug Geld bei mir. Kann ich zunächst etwas anzahlen?	*Infelizmente não estou com dinheiro suficiente [bastante dinheiro]. Posso dar uma entrada agora?*
Würden Sie bitte den Preis entfernen. Das soll ein Geschenk sein.	*A sra. quer ter a gentileza de tirar o preço. É para oferta [presente].*

Packen Sie es mir bitte ein.	*Embrulhe-o, por favor.*
Soll ich das Paket zuschnüren?	*Quer que lhe ponha um fio?* *[Quer que eu passe um cordão?]*
Liefern Sie die Ware ins Haus?	*O sr. entrega ao [a] domicílio?*
Sollen wir Ihnen die Ware ins Hotel schicken?	*Quer que mandemos a encomenda para o hotel?*
In diesem Geschäft sind die Preise gesenkt/herabgesetzt worden.	*Nesta loja, os preços baixaram [foram reduzidos]. / Essa loja baixou os preços dos artigos.*
Können Sie mir mit dem Preis etwas entgegenkommen?	*Pode-me fazer um desconto?*
Geben Sie einen Nachlass, wenn ich bar bezahle?	*Pode baixar o preço [Pode fazer um abatimento] se eu pagar com dinheiro?*
Haben Sie ein Sonderangebot?	*Tem uma oferta especial?*
Ich hätte gern eine Quittung.	*Queria um recibo.*
Möchten Sie eine Tragetasche?	*Quer que ponha no saco?* *[Quer uma sacola?]*
Möchten Sie das als Geschenk eingepackt haben?	*Quer isto embrulhado como prenda?* *[Quer que eu embrulhe para presente?]*
Können Sie es als Geschenk einpacken?	*Pode(-mo) embrulhar como prenda/presente/para oferecer? [Quer que eu embrulhe para presente?]*
Können Sie es mir für die Reise verpacken?	*Pode-me embrulhar isso para levar na viagem?*

Ich möchte das …
    umtauschen.
    zurückgeben.
	Queria … isto.
	    trocar
	    devolver

Wann beginnt der Winter- (Sommer-) Schlussverkauf?	*Quando começam os saldos de Inverno [começa a queima/liquidação do Inverno] (de [do] Verão)?*

Im Kaufhaus	*No armazém [Na loja de departamentos]*
In welchem Stockwerk befindet sich die Haushaltswarenabteilung?	*Em que andar fica a secção de artigos domésticos?*
Die Lebensmittelabteilung befindet sich im Erdgeschoss.	*A secção de alimentos fica no rés-do-chão [no térreo].*

In der ersten (zweiten) Etage finden Sie …
    Schuh- und Lederwaren,
    die Kinder(be)kleidung.
	No primeiro (segundo) andar pode encontrar a secção de …
	    sapatos e artigos de couro,
	    roupa (feita) para criança.

Spielzeug, Kunstgewerbe und Musikalien gibt es in der dritten Etage.	*Brinquedos, artesanato e instrumentos musicais encontram-se no terceiro andar.*
In der letzten Etage ist vor Kurzem ein nettes Café eingerichtet worden, mit einem herrlichen Blick auf die Altstadt.	*Recentemente, foi inaugurado um lindo café no último andar com uma boa vista panorâmica que dá para a parte antiga da cidade.*

Wir fahren mit …
   dem Fahrstuhl.
   der Rolltreppe.
	Vamos …
	   de elevador.
	   pela escada rolante.

Ich schlage vor, dass wir zunächst ins Café gehen.	*Sugiro que vamos primeiro ao café.*
Gibt es hier eine Behindertentoilette?	*Há aqui uma casa de banho [banheiro/toalete] para deficientes?*
Wo ist hier ein Wickelraum?	*Onde há aqui um lugar para trocar as fraldas?*

Damenkonfektion	Confecção feminina / para senhoras
Was für ein hübsches Kleid!	*Que lindo vestido!*

Ich möchte …
   ein eng anliegendes Kleid.
   ein ärmelloses Kleid.
   ein ausgeschnittenes Kleid.
   ein gemustertes Kleid.
   eine durchsichtige Bluse.
   eine gepolsterte Jacke.
	Quero …
	   um vestido justo.
	   um vestido sem mangas.
	   um vestido decotado.
	   um vestido estampado/com um padrão.
	   uma blusa transparente.
	   um casaco com chumaços/um casaco almofadado [uma jaqueta com enchimento].

ein Kleid mit tiefgesetzter Taille.
   ein Neckholdertop.
   ein rückenfreies Kleid.
	um vestido com/de cintura baixa.
	   uma frente única.
	   um vestido aberto atrás [com costas nuas].

ein Kleid mit Pailletten besetzt.
   ein Kleid mit Glasperlen bestickt.
   ein trägerloses Kleid.
	um vestido com lantejoulas.
	   um vestido com miçangas.
	   um vestido sem alças [um vestido tomara-que-caia].

ein weites Kleid.	*um vestido folgado.*
Haben Sie die Größe 44?	*A sra. tem o tamanho 44?*
Probieren Sie es an, damit Sie sehen, ob es passt.	*Experimente-o para ver se lhe serve [se dá].*
Wo ist die Ankleidekabine?	*Onde é a cabina de provas?*
Passt es Ihnen?	*Fica-lhe bem? [Deu bem na sra.?]*

Es ist zu groß.	*É grande demais.*
Nein, das ist nicht Ihre Größe.	*Este não é o seu tamanho.*
Haben Sie nicht eine kleinere Größe?	*A sra. não tem um número mais pequeno [menor]?*
Sie brauchen (die) 42.	*A sra. precisa do tamanho 42.*
Nein, wir haben keine mehr. Es tut mir leid.	*Já não temos mais. Lamento muito.*
Schade. Das Kleid ist sehr schön und es steht mir hervorragend.	*Que pena! O vestido é tão bonito e fica-me tão bem [e combina bem comigo].*
Ich habe dieses Modell auf der Modenschau gesehen.	*Eu vi este modelo na passagem de modelos [no desfile de modas].*
Könnten Sie eine Kleinigkeit ändern?	*A sra. poderia fazer uma pequena alteração.*
Der Ärmel muss ein wenig angehoben werden, und an den Seiten muss etwas abgenommen und gekürzt werden.	*A manga tem de ser levantada um pouco, e deve ser tirado um pouco dos lados e deve ser encurtado.*
Es ist recht viel zu ändern, aber wenn Sie es wünschen.	*Têm que ser feitas [Tem que fazer] muitas alterações, mas se a sra. quer.*
Das Kleid gefällt mir, ich kaufe es, weil es auch nicht teuer ist.	*Gosto do vestido. [O vestido me agrada.] Eu vou comprá-lo porque não é caro.*
Warten Sie einen Augenblick, ich rufe die Schneiderin aus der Werkstatt.	*Espere um momento, eu vou chamar a costureira ao 'atelier' [no ateliê].*
Wann wird es fertig sein?	*Quando é que está pronto? [Quando vai ficar pronto?]*
In zwei Tagen. Ist es recht so?	*Dentro de dois dias. Está bem assim?*
Wunderbar! Ich hole es übermorgen ab.	*Óptimo! Venho buscá-lo [apanhá-lo] depois de amanhã.*
Dieses Abendkleid ist sehr elegant.	*Este vestido de gala de noite é muito elegante.*
Wo ist der Spiegel?	*Onde é o espelho?*
Es würde mir gut passen, aber ich fürchte, es ist zu teuer.	*Ficava-me bem [Ficaria bem em mim], mas receio que seja caro demais.*
Fragen Sie, was es kostet.	*Pergunte o preço.*
Was habe ich gesagt! Es ist sehr teuer.	*Eu não lhe disse. É caro demais.*

Würden Sie mir bitte … zeigen.
    ein Winterkostüm
    ein Sommerkleid
    einen Sommermantel
    einen Regenmantel
    ein Spitzenkleid
	*A sra. podia-me mostrar …
	    um saia-casaco de Inverno.
	    um vestido de Verão.
	    um casaco [uma capa] de Verão.
	    uma gabardine [uma capa de chuva].
	    um vestido de renda.*

Vielleicht finden Sie einen Rock und eine Bluse in meiner Größe.	*Talvez a sra. encontre uma saia e uma blusa para o [no] meu tamanho.*
Dieser blaue Farbton gefällt mir nicht.	*Não gosto deste tom de azul. [Esta tonalidade azul não me agrada.]*
Haben Sie nicht eine andere Farbe und mit langen Ärmeln?	*A sra. não tem outra cor e com mangas compridas?*
Hier sind … Blusen.	*Aqui estão blusas …*
karierte	*aos quadrados [em xadrez/xadrezadas].*
einfarbige	*de uma só cor / lisas.*
gestreifte	*às riscas [listradas].*
geblümte	*estampadas/floreadas.*
Kann die Bluse in der Maschine gewaschen werden?	*A blusa pode ser lavada na máquina?*
Ich habe mir schon lange einen Plisseerock gewünscht.	*Há muito que eu desejava uma saia plissada.*
In letzter Zeit habe ich nur Hosen getragen.	*Ultimamente só tenho usado/vestido calças.*
Die Jeans sind aber sehr praktisch.	*As calças jeans são muito práticas.*

Herrenkonfektion	Confecção para homens
Schauen wir mal in der Herrenabteilung vorbei.	*Vamos dar uma olhada à [na] secção de homens.*
Ich will sehen, was für Anzüge gekommen sind.	*Eu quero ver que tipo de fatos [ternos] chegaram.*
Kann ich mir diese Anzüge etwas näher ansehen?	*Posso ver estes fatos [ternos] mais de perto?*
Was für ein Material ist das?	*Que tecido é este?*
Es ist …	*É …*
Baumwolle.	*algodão.*
Kaschmir.	*casimira, cachemira.*
Leinen.	*linho.*
Mikrofaser.	*microfibra.*
Naturfaser.	*fibra natural.*
Schafwolle.	*lã.*
reine Schurwolle.	*pura lã virgem.*
Seide.	*seda.*
Synthetik.	*sintético.*
Wildleder.	*camurça.*
Wolle.	*lã.*

Ich hätte gern einen einreihigen (zwei-reihigen) Anzug mit Weste angesehen.	*Gostaria de ver um fato só [um terno] com uma fileira (duas fileiras / assertoado) de botões e com colete.*
Ich trage gern grau.	*Eu gosto de vestir coisas cinzentas [vestir cor cinza].*
Welche Größe tragen Sie?	*Qual é o seu tamanho?*
Ich trage (die) 50 oder (die) 52.	*O meu tamanho é o 50 ou o 52.*
Kann ich (ihn) anprobieren?	*Posso experimentar?*
Haben Sie das auch … in Größe 94? in einer anderen Farbe?	*Tem isto também … no tamanho 94? noutra cor?*
Gehen Sie bitte in die Kabine.	*Vá para a cabina de provas.*
Es ist nicht nötig. Ich will nur das Jackett anprobieren.	*Não é necessário. Eu quero apenas experimentar o casaco [o paletó].*
Probieren Sie nur den ganzen Anzug an.	*Pode experimentar [Experimente] o fato [terno] completo.*
Nur wenn Sie ihn anprobieren, können Sie feststellen, ob er Ihnen passt.	*Só se o sr. o experimentar [experimentá-lo] pode ver se fica bem ou não.*
Er passt Ihnen genau.	*Ele fica-lhe muito bem. [Ele fica certinho no sr.]*
Schauen Sie in den Spiegel.	*Olhe para o [no] espelho.*
Was sagen Sie dazu?	*Que tal?*
Er scheint mir zu passen.	*Parece que me fica bem. [Parece ficar bem em mim.]*
Sie haben eine Konfektionsgröße.	*O sr. tem um tamanho padrão.*
Die Ärmel sind weder zu lang noch zu kurz.	*As mangas nem são curtas nem compridas demais.*
Und die Hose, ist sie nicht zu eng?	*E as calças, não estão apertadas demais?*
Nein, sie kneift überhaupt nicht.	*Não, elas não apertam de modo [jeito] nenhum.*
Und die Farbe, gefällt sie Ihnen?	*E a cor agrada-lhe [lhe agrada]?*
Ich würde ein etwas dunkleres Grau vorziehen.	*Eu preferia um cinzento [uma cinza] mais escuro [escura].*
Leider haben wir den Anzug nicht in diesem Farbton.	*Infelizmente não temos fatos [terno] neste tom [nesta tonalidade].*
Ich habe mich noch nicht entschlossen/entschieden.	*Ainda não me decidi.*
Überlegen Sie noch, Sie können ja später wiederkommen.	*Pense bem, o sr. pode voltar mais tarde.*

Ich habe mich entschlossen. Ich nehme ihn.	*Eu já me decidi. Vou levá-lo. / Fico com ele.*
Wissen Sie, Sie haben einen sehr schönen Anzug gekauft. Es ist reine Wolle.	*Sabe, o sr. comprou um fato [terno] muito bonito. É lã pura.*
Er ist aber auch teuer genug.	*Mas ele é bastante caro.*

Ich möchte …
Quero…

eine sportliche lange Hose.	*umas calças desportivas [esporte-fino].*
eine Badehose.	*um calção de banho [uma sunga].*
Boxershorts.	*trusses [uma samba-canção].*
ein kurzärmeliges Oberhemd.	*uma camisa (social) com manga curta.*
ein kariertes Polohemd.	*uma camisa pólo axadrezado/quadriculado.*
ein gestreiftes T-Shirt.	*uma camiseta listrada.*
ein langärmeliges Sweatshirt.	*uma blusão de malha de algodão com manga comprida.*
eine knitterfreie Jacke.	*um paletó/blazer/jaqueta/casaco de um tecido que não amarrota.*
einen Anorak.	*um anoraque.*
eine Windjacke.	*um corta-vento.*
einen Rollkragenpullover.	*uma blusão de gola alta [de gola rolê].*
einen Regenmantel.	*uma capa de chuva.*
einen Trenchcoat/Wintermantel.	*uma gabardine [um sobretudo].*
eine Unterhose.	*umas ceroulas [uma cueca].*
ein Unterhemd.	*uma camisola interior [camiseta de baixo].*

In Größe …
No tamanho …

S?	*P (S)?*
M?	*M (M)?*
L?	*G (L)?*
XL?	*GG (XL)?*
XS?	*PP (XS)?*
XLL/Übergröße?	*GGG (XLL)?*

Bezahle ich bei Ihnen?	*Pago-lhe a si? [Eu pago ao sr.?]*
Nein, an der Kasse bitte.	*Não, na [no] caixa, por favor.*
Hier ist der Kassenzettel, vielen Dank.	*Aqui está o cupão/recibo, muito obrigado.*

Schuhe	Calçados
Wir hätten gern je ein Paar Damenschuhe.	*Queremos um par de sapatos para cada uma.*
Welche Schuhgröße haben/tragen Sie?	*Que números calçam as sras.?*
Wir tragen beide (die) 36.	*Nós duas calçamos o número 36.*

Geben Sie mir bitte einen Schuhanzieher.	*Dê-me uma calçadeira, por favor.*
Dieser Schuh drückt.	*Este sapato fica-me apertado.*
Es ist nicht meine Schuhgröße.	*Não é o meu tamanho.*
Entschuldigen Sie bitte. Ich habe mich geirrt.	*Desculpe-me. Eu enganei-me. / Foi engano meu.*
Der Absatz ist zu hoch/niedrig.	*O salto é muito alto/baixo.*
Ich bringe Ihnen sofort ein anderes Paar.	*Eu trago um outro par imediatamente.*
Dieser Schuh passt mir.	*Este sapato fica-me bem.*
Mir geben Sie ein anderes Paar, eine halbe Nummer größer.	*Para mim, dê-me outro par, meio número acima [a mais].*
Sie drücken an der Ferse.	*Apertam no calcanhar.*
Leider haben wir von diesem Modell keine größeren mehr.	*Infelizmente, deste modelo não temos tamanhos maiores.*
Vielleicht weiten sie sich beim Tragen.	*Talvez alarguem com o uso.*
Besser, wir lassen sie weiten.	*É melhor mandar alargá-los.*
Lassen Sie sie bis morgen hier.	*Deixe-os aqui até amanhã.*
Ist die Sohle aus Leder?	*Tem sola [É solado] de couro?*
Nein, es ist synthetisches Material. Aber es ist strapazierfähiger als Leder.	*Não, é material sintético, mas é mais resistente do que couro.*
Ich fühle mich sehr wohl mit diesen neuen Schuhen.	*Sinto-me muito bem / confortável com estes sapatos novos.*
Packen Sie bitte die alten ein.	*Embrulhe os velhos, por favor.*
Ich möchte ein Paar …	*Quero um par de …*
Halbschuhe.	*sapatos.*
hohe Schuhe.	*meia-bota.*
schwarze Stiefel.	*botas pretas.*
Gummistiefel.	*botas de borracha.*
Trekkingschuhe.	*sapatos de todo-terreno.*
pelzgefütterte Schuhe.	*botas forradas de pele.*
Sportschuhe.	*sapatos de desporto [sapatos esportes].*
braune Sandalen.	*sandálias castanhas [alpargadas/alpercatas marrons].*
Wildlederschuhe.	*sapatos de camurça.*
Tennisschuhe.	*sapatos de ténis [sapatos tênis].*
Turnschuhe.	*sapatos de ginástica.*
Hausschuhe.	*chinelos.*

Ich brauche noch …
Schnürsenkel.
braune (schwarze) Schuhcreme.

eine Schuhbürste.
Einlegesohlen.

Preciso ainda de …
atacadores [enfiadores].
graxa / pomada castanha [marrom] (preta) para sapatos.
uma escova para sapatos.
palmilhas.

Wäsche | Unterwäsche	Roupa branca, roupa de casa | Roupa interior [íntima], lingerie
Ich möchte ein Oberhemd mit langen Ärmeln, mit doppelten Manschetten und mit Taschen.	Quero uma camisa de mangas compridas, com punhos duplos e bolsos.
Empfehlen Sie mir ein Hemd, das zu einem grauen Anzug passt.	Recomende-me uma camisa que combine com um fato cinzento [um terno cinza].
Welche Größe?	Que tamanho?
Ich würde Ihnen dieses weiße Baumwollhemd empfehlen.	Eu recomendar-lhe-ia esta camisa branca de algodão.
Ich hoffe, … es geht beim Waschen nicht ein. der Kragen und die Manschetten verlieren nicht die Form.	Espero que … não encolha ao lavar. o colarinho e os punhos não percam a forma.
Geben Sie mir bitte auch einen Bügel.	Dê-me também um cabide [uma ombreira].
Ich muss noch Unterwäsche kaufen: ein Unterhemd, kurze Unterhosen, lange Unterhosen, einen Slip/Schlüpfer, eine Strumpfhose, einen String-Tanga, ein Tanktop, einen Halbschalen-Büstenhalter/BH, einen Strumpfhalter, einen Hipster.	Eu ainda tenho que comprar roupa interior [íntima]: uma camisola interior [uma camiseta de baixo], cuecas, ceroulas, umas cuecas [uma calcinha], uma meia-calça, collants uma cueca [calcinha] fio-dental, um top [uma camiseta regata] um soutien meia-copa [um sutiã meia-taça], ligas para meias, uma cinta [calcinha cintura baixa].
Die Damenwäsche wird im Parterre verkauft.	A roupa interior [íntima] feminina / a roupa interior para senhoras vende-se no rés-do-chão [no andar térreo].

Die Abteilung hier ist wegen Inventur geschlossen.	*Esta secção aqui está fechada para balanço.*
Zeigen Sie mir bitte eine zweiteilige Garnitur.	*Mostre-me, por favor, um conjunto de cuecas e camisola [camiseta] interior.*
Ich habe vergessen, nach ... zu fragen.	*Esqueci-me de pedir ...*
einem Nachthemd	*uma camisa de dormir/de noite [camisola].*
einem Schlafanzug	*um pijama.*
einem Morgenrock	*um robe.*
einem Unterrock	*uma anágua/saia de baixo.*
einem Bademantel	*um roupão de banho.*
Sieh mal, hier wird auch Bettwäsche verkauft.	*Olha, aqui vende-se também roupa de cama.*
Ich muss ... kaufen.	*Tenho que comprar ...*
Bettlaken	*lençóis de cama.*
einen Bettbezug	*uma coberta para a [de] cama.*
Kopfkissenbezüge	*fronhas.*
drei Frottierhandtücher	*três toalhas.*
ein Badetuch	*uma toalha de banho.*
Ich möchte ...	*Eu quero ...*
sechs Servietten.	*seis guardanapos.*
ein Dutzend Taschentücher.	*uma dúzia de lenços.*
eine Tischdecke.	*uma toalha de mesa.*
Wo finde ich einen Badeanzug?	*Onde posso encontrar um fato de banho? [Onde encontro um maiô?]*
Fragen Sie in der Sportwarenabteilung nach.	*Pergunte na secção de desporto [esportes].*

Kurzwaren | Modisches Beiwerk / Accessoires	Retrosaria [Miudezas] | Bijutaria [Bijuteria] / Acessórios
Geben Sie mir bitte ...	*Dê-me, por favor, ...*
ein Seidentuch.	*um lenço de seda.*
einen Herrenschal.	*um cachecol para homem.*
Zeigen Sie mir ...	*Mostre-me ...*
diesen Sonnenschirm.	*essa sombrinha.*
diesen Herrenschirm.	*esse guarda-chuva.*
Ich möchte mir einige modische Krawatten ansehen.	*Eu quero ver algumas gravatas da moda.*
Geben Sie mir eine, die zu einem beigen Hemd passt.	*Dê-me uma gravata que combine com uma camisa beige.*

Haben Sie nicht eine ähnliche, aber etwas dunkler?	*Não tem uma semelhante a esta, porem pouco mais escura / numa tonalidade mais escura?*
Diese hier passt nicht zum Anzug.	*Esta aqui não combina com o fato [terno].*
Endlich! Ich habe die richtige gefunden.	*Finalmente! Encontrei a gravata certa.*
Zeigen Sie mir bitte Handschuhe in verschiedenen Größen.	*Mostre-me, por favor, luvas em vários tamanhos.*
Ich muss sie anprobieren.	*Tenho que experimentá-las.*
Helfen Sie mir bitte beim Anprobieren.	*Ajude-me na prova, por favor.*
Ja, sie passen.	*Sim, ficam-me bem.*
Zeigen Sie mir … 　das Paar Strümpfe. 　Socken.	*Mostre-me …* 　*este par de meias.* 　*peúgas.*
Welche Strumpfgröße entspricht der Schuhgröße 41?	*Que tamanho de meia corresponde ao tamanho de sapato número 41?*
Geben Sie mir … 　ein Paar nahtlose Strümpfe. 　ein Paar Strumpfhosen.	*Dê-me …* 　*um par de meias sem costura.* 　*um par de meias-calças/'collants'*
Welchen Farbton wünschen Sie?	*Em que cor/tonalidade deseja?*
Ich möchte einen helleren Farbton.	*Quero numa tonalidade mais clara.*
Ich möchte noch einige Kleinigkeiten kaufen: 　einen Beutel. 　Zwirn. 　Nähnadeln. 　Stecknadeln. 　Stricknadeln. 　eine Docke Wolle. 　ein Dutzend Knöpfe. 　zehn Druckknöpfe. 　vier Meter Gummiband. 　zwei Meter von dieser Spitze.	*Ainda quero comprar umas coisinhas:* 　*um saco [uma sacola].* 　*retrós.* 　*agulhas.* 　*alfinetes.* 　*agulhas de tricô.* 　*uma trança de lã.* 　*uma dúzia de botões.* 　*dez molas [colchetes de pressão].* 　*quatro metros de elástico [de fita elástica].* 　*dois metros desta renda.*
Geben Sie mir einen 20 cm langen Reißverschluss für einen blauen Rock.	*Dê-me um fecho (éclair) de 20 cm para uma saia azul.*
In Blau haben wir keinen.	*Na tonalidade azul não temos.*
Wenn der Rock dunkelblau ist, können Sie auch einen schwarzen nehmen.	*Se a saia for azul escura, a sra. pode também usar um preto.*

Lederwaren	Artigos de couro
Ich möchte eine Lederhandtasche.	*Eu quero uma mala de cabedal [uma bolsa de couro].*
Sie darf nicht zu groß sein.	*Não deve ser demasiado grande / muito grande.*
Jetzt trägt man kleinere Handtaschen, nicht wahr?	*Agora usam-se malas mais pequenas [está se usando bolsas menores], não é?*
Wir haben im Schaufenster eine hübsche Handtasche. Haben Sie die gesehen?	*Na montra [vitrina] temos uma linda mala [bolsa], a sra. viu-a?*
Sie meinen doch die Tasche im ersten Schaufenster?	*A sra. está-se a referir, [está se referindo] à mala [bolsa] na primeira montra [vitrina]?*
Aber ich möchte eine ohne Reißverschluss.	*Mas eu quero uma sem fecho 'éclair' [ecler].*
Schauen Sie, ich habe hier eine aus Italien importierte.	*Olhe, eu tenho aqui uma importada da Itália.*
Echtes Leder bester Qualität.	*Couro genuíno, de primeira qualidade.*
Sie ist hübsch, nicht wahr?	*É bonita, não é?*
Sie ist sehr schön, aber sie ist mir zu teuer.	*É muito bonita, mas é muito cara para mim.*
Ich brauche auch ein Geschenk für meinen Sohn: eine Geldbörse, eine Brieftasche oder ein Herrentäschchen.	*Preciso também de um presente para o meu filho: um porta-moedas [uma carteira de níqueis], uma carteira para documento [uma carteira de cédulas] ou mala de mão para homem [ou uma capanga].*
Sehen Sie, hier rechts in der großen Vitrine sind einige Muster aus Leder und Kunstleder ausgestellt.	*Olhe, aqui à direita na montra [vitrina] grande estão expostas algumas amostras de couro e couro artificial.*
Ich kann mich noch nicht entscheiden. Ich komme wieder.	*Eu ainda não me posso decidir. Venho cá outra vez. [Voltarei depois.]*
Ich möchte mich auch in der Kofferabteilung umsehen.	*Eu também quero ver [olhar] a secção de malas.*
Mein Mann wünscht sich einen kleinen Lederkoffer oder eine größere Aktentasche.	*O meu marido quer uma maleta de couro ou uma pasta maior.*
Ich sehe hier einen, die Qualität lässt aber zu wünschen übrig.	*Eu estou aqui a ver uma [Eu aqui estou vendo uma], mas a qualidade deixa (muito) a desejar.*
Nächste Woche bekommen wir neue Ware.	*Na próxima semana receberemos novas mercadorias.*

Ich würde Sie bitten, Donnerstag oder Freitag noch mal nachzufragen.	Eu pedia-lhe para perguntar outra vez na quinta ou sexta-feira. [Procure saber quinta ou sexta-feira.]
Ich brauche auch noch einen Gürtel und einen Schulranzen für unseren Enkel.	Ainda preciso de um cinto e de uma pasta para a escola [uma pasta escolar] para o nosso neto.
Können Sie mir diese Winterhandschuhe zurücklegen?	Pode-me guardar/reservar essas luvas de Inverno?

Drogerie | Parfümerie | Kosmetik	Drogaria | Perfumes | Produtos de cosmética
Ich brauche …	Preciso de …
Alufolie.	folha de alumínio.
Frischhaltefolie.	película aderente.
Insektenspray.	inseticida [em aerossol].
einen Dosenöffner.	um abre-latas [abridor de latas].
einen Waschlappen.	uma luva (de banho) [bucha/esponja para banho/esfregão para banho].
Wattestäbchen.	cotonetes.
Wäscheklammern.	molas [prendedores] de roupa.
eine Wäscheleine.	uma corda para estender a roupa /um varal.
Waschpulver.	detergente de roupa [sabão em pó].
Weichspüler.	amaciador da roupa.
Spülmittel.	detergente de loiça [louça].
einen Wischlappen.	um pano de pó.
ein Spültuch.	um esfregão da loiça [louça].
einen Handfeger.	uma vassourinha.
eine Müllschaufel.	um apanhador [uma pá/pazinha de lixo].
Fleckentferner.	tira-nódoas.
einen Flaschenöffner.	um abre/tira-cápsulas [abridor de garrafa].
Ich hätte gern …	Quero/Queria …
ein Stück Seife.	um sabonete.
eine Tube Zahnpasta.	uma pasta de dentes.
Mundwasser.	água dentífrica.
eine Zahnbürste.	uma escova de [para] dentes.
Bitte empfehlen Sie mir ein gutes Parfüm für eine jüngere (ältere) Dame.	Recomende-me um bom perfume para uma jovem (uma senhora idosa).
Nehmen Sie dieses herbe (zarte, diskrete) Parfüm.	Leve este perfume activo (suave, discreto).
Dieses Parfüm ist mir zu süßlich.	Este perfume é muito doce para mim.

Dieses hat eine feine Duftnote.	*Este tem uma fragrância fina.*
Ich kann Ihnen auch dieses Kölnischwasser empfehlen. Es ist von der gleichen Firma.	*Posso também recomendar-lhe essa água-de-colónia [colônia]. É da mesma firma.*
Ich möchte noch einen Lippenstift für eine brünette (blonde) Dame.	*Ainda quero um batom para uma senhora morena (loura).*
Haben Sie einen etwas helleren (dunkleren) Farbton?	*Tem numa tonalidade mais clara (escura)?*
Nehmen Sie auch den passenden Nagellack dazu?	*Quer levar também o verniz [esmalte] adequado/apropriado?*
Gut, dass Sie mich daran erinnern. Ich hätte es fast vergessen.	*Ah, é óptimo que me lembre, quase me ia esquecendo.*
Wünschen Sie auch Puder?	*Quer também pó-de-arroz?*
Ich habe hier eine hübsche Puderdose.	*Tenho aqui uma linda caixa de pó-de-arroz [pozeira].*
Ich würde auch noch eine Gesichtscreme kaufen, aber ich kenne mich da nicht aus.	*Eu ia comprar também um creme para a cara [o rosto], mas não percebo muito destas coisas.*
Nehmen Sie diese Tagescreme. Sie ist ausgezeichnet, ich benutze sie selbst auch.	*Leve este creme para o dia. É excelente. Eu também o uso. [Eu mesma uso.]*
Diese Creme ist für trockene (fettige) Haut.	*Este creme é para peles secas (oleosas).*

Geben Sie mir bitte noch …	*Dê-me também …*
einen Augenbrauenstift.	*um lápis para as sobrancelhas.*
einen Eyeliner.	*um lápis para os olhos [um delineador de olhos].*
Wimperntusche.	*rímel.*
Gesichtsmilch.	*leite de limpeza.*
Feuchtigkeitscreme.	*creme hidratante.*
Nagellackentferner.	*acetona.*
ein Deospray.	*um desodorizante/desodorante em 'spray'.*
einen Deostift.	*um desodorizante/desodorante em 'stick' / um 'Bac stick' [um desodorante em bastão].*
Sonnenöl.	*óleo para bronzear.*
Reinigungsmilch.	*leite de limpeza (pelo rosto).*
Körperlotion.	*loção para o corpo.*
eine Pinzette.	*uma pinça.*

Ich muss mir selbst die Haare machen. Dazu brauche ich:	*Eu própria tenho que arranjar o meu cabelo. [Eu mesma tenho de fazer o cabelo.] Para isso, preciso de:*
eine gute Haarwäsche,	*um bom champu [xampu],*
Haarfarbe,	*tinta [tintura] para o cabelo,*
Haarlack/Haarspray,	*laca [laque],*
Haarfestiger,	*fixador para o cabelo,*
Haarspangen und Lockenwickler,	*ganchos e rolos [prendedores de cabelo e bobs],*
Haargel.	*gel para o cabelo.*
Und Haarwasser brauchen Sie nicht?	*E não precisa de loção para o cabelo?*
Nein, das habe ich noch.	*Não, ainda tenho.*
Geben Sie mir bitte noch Badesalz und Schaumbad.	*Dê-me ainda sais de banho e espuma para banho.*
Für meinen Mann muss ich … kaufen.	*Tenho de comprar … para o meu marido.*
eine Schachtel Rasierklingen	*uma caixa de giletes*
einen Rasierpinsel	*um pincel de barbear*
einmal Aftershave	*loção para depois da barba [após barba]*
einen Kamm und eine Nagelbürste.	*um pente e uma escovinha para unhas.*
Was kostet …	*Quanto custa …*
diese Maniküre?	*este conjunto de manicure?*
diese Kosmetiktasche?	*esta bolsa de maquilhagem?*
Ich nehme auch noch …	*Eu ainda vou levar …*
Toilettenpapier.	*papel higiénico [higiênico].*
ein Paket Damenbinden.	*um pacote de pensos higiénicos [de Modess / absorventes higiênicos].*
eine Schachtel Tampons.	*uma caixa de tampões.*
Papiertaschentücher.	*lenços de papel.*

Sportartikel	*Artigos de desporto [esporte]*
Ich möchte …	*Quero …*
einen Tennisschläger.	*uma raqueta de ténis [tênis].*
ein Tischtennisspiel.	*um jogo de ping-pong/ pingue-pongue [um tênis de mesa].*
ein Federballspiel.	*jogo de badminton [uma peteca].*
einen Ball.	*uma bola.*
Schlittschuhe.	*patins para gelo.*
Rollschuhe.	*patins (de roda).*
einen Schlitten.	*um trenó.*
ein Paar Skier.	*um par de esqui.*
ein Schachspiel.	*um jogo de xadrez.*

Ich möchte Angelgeräte kaufen: eine Angel, Angelhaken, Angelschnur.	*Quero comprar apetrechos de pesca: uma cana [vara] de pescar, anzóis, linha/fio de pesca.*
Ich möchte mir eine vollständige Taucherausrüstung kaufen.	*Quero comprar um equipamento completo para mergulhar.*
Ziemlich teuer. Ich nehme nur eine Taucherbrille, ein Paar Schwimmflossen und einen Schnorchel.	*Bastante caro. Só quero / vou levar óculos de mergulhador, um par de barbatanas [nadadeiras] e um tubo respiratório.*
Ich suche …	*Estou à procura de [Estou procurando] …*
einen Trainingsanzug.	*um fato de treino [um macacão de treino].*
eine Turnhose.	*uns calções [um calção] de ginástica.*
ein Turnhemd.	*uma camisola [camisa] para desporto [esporte].*
einen Badeanzug.	*um fato de banho [um maiô].*
eine Badehose.	*uns calções [um calção / uma sunga] de banho.*
eine Badekappe.	*uma touca de banho.*

Spielwaren	Brinquedos
Ich suche ein Spielzeug für einen achtjährigen Jungen (ein achtjähriges Mädchen).	*Estou à procura de [Estou procurando] um brinquedo para um menino (uma menina) de oito anos.*
Dieses Spielzeug ist für Jungen und für Mädchen geeignet.	*Este brinquedo serve para menino e menina.*
Nehmen Sie eine elektrische Eisenbahn.	*Leve um comboio [trem] eléctrico.*
Ich würde schon eine elektrische Eisenbahn kaufen, aber ich fürchte, dass ich die meiste Zeit selbst damit spiele.	*Eu compraria um comboio [trem] eléctrico, mas receio que eu próprio brinque com ele a maior parte do tempo.*
Für diese Art (von) Spielzeug ist der Junge noch zu klein.	*Mas o menino ainda é pequeno demais para brincar com este tipo de brinquedo.*
Ich habe an einen Baukasten oder an ein mechanisches Spielzeug gedacht.	*Pensei numa caixa de construções ou num brinquedo mecânico.*
Gerade sind auch elektrische Spielzeuge eingetroffen.	*Acabaram de chegar brinquedos eléctricos.*
Nehmen Sie diese ferngesteuerte Autorennbahn.	*Leve esta pista de automóveis telecomandada. [Leve este carro de controle remoto em pista de corrida.]*
Wie ist der Antrieb, mit Batterie oder Trafo?	*Como é que funciona, a pilhas ou a transformador/a electricidade?*

Wenn Sie einen Trafo haben, können Sie ihn anschließen.	*Se o sr. tiver um transformador pode ligar.*
Sie müssen aber auf die Spannung achten.	*Mas o sr. tem que prestar atenção à voltagem.*
Gut. Ich nehme die Autorennbahn.	*Bem. Vou levar o carro de corrida.*
Für meine Mädchen möchte ich zwei Puppen, Puppenmöbel und Puppenkleider.	*Para as minhas filhas quero duas bonecas, móveis de brinquedo e vestidos de boneca.*
Ich sehe, Sie haben auch sehr schöne Spielzeug-Musikinstrumente.	*Vejo que o sr. tem também lindos instrumentos musicais de brinquedo.*
Die Wahl fällt (einem) schwer.	*É difícil escolher.*
Seien Sie so freundlich und zeigen Sie mir bitte zuerst die schönsten Puppen.	*Tenha / Quer ter a bondade de me mostrar primeiro as bonecas mais bonitas.*
Diese Puppe singt (spricht, läuft).	*Esta boneca canta (fala, anda).*
Oh, wie niedlich sie sind!	*Ah, como são bonitinhas. / Ah, que gracinha!*
Ich nehme diese hier und die andere in Volkstracht.	*Vou levar esta aqui e a outra em [de] traje folclórico.*
Haben Sie noch einen Wunsch?	*O sr. deseja mais alguma coisa?*
Nein, danke. Ich fürchte, ich habe schon zu viel Geld ausgegeben.	*Não, obrigado. Receio já ter gasto demais.*

Kunstgewerbe	*Artesanato*
Ich möchte einige Andenken kaufen.	*Quero comprar algumas lembranças.*
Zeigen Sie mir eine gestickte Bluse.	*Mostre-me uma blusa bordada.*
Ist das Handstickerei?	*É bordado à mão?*
Zeigen Sie mir auch diesen Gürtel.	*Mostre-me também este cinto.*
Wir haben eine große Auswahl an Kunstgewerbe.	*Temos um bom sortido [sortimento] de artesanato.*
Ich kann nicht zu viel Geld ausgeben.	*Não posso gastar muito.*
In welcher Preislage?	*Até quanto?*
Einen Augenblick, bitte.	*Um momento, por favor.*
Vielleicht sehe ich etwas, was mir gefällt.	*Talvez descubra / veja algo que me agrada.*
Sehen Sie sich in Ruhe alles an.	*Pode ver tudo com calma.*

Ich möchte mir … kaufen.	Queria comprar …
eine Schreibgarnitur	um conjunto [estojo] de material de escritório.
einen Leuchter	um lustre.
einen Krug	uma caneca.
eine Christus-Statue (eine Art Wahrzeichen von Rio)	uma estátua do Cristo Redentor.
Darf ich mir … ansehen?	Posso ver …
diese Holzschnitzerei	estes trabalhos em madeira [esta xilogravura]?
diese Holzschale	este prato de madeira?
Wie viel kostet/kosten …	Quanto custa(m) …
diese Halskette?	este colar [colarzinho]?
die silbernen Ohrringe?	as argolas argênteas [os brincos de prata]?
eine Brosche?	um broche?
ein Armband?	uma pulseira?
Was für ein schöner Wandteppich!	Que lindo tapete de parede!
Ich muss leichtere Gegenstände kaufen, damit ich nicht zu schweres Gepäck habe.	Eu devo comprar objectos mais leves para não ficar com a bagagem pesada demais.
Diese große Muschel ist schön.	Este búzio grande é lindo.
Zeigen Sie mir auch eine gestickte Tischdecke.	Mostre-me também uma toalha de mesa bordada.

Elektrohaushaltsgeräte — Electrodomésticos

Ich möchte … kaufen.	Quero comprar …
einen Mixer	um 'mixer' [liquidificador].
ein Bügeleisen	um ferro de engomar.
einen elektrischen Dosenöffner	um abre-latas [abridor de latas] eléctrico.
einen Fön	um secador de cabelo.
eine Küchenmaschine	uma máquina [bateria] de cozinha.
einen Adapter	um adaptador.
ein Verlängerungskabel	um cabo/fio de extensão.
eine Batterie	uma pilha.
Hier ist ein Bügeleisen, das auf 220 oder 110 Volt eingestellt werden kann.	Aqui está um ferro de engomar que funciona com corrente de 220 ou 110 volts.
Die modernen Geräte kann man auf die gewünschte Spannung umstellen.	Os aparelhos modernos são ajustáveis à voltagem desejada.

Ersatzteile für … haben wir zurzeit nicht.	Actualmente não dispomos de peças sobressalentes para …
Waschmaschinen	máquinas de lavar roupa.
Nähmaschinen	máquinas de costura.
Führen Sie mir bitte dieses Gerät vor.	Mostre-me, por favor, como funciona esta máquina [como esta máquina funciona].
Wie bedient man diese Nähmaschine?	Como é que se trabalha com esta máquina de costura?
Zeigen Sie mir bitte …	Mostre-me, por favor …
diesen Schnellkochtopf.	esta panela de pressão.
einen elektrischen Rasierapparat.	uma máquina de barbear [um barbeador elétrico].
Dieses Gerät funktioniert nicht. Können Sie es reparieren lassen?	Este aparelho não funciona. Pode mandar repará-lo [consertá-lo/mandar para o conserto]?
Ich hätte gern für dieses Gerät eine Gebrauchsanweisung in deutscher Sprache.	Eu gostaria de receber as instruções de uso deste aparelho em alemão.

Fotografie	Optik	Artigos fotográficos	Instrumentos de óptica
Ich möchte diesen Film entwickeln lassen.	Quero mandar revelar este rolo [filme].
Machen Sie bitte je vier Abzüge von diesen Negativen.	Faça por favor quatro cópias de cada um destes negativos.
Welches Format bitte?	Que tamanho deseja?
Sieben mal zehn. / Neun mal neun.	Sete por dez. / Nove por nove.
Hochglanz oder matt?	Brilhante ou mate [com brilho ou sem brilho/fosco]?
Mit Rahmen oder ohne Rahmen?	Com borda ou sem borda?
Vergrößern Sie bitte diese Aufnahme auf Postkartengröße (neun mal zwölf).	Faça uma ampliação desta foto do tamanho de um postal (nove por doze).
Wann sind die Abzüge fertig?	Quando é que as cópias estarão [ficarão] prontas?
Kann ich sie übermorgen abholen?	Posso (vir) buscá-las [apanhá-las] depois de amanhã?
Ich möchte einen Rahmen für dieses Foto.	Quero uma moldura para esta foto.

Zeigen Sie mir bitte …	Mostre-me, por favor …
eine Schmalfilmkamera.	uma máquina de filmar de oito milímetros.
einen Filmprojektor.	um projector de filmes.
einen Fotoapparat.	uma máquina fotográfica.
eine Spiegelreflexkamera.	uma máquina fotográfica de espelho reflector.
einen Camcorder.	um camcorder.
eine Videokamera.	uma câmara-vídeo [videocâmara].
eine Digitalkamera	uma câmara digital.
Erklären Sie mir, wie diese Kamera bedient wird.	Explique-me como se trabalha com esta câmara.
Sehr gern. Es ist sehr einfach.	Com muito prazer. É muito fácil.
Das ist der Sucher.	Este é o visor.
Das ist der Auslöser.	Este é o disparador.
Hier ist die Entfernungsskala.	Aqui é a escala de distância.
Hier ist der Einstellknopf der Belichtungszeiten.	Aqui é o botão de ajuste de exposição à [de intensidade de] luz.
Hier ist der Anschluss für das Blitzlicht.	Aqui é a tomada para o 'flash'.
Sehen Sie, hier ist der Blendenring.	Veja, aqui é o diafragma.
Der Aufzug ist hier.	A corda é aqui.
Und hier wird zurückgespult.	E aqui é para fazer voltar o rolo [filme].
Ich möchte …	Quero …
einen Farbfilm für Dias.	um rolo de 'slides' a cores [um filme colorido para slides].
Diarahmen.	caixilhos para 'slides'
einen Schwarz-Weiß-Film.	um rolo de fotografias a preto e branco [um filme preto e branco].
ein Fotoalbum.	um álbum para fotografias.
einen Selbstauslöser.	um disparador automático.
einen Belichtungsmesser.	um fotómetro.
ein Teleobjektiv.	uma teleobjectiva.
ein Weitwinkelobjektiv.	uma lente de grande-angular.
ein Vergrößerungsgerät.	um ampliador.
ein Stativ.	um tripé.
Können Sie mir bis morgen sechs Passbilder machen?	O sr. pode-me fazer seis retratos/fotos tipo passe [para passaporte] para amanhã?
Wir möchten uns fotografieren lassen.	Nós queremos tirar retratos.
Machen Sie bitte eine Gruppenaufnahme von uns.	Faça por favor uma foto de (nosso) grupo.

Könnten Sie bitte ein Foto von mir machen?	*O sr. pode-me tirar uma fotografia, por favor?*
Darf man hier fotografieren?	*Aqui é permitido tirar fotografias?*
Ich habe schon eine Menge Aufnahmen gemacht.	*Já fiz uma grande quantidade de fotos.*
Was kostet …	*Quanto custa(m) …*
ein Fernglas/Feldstecher?	*uns binóculos [um binóculo]?*
ein Fernrohr?	*um telescópio?*
eine Lupe?	*uma lupa/lente do aumento?*
ein Thermometer?	*um termómetro [termômetro]?*
ein Barometer?	*um barómetro [barômetro]?*
ein kleines Mikroskop?	*um microscópio pequeno?*
Meine Brille ist kaputt.	*Os meus óculos estão partidos [quebrados].*
Sagen Sie mir bitte, wo ich meine Brille reparieren lassen kann?	*Diga-me, por favor, onde posso mandar consertar os meus óculos?*
Sie müssen zu einem Optiker gehen.	*O sr. tem de ir a um oculista.*
Gleich gegenüber von unserem Hotel ist ein guter Optiker.	*Logo ali em frente do nosso hotel há um bom oculista.*
Er muss …	*Ele tem de …*
mir die Brillenfassung reparieren.	*consertar a armação dos meus óculos.*
das zerbrochene Glas erneuern.	*mudar a lente partida [quebrada].*
Dort werde ich mir auch eine Sonnenbrille kaufen.	*Lá vou comprar também uns [um] óculos escuros/óculos de sol.*
Das Gestell ist zu eng / drückt.	*A armação está muito apertada.*
Ich bin kurzsichtig/weitsichtig.	*Sou míope/presbita [tenho hipermetropia].*
Ich habe links 2 Dioptrien und rechts 2,5.	*Tenho 2 dioptrias no olho esquerdo e 2,5 no direito.*
Ich brauche Reinigungslösung für harte/weiche Kontaktlinsen.	*Preciso de líquido de limpeza para lentes de contacto rígidas/moles [gelatinosas]?*

Radio | Unterhaltungselektronik	*Rádio | Aparelhos electró[ô]nicos de divertimento doméstico*
Ich habe ein Stereogerät.	*Tenho um rádio estéreo.*
Ich habe im Auto ein Stereoradio mit Kassettenteil und CD-Player einbauen lassen.	*Mandei instalar no carro um rádio estéreo com leitor de cassetes [com toca-fita cassete] e leitor de CDs [CD player].*
Leider kann ich nur die lokalen Sender empfangen.	*Infelizmente só consigo apanhar [só posso pegar] as estações locais.*

Das UKW-Teil ist sehr schwach.	*A unidade de ondas ultracurtas/FM é muito fraca.*
Der Empfang ist schlecht (gut).	*A recepção é ruim (boa).*
Stört es Sie, wenn ich das Radio anstelle/einschalte?	*Incomodo-o se abrir/ligar [Eu lhe incomodo quando ligo] o rádio?*
Schalten Sie bitte das Radio ein.	*Ligue o rádio, por favor.*
Ich will die Nachrichten hören.	*Quero ouvir as notícias.*
Schalten Sie bitte das Radio ab.	*Desligue o rádio, por favor.*
Stellen Sie bitte etwas leiser.	*Baixe um pouco o volume.*
Es ist zu laut.	*Está muito alto.*
Ich möchte ein Rundfunkprogramm für die kommende Woche.	*Quero um programa de rádio da/para a próxima semana.*
Um wie viel Uhr wird das Sinfoniekonzert übertragen?	*A que horas vai ser transmitido o concerto sinfó[ô]nico?*
Ich möchte die Nachrichtensendung nicht verpassen.	*Não quero perder as notícias.*
Der Wetterbericht wird morgens und abends gesendet.	*O boletim meteorológico é transmitido de [pela] manhã e à noite.*
Die ausländischen Sender empfange ich ohne Antenne schlecht.	*Sem antena, apanho [pego] mal as estações estrangeiras.*
Ist dieses Rundfunkgerät in Brasilien hergestellt?	*Este rádio é fabricado no Brasil?*
Auf welcher Wellenlänge empfangen Sie diesen Sender?	*Em que onda apanha [o sr. está pegando] esta estação?*
Welche Sender empfangen Sie …	*Que [Quais] estações apanha [o sr. pega] …*
auf der Langwelle?	*em ondas longas?*
auf der Mittelwelle?	*em onda média?*
auf der Kurzwelle?	*em onda curta?*
UKW (Ultrakurzwelle) empfange/kriege ich nicht besonders gut mit meinem Radio(apparat).	*Com o meu rádio eu não apanho [pego] bem estações em onda ultracurta/FM.*
Wollen Sie einen anderen Sender hören?	*Quer ouvir outra estação?*
Ja, suchen Sie Tanzmusik.	*Sim, procure música de dança.*
Stellen Sie bitte den Sender ‚Radio Jornal de Comércio' ein.	*Sintonize a 'Rádio Jornal de Comércio', por favor.*
Kann man hier Kopfhörer anschließen?	*Pode-se ligar aqui os auscultadores?*
Mir gefallen Hörspiele sehr.	*Gosto muito de novelas radiofó[ô]nicas.*

Das Fußballspiel wird im Radio direkt übertragen.	*O jogo de futebol vai ser transmitido directamente pela rádio.*
Sonntagnachmittag bringen sie Sportberichte.	*Domingo à tarde transmitem crónicas desportivas [notícias do mundo esportivo].*
Um wie viel Uhr ist die Sendung in deutscher Sprache?	*A que horas é a transmissão em língua alemã?*
Ich brauche Batterien für mein Transistorradio.	*Preciso de pilhas para o meu (rádio) transistor.*
Können Sie mir Ihren … borgen?	*Pode emprestar-me o seu …*
Videorekorder	*gravador de vídeo [videogravador]?*
MP3-Spieler	*leitor de MP3 [MP3 player]?*
DVD-Spieler	*leitor de DVD [aparelho de DVD]?*
Discman	*discman?*
Minidiskrekorder	*leitor [gravador] de minidisc?*
Verstärker	*amplificador?*
Plattenspieler	*gira-discos [toca-disco]?*
Ihre Hi-Fi-Anlage	*a sua aparelhagem [aparelhagem de som]?*
Ihr altes Tonbandgerät	*antigo gravador de fita magnética?*
Kann diese Aufnahme gelöscht werden?	*Esta gravação pode ser apagada?*

Bücher | CDs | Musikalienabteilung	*Livraria | Discos/CD | Secção de música*
Welche ist die größte Buchhandlung der Stadt?	*Qual é a maior livraria da cidade?*
Wo ist das nächste Antiquariat?	*Onde fica o próximo alfarrabista [antiquário]?*
Erklären Sie mir bitte, wie die Bücher angeordnet sind, damit ich mich allein zurechtfinde.	*Explique-me, por favor, como é que os livros estão dispostos para que eu me possa orientar.*
Ich möchte einen Blick auf die Veröffentlichungen werfen, die mich interessieren.	*Quero dar uma olhadela nas publicações que me interessam.*
Die belletristische Abteilung ist rechts.	*Os romances estão à direita.*
Links finden Sie die wissenschaftliche Literatur.	*À esquerda o sr. encontra livros científicos.*
Im Nebenraum befindet sich die Kinder- und Jugendliteratur.	*Na sala ao lado encontra-se a literatura infantil e juvenil.*
In der ersten Etage werden nur Schulbücher verkauft.	*No primeiro andar só se vendem livros escolares.*

Die belletristische Literatur ist alphabetisch nach Autoren geordnet.	*Os romances estão dispostos por [na] ordem alfabética de [dos] autores.*

Die wissenschaftliche ist nach Fachgebieten geordnet:
  technische Literatur,
  medizinische Literatur,
  agrotechnische Literatur,
  juristische Literatur,
  philologische Literatur,
  politische Literatur, etc.
	Os livros científicos estão dispostos de acordo com a especialidade:
	  técnica,
	  medicina,
	  agro-técnica,
	  direito,
	  filologia,
	  política, etc.

Ich habe noch eine Frage.	*Ainda tenho uma pergunta.*
Wo sind die Verlagskataloge mit den Neuerscheinungen ausgelegt?	*Onde estão os catálogos das editoras com as novas publicações?*
Auf diesem Tisch sind alle Kataloge, die wir haben.	*Todos os catálogos que temos estão em cima desta mesa.*
Lexika, Wörterbücher, Sprach- und Reiseführer sowie Karten finden Sie in diesen beiden Regalen.	*Enciclopédias, dicionários, guias de idiomas estrangeiros, guias turísticos e mapas encontram-se nestas duas prateleiras.*

Ich hätte gern …
  ein Buch mit moderner brasilianischer Lyrik.
  ein Buch mit portugiesischen Novellen.
  eine Gesamtausgabe der Werke von S.
  einen historischen Roman.
  einen Kriminalroman.
  einen Atlas.
  eine Touristenkarte von dieser Gegend.
  eine Straßenkarte.
  einen Stadtplan.
  einen Reiseführer von Lissabon.
  einen Bildband über Bahia.
  ein deutsch-portugiesisches Wörterbuch.
  ein Taschenwörterbuch.
  ein portugiesisches Lehrbuch.
 	
  eine deutsche Grammatik.
  ein Schriftstellerlexikon.
  ein Sprichwörterbuch.
  ein technisches Lexikon.
  ein Bilderwörterbuch.
  ein Kochbuch.
	Queria …
	  um livro de lírica moderna brasileira.
	  um livro de novelas portuguesas.
	  uma edição completa das obras de S.
	  um romance histórico.
	  um romance policial.
	  um atlas.
	  uma planta [um mapa] da região.
	
	  um mapa rodoviário.
	  um mapa da cidade.
	  um guia de Lisboa.
	  um livro ilustrado da Baía [Bahia].
	  um dicionário de alemão-português.
	
	  um dicionário de bolso.
	  um livro de ensino [um manual] de português.
	  uma gramática alemã.
	  uma enciclopédia sobre escritores.
	  um dicionário de provérbios.
	  uma enciclopédia técnica.
	  um dicionário ilustrado.
	  um livro de receitas de cozinha [receitas culinárias].

Ich würde lieber eine broschierte Ausgabe nehmen.	*Prefiro levar uma edição em brochura.*
Wann erscheint eine neue Ausgabe?	*Quando vai sair a nova edição?*
Dieses Lehrbuch ist vergriffen.	*Este livro de ensino [manual] está esgotado.*
Es wird bald in einer durchgesehenen Auflage wieder erscheinen.	*Em breve será reeditada a edição revista [revisada].*
Wie hoch ist die Auflage?	*Qual é a tiragem?*
In welchem Verlag ist die portugiesische Grammatik erschienen?	*Que editora publicou a gramática portuguesa?*
Haben Sie auch deutschsprachige Belletristik?	*O sr. tem também romances em alemão?*
Welche Werke brasilianischer Schriftsteller sind in deutscher Übersetzung erschienen?	*Que obras de autores brasileiros foram publicadas em alemão?*
Ich weiß nicht, bei welchem Verlag der neueste Bestseller erschienen ist.	*Não sei qual a editora que publicou o mais recente sucesso literário / 'bestseller'.*
Haben Sie eine vollständige Ausgabe von Machado de Assis?	*Tem as obras completas de Machado de Assis?*
Das ist eine mehrbändige Ausgabe.	*Isso é uma edição de vários tomos.*
Mich würden die Bilderbücher und Märchenbücher interessieren.	*Estou interessado em [Eu me interessaria pelos] livros ilustrados e livros de contos para crianças.*
Führen Sie auch … Zeitschriften? wissenschaftliche literarische	*O sr. também vende revistas …* *científicas?* *literárias?*
Die neuesten Nummern sind schon verkauft.	*Os números mais recentes já foram vendidos.*
Wo könnte ich Klaviernoten und ein Liederbuch kaufen?	*Onde posso comprar notas para piano e um livro de canções?*
Fragen Sie in der Musikalienabteilung nach.	*Pergunte na secção de música.*
Können Sie mir eine Auswahl von CDs mit … zeigen? klassischer Musik Opernmusik Volksmusik Tanzmusik Unterhaltungsmusik Rockmusik	*O sr. pode-me mostrar uma série [variedade] de CD de …* *música clássica?* *música de ópera?* *música folclórica/regional?* *música para dançar?* *música ligeira?* *música [de] rock?*

Haben Sie von diesem Schlager auch eine Single?	*O sr. tem também esta música em 'single' [deste sucesso em 45 rotações]?*
Kann ich mir diese Platte anhören?	*Posso ouvir este disco?*
Ist das eine neue Aufnahme?	*É uma gravação nova?*
Ich hätte lieber eine Kassette.	*Preferia uma [um] cassete.*
Ich möchte davon eine Stereo-aufnahme.	*Quero uma gravação desta música em estéreo*

Schreibwaren	Papelaria / Artigos de escritório
Können Sie mir … geben?	*Dê-me, por favor …*
einen weichen (harten) Bleistift	*um lápis macio (duro).*
einen Bleistiftspitzer	*um apara-lápis [um apontador].*
einen Kugelschreiber	*uma esferográfica.*
eine Kugelschreibermine	*uma carga de esferográfica.*
einen Fineliner	*uma caneta de ponta fina [uma caneta esferográfica ponta fina/ escrita fina].*
einen Textmarker	*um marcador <u>de textos</u>.*
einen Stift zum Beschriften von CDs/DVDs	*um lápis para escrever em CDs e DVDs.*
eine Feder	*uma caneta [pena].*
ein Heft	*um caderno.*
einen Radiergummi	*uma borracha.*
Füllfederhaltertinte	*tinta para caneta de tinta permanente [para caneta tinteiro].*
Zeichentusche	*tinta da China [de Nanquim].*
Buntstifte	*lápis de cor.*
einen Malkasten	*uma caixa de aguarelas [aquarelas]/ tintas.*
zwei Pinsel	*dois pincéis.*
Zeigen Sie mir bitte …	*Mostre-me, por favor …*
einen nicht zu teuren Füllfeder-halter/Füller.	*uma caneta que não seja muito cara.*
ein Briefmarkenalbum.	*um álbum de selos.*
einen Wandkalender.	*um calendário de parede.*
einen Schreibblock.	*um bloco de apontamentos [de papel de escrever].*
ein Notizbuch.	*um bloco-notas [um livrinho de ano-tações].*
einen Zeichenblock.	*um bloco de papel de desenho.*
einen Zirkel.	*um compasso.*
ein Lineal.	*uma régua.*
einen Locher.	*um furador.*

Ich möchte mir … ansehen.	Quero ver …
die Ansichtskarten	os postais ilustrados [cartões postais].
die Glückwunschkarten	os cartões de parabéns.
die Geburtstagskarten	os cartões de aniversário.
Weihnachtskarten	cartões de Natal.
Haben Sie auch Bürobedarf?	O sr. tem também material de escritório?
Ich möchte … kaufen.	Quero comprar …
Schreibmaschinenpapier	papel para máquina de escrever.
Durchschlagpapier	papel de cópia.
Kohlepapier	papel químico [carbono].
Druckerpapier	papel para impressão [impressora].
eine Druckerpatrone	um tinteiro [um cartucho para impressora].
liniiertes Papier	papel pautado.
kariertes Papier	papel quadriculado [de quadrícula].
Schreibpapier	papel para escrever.
Briefpapier	papel para cartas.
Schnellhefter	pastas.
einen Ordner	um classificador.
Packpapier	papel de embrulho.
Büroklammern	clipes.
Reißzwecken	pioneses [percevejos].
einen Klammeraffen	um agrafador [grampeador].
Kleber	cola.
ein Farbband	uma fita para máquina de escrever.

Tabakwaren	Zeitungen und Zeitschriften	Tabacaria	Jornais e Revistas
Eine Schachtel Zigaretten, bitte.	Um maço de cigarros, por favor.
Welche Sorte wünschen Sie?	Que marca quer?
Eine Schachtel Zigarren.	Uma caixa de charutos.
Zwei Schachteln Filterzigaretten.	Dois maços de cigarros de/com filtro.
Eine Stange Zigaretten.	Um pacote de cigarros.
Ein Päckchen starken (leichten) Tabak.	Um pacotinho de tabaco [fumo] forte (leve).
Ein Gas-Feuerzeug.	Um isqueiro a gás.
Zwei Schachteln Streichhölzer.	Duas caixas de fósforos.
Eine Pfeife.	Um cachimbo.
Eine Tabakdose.	Uma tabaqueira.

Geben Sie mir …	Dê-me …
den ‚Diário de Lisboa' von heute.	o 'Diário de Lisboa' de hoje.
eine Tageszeitung.	um jornal diário.
eine Modezeitschrift.	uma revista de modas.
eine Wochenzeitschrift.	um semanário.
eine Frauenzeitschrift.	uma revista para mulheres [revista feminina].
eine Kinderzeitschrift.	uma revista para crianças [revista infantil].
Wie oft erscheint sie?	Quantas vezes ela é editada/ela sai?
Erscheint diese Zeitschrift wöchentlich oder monatlich?	Essa revista sai/é publicada semanalmente ou mensalmente?
Sie erscheint alle zwei Monate.	Ela sai de dois em dois meses. / Ela ó bimensal.
Geben Sie mir ein Sportmagazin.	Dê-me uma revista de desporto [esportes].
Ich möchte … lesen.	Queria ler …
den Leitartikel	o editorial/artigo de fundo.
die neuesten Nachrichten	as últimas notícias.
die Inserate	os anúncios.
die Sportnachrichten	as notícias desportivas [esportivas].
Haben Sie schon die Sondernummer der ‚Manchete' erhalten?	Já recebeu o número especial da 'Manchete'?
Haben Sie auch deutschsprachige Publikationen?	Tem também publicações em língua alemã?
In welcher Zeitung erscheint das Rundfunk- und Fernsehprogramm?	Que jornal publica / Em que jornal sai o programa de rádio e televisão?
Geben Sie mir noch Briefumschläge und zwei bunte Ansichtskarten von Berlin.	Dê-me ainda envelopes e dois postais ilustrados [coloridos] de Berlim.

Blumenladen	Loja de flores / Florista
Ich möchte diese beiden Blumensträuße.	Quero estes dois ramos [ramalhetes/buquês].
Machen Sie mir bitte einen Strauß roter Rosen.	Faça-me, por favor, um ramo [buquê] de rosas vermelhas.
Diese Blume hat eine zarte Farbe und riecht sehr gut.	Esta flor tem uma cor linda e um aroma agradável.

Ich möchte …	Quero …
Schnittblumen.	flores.
eine Topfblume / einen Blumentopf.	um vaso de flores.
fünf weiße Nelken.	cinco cravos brancos.
sieben rosa Gladiolen.	sete gladíolos cor-de-rosa [de cores róseas].
einen Tulpenstrauß.	um ramo [ramalhete] de tulipas.
Flieder.	lilás.
Maiglöckchen.	lírios-do-vale.
Veilchen.	violetas.
Haben Sie auch Geranien?	A sra. tem também gerânios?
Werden die Orchideen mit der Vase verkauft?	Essas orquídeas são vendidas com o vaso?
Können Sie den Blumenkorb an diese Adresse schicken?	A sra. pode mandar o arranjo floral [a cesta de flores] para este endereço?
Ich hätte noch gern …	Eu ainda queria …
eine Grünpflanze.	uma planta de casa.
einen Gummibaum.	uma planta da borracha [uma seringueira].
eine Palme.	uma palmeira.
Haben Sie auch Kakteen?	Tem também cactos?
Wie heißt diese Blume?	Como se chama esta flor?

Lebensmittel
Géneros [gêneros] alimentícios

Allgemeine Ausdrücke	Expressões gerais
Was darf's sein?	Que deseja?
Ich möchte …	Quero …
Puderzucker.	açúcar em pó.
ein Kilo Würfelzucker.	um quilo de açúcar em cubos.
ein Pfund Kaffee.	meio quilo de café.
ein Päckchen Tee.	um pacotinho de chá.
ein Paket Milchreis.	um pacote de arroz para arroz doce.
gemahlenen weißen Pfeffer.	pimenta branca moída/em pó.
Ich nehme 2 Kilo.	Levo dois quilos.
Ich möchte noch …	[Eu] Ainda quero …
ein Glas flüssigen Honig.	um frasco de mel líquido.
Mehl.	farinha.
weiße Bohnen.	feijão branco.
eine Dose Ölsardinen.	uma lata de sardinhas (em conserva, em óleo ou em azeite).
ein Glas Orangenmarmelade.	um frasco [vidro] de doce de laranja.
Geben Sie mir bitte …	Dê-me, por favor …
eine Flasche Essig.	uma garrafa de vinagre.
ein Glas Oliven.	um frasco [vidro] de azeitonas.
ein Glas Senf.	um frasco [vidro] de mostarda.
Ich kaufe nicht gern im Selbstbedienungsladen.	Não gosto de comprar em supermercados.

Fleisch- und Wurstwaren	Carnes e enchidos [frios]
Ich möchte …	Quero …
Rindfleisch zum Kochen.	carne de vaca [boi] para cozer [cozinhar].
Schweinefleisch.	carne de porco.
frisches Kalbfleisch.	carne fresca [verde] de vitela.
Hammelfleisch.	carne de borrego [carneiro]
Geben Sie mir ein Pfund …	Dê-me meio quilo de …
Gehacktes.	carne picada de porco.
Schabefleisch.	carne moída de vaca.
Ich hätte gern …	Eu queria …
drei Koteletts.	três costeletas.
200 Gramm (geräucherten) Schinken.	200 gramas de presunto (defumado).
fünf Paar Wiener Würstchen.	dez salsichas [tipo Viena].
300 Gramm Salami.	300 gramas de salame.

Ist dieses Fleisch nicht zu fett?	*Esta carne não tem muita gordura?*
Geben Sie mir ein mageres Stück.	*Dê-me um pedaço magro/sem gordura.*
Für Sonntag möchte ich Leber nehmen.	*Eu quero fígado para domingo.*
Haben Sie auch Kalbsbraten?	*Tem também vitela para assar?*
Wie viel?	*Quanto?*
Etwa ein Kilo.	*Um quilo, mais ou menos.*
Ich brauche etwas Aufschnitt: 200 Gramm Leberwurst, vier Scheiben gekochten Schinken, eine Rotwurst.	*Quero um pouco de carnes frias [de frios]:* *200 gramas do patê de fígado.* *4 fatias de presunto cozido / fiambre,* *uma morcela.*
Die Wurst in Scheiben, bitte.	*O chouriço [A linguiça] em fatias, por favor.*
Ich hätte gern vier Scheiben von dieser Wurst.	*Pode dar-me quatro fatias desse chouriço/dessa salsicha.*
Haben Sie heute Schweinslende?	*O sr. tem hoje lombo de porco?*
Wiegen Sie bitte dieses Stück ab.	*Pese-me, por favor, este pedaço.*
Haben Sie auch Fleischkonserven?	*Tem também conservas de carne [carne de conserva]?*
Ich nehme zwei Büchsen Leberpastete.	*Levo duas latas de patê [empada] de fígado.*
Wird hier auch Wild verkauft?	*Vende-se aqui também carne de caça?*

Molkereierzeugnisse	Produtos de leitaria [Lacticínios]
Bitte … ein Stück frische Butter. ein halbes Pfund Quark. ein Stück Schnittkäse. eine Büchse Kondensmilch.	*Por favor …* *um pacote de manteiga fresca.* *meio quilo de requeijão.* *um pedaço de queijo.* *uma lata de leite condensado.*
Haben Sie … frischen Joghurt? frische Schlagsahne? saure Sahne? Buttermilch?	*O sr. tem …* *iogurte fresco?* *chantilly fresco [nata fresca]?* *natas azedas [creme azedo]?* *soro de manteiga?*
Zwei Stücke Margarine.	*Dois pacotes de margarina.*
Ich möchte noch … 200 g Rahmkäse. 100 g Blauschimmelkäse. 200 g Frischkäse.	*[Eu] Ainda quero …* *200 g de queijo creme [queijo cremoso/ requeijão].* *100 g de queijo azul (tipo Gorgonzola).* *200 g de queijo fresco.*

dieses Stück Weichkäse.	este pedaço de queijo cremoso.
diese Ecke Hartkäse.	este canto [pedaço] de queijo curado.
100 g geriebenen Käse.	100 g de queijo ralado.
2 Packungen Vollmilch.	duas embalagens de leite gordo.
1 Packung halbfette Milch.	uma embalagem de leite meio gordo [uma caixa de leite semidesnatado].
1 Packung Magermilch.	uma embalagem de leite magro.
3 Packungen Kondensmilch/Kaffee-sahne.	três embalagens de leite condensado/natas para café.
Geben Sie mir zwei Liter Milch.	Dê-me dois litros de leite.
Wir haben nur Milch in Flaschen oder im Tetrapack.	Só temos leite em garrafas ou leite em pacotes [de/em caixa/em embalagem cartonada].
Sind die Eier frisch?	Os ovos são frescos?
Wiegen Sie mir bitte dieses Stück Käse ab.	Pese-me, por favor, este pedaço de queijo.
Ich hätte gern sechs Scheiben davon.	Pode dar-me seis fatias daquele/desse.

Bäckerei | Backwaren — Padaria | Produtos de pastelaria

Ich möchte …	Quero …
ein Weißbrot.	um pão branco [francês].
ein Roggenbrot.	um pão de centeio.
Geben Sie mir ein halbes Schwarzbrot.	Dê-me meio pão escuro [preto].
Ist das Brot frisch?	O pão é fresco [novo]?
Ja, es ist noch warm.	Sim, ainda está quente.
Geben Sie mir bitte …	Dê-me, por favor …
zehn Brötchen.	dez carcaças [pãezinhos].
fünf Hörnchen.	cinco rosquilhas.
vier Brezeln.	quatro rosquinhas.
ein Päckchen Zwieback.	um pacote de torradas.
Hefe.	fermento.

Süßwaren — Doces

Ich möchte …	Quero …
eine Tafel Vollmilchschokolade.	uma tablete de chocolate de leite [um chocolate de leite].
eine Schokolade mit Haselnüssen.	um chocolate com noz de avelã.
eine bittere Schokolade.	um chocolate amargo.
fünf Päckchen Kaugummi.	cinco pacotinhos de pastilhas elásticas [de goma de mascar].

Was für Bonbons haben Sie?	*Que tipo de rebuçados [bombons] tem?*
Wir haben …	*Temos …*
Karamellbonbons,	*caramelos,*
Pfefferminzbonbons.	*rebuçados [bombons] de hortelã de pimenta.*
Geben Sie mir bitte …	*Dê-me, por favor …*
200 g Schokoladendragees.	*200 g de bolinhas de chocolate.*
ein halbes Pfund Kekse.	*250 g de bolachas [biscoitos].*
Teegebäck.	*bolachas para chá.*
Lebkuchen/Pfefferkuchen.	*broa de mel.*
Wie viel kostet eine Schachtel Pralinen?	*Quanto custa uma caixa [um pacote] de bombons de chocolate?*
Ich möchte eine Pralinenmischung.	*Quero bombons de chocolate sortidos.*
Haben Sie etwas Besonderes?	*Tem algo de especial?*
Darf ich ein kleines Stück probieren?	*Posso experimentar/provar um pedacinho?*

Fischhandlung	*Peixaria*
Haben Sie …	*Tem …*
Fischfilet?	*filé de peixe?*
geräucherten Fisch?	*peixe defumado?*
Fischsalat?	*salada de peixe?*
Fischkonserven?	*conservas de peixe [peixe em conserva]?*
Kabeljau?	*bacalhau?*
Seebrasse?	*pargo/besugo?*
Thunfisch?	*atum?*
Lachs?	*salmão?*
Hecht?	*lúcio?*
Makrelen?	*cavala?*
lebende Karpfen?	*carpa viva?*
lebende Forellen?	*truta viva?*
Krabben?	*camarões?*
Scampi?	*lagostins?*
Austern?	*ostras?*
Oktopus?	*polvo?*
Tintenfisch?	*lulas?*
Seezunge?	*linguado?*
Schwertfisch?	*espadarte/peixe espada?*
Ist der frisch oder gefroren?	*O peixe é fresco ou congelado?*
Hat der Fisch viele Gräten?	*O/Este peixe tem muitas espinhas?*

Geben Sie mir bitte ein Pfund …	Dê-me, por favor, meio quilo de …
Sprotten.	pequeno arenque [sardinha].
(marinierten) Hering.	arenque (de escabeche).
Salzheringe.	arenque salgado.

Wiegen Sie mir zwei geräucherte Aale ab.	Pese-me duas enguias defumadas.

Was kostet eine Dose Kaviar?	Quanto custa uma lata de caviar?

Obst und Gemüse / Frutas e legumes [verduras]

Geben Sie mir …	Dê-me …
zwei Bund Möhren.	dois molhos de cenouras.
einen Blumenkohl.	uma couve-flor.
ein Bund Petersilie.	um ramo [molho] de salsa.
neue Kartoffeln.	batatas novas [batata de primeira safra].

Wiegen Sie mir ein Kilo … ab.	Pese-me um quilo de …
Zwiebeln	cebolas.
Knoblauch	alhos.
Paprikaschoten	pimentões [pimentão].

Verkaufen Sie die Gurken nach Gewicht oder nach Stück?	Vende os pepinos ao [por] peso ou à [por] unidade?

Zwei Köpfe Salat und zwei Kilo Tomaten.	Duas [cabeças de] alfaces e dois quilos de tomate.

Nicht diese. Die sind zu klein.	Estes não. São pequenos demais.
Geben Sie mir bitte größere.	Dê-me, por favor, maiores.

Ich will … kaufen.	Quero comprar …
Radieschen	rabanetes.
Weißkohl	repolho branco.
Rotkohl	repolho roxo.
Pilze	cogumelos.
grüne Bohnen	feijões [vagens].
Erbsen	ervilhas.
Auberginen	beringelas.

Bitte ein Kilo …	Por favor, um quilo de …
Süßkirschen.	cerejas.
Sauerkirschen.	ginjas.
Erdbeeren.	morangos.
Zitronen.	limões [limão].
Sauerkohl.	'choucroute' [chucrute].

Wie viel kostet ein Kilo?	Qual (é) o preço por quilo?

Wie viel kostet ein Pfund …	*Quanto custa meio quilo de …*
Aprikosen?	*damascos?*
Pfirsiche?	*pêssegos?*
Himbeeren?	*framboesas?*
Johannisbeeren?	*groselhas?*
Walnüsse?	*nozes?*
Haselnüsse?	*avelãs?*
Rosinen?	*passas?*

Sind die Weintrauben süß? — *As uvas são doces?*

Sind diese Birnen auch schon richtig reif? — *Essas peras já estão bem maduras?*

Diese Apfelsine ist schon angefault. — *Esta laranja já está a apodrecer [já está apodrecendo / já está ficando podre].*

Wie schmeckt diese Apfelsorte? — *A que é que sabe esta maçã? [Que gosto tem este tipo de maçã?]*

Kann ich (es) kosten? — *Posso provar?*

Ich möchte Pampelmusen ohne Kerne. — *Quero toranjas [toronja/pomelo] sem caroço.*

Wiegen Sie mir bitte diese Melone ab. — *Pese-me este melão, por favor.*

Ich hätte gern noch … — *Quero ainda …*
  eine Schale Heidelbeeren. — *uma embalagem [tigelinha] de mirtilo(s).*
  anderthalb Kilo schwarze Johannisbeeren. — *um quilo e meio de groselha-preta.*
  drei Pfund Kirschen. — *um quilo e meio de cerejas.*

Geben Sie mir zehn Maiskolben. — *Dê-me dez espigas de milho.*

Geben Sie mir auch … — *Dê-me também …*
  ein Glas Aprikosenkonfitüre. — *um frasco [vidro] de doce [geleia] de damasco.*
  zwei Glas Guavenkonfitüre. — *dois frascos [vidros] de doce [geleia] de goiabada.*
  zwei Flaschen Orangensaft. — *duas garrafas de sumo [suco] de laranja.*
  eine Flasche Tomatensaft. — *uma garrafa de sumo [suco] de tomate.*

Kommunikationsmittel
Meios de comunicação

Post	Correio
Ist hier in der Nähe ein Postamt?	*Há um correio perto daqui?*
Bis wann hat die Post geöffnet?	*Até que horas fica aberto o correio?*
Die Hauptpost ist, glaube ich, Tag und Nacht geöffnet.	*O correio central, se não me engano, fica aberto dia e noite.*
Wo ist hier ein Briefkasten?	*Onde há aqui uma caixa de correio?*
Das schicke ich Ihnen mit der Post.	*Eu mando-lhe isto pelo correio.*
Vergessen Sie nicht, den Absender draufzuschreiben.	*Não se esqueça de escrever o remetente.*
Die Buchhandlung will mir die Bücher per Nachnahme schicken.	*A livraria vai-me enviar os livros a [por] reembolso.*
Hier ist der Schalter für … Telegramme. Briefmarken. Postanweisungen. Einschreibesendungen. Luftpostsendungen.	*Aqui é o guichet [guichê] para …* *telegramas.* *selos.* *vales postais.* *correspondência registada [registrada].* *correspondência por via aérea.*
Ich möchte diesen Brief … abschicken/aufgeben. als Einschreibebrief als Eilbrief per Luftpost	*Quero mandar esta carta …* *registada [registrada].* *expresso.* *por via aérea.*
Frankieren Sie bitte diesen Wertbrief.	*Ponha os selos nesta carta de valor declarado.*
Können Sie mir die Postleitzahl von Belo Horizonte geben?	*Pode-me dar o código postal [CEP] de Belo Horizonte?*
Ist dieser Brief richtig frankiert?	*O selo desta carta está certo? [Esta carta está devidamente selada?]*
Ich möchte ein einfaches (dringendes; Blitz-) Telegramm aufgeben.	*Quero mandar um telegrama simples (urgente; urgentíssimo).*
Geben Sie mir bitte ein Formular für ein Telegramm mit bezahlter Rückantwort.	*Dê-me um formulário para telegrama de resposta paga.*
Bitte füllen Sie das Formular mit Druckbuchstaben aus, so leserlich wie möglich.	*Por favor, preencha o formulário com letras de imprensa, o mais legível possível.*

Können Sie mir helfen, dieses Formular auszufüllen? Ich bin Ausländer und kenne mich da nicht so aus.	*O sr. pode-me ajudar a preencher este formulário? Sou estrangeiro e não tenho experiência em fazer isso.*
Wie viel kostet ein Wort?	*Quanto custa uma palavra?*
Wann wird das Telegramm ankommen?	*Quando é que o telegrama será entregue? / chega ao destinatário?*
Ich möchte 10 Briefmarken zu …	*Quero dez selos de …*

Wie viel kostet …
   ein Brief im Inland?
   eine Postkarte ins Ausland?
 	
   ein Luftpostbrief nach Österreich?
	Quanto custa …
	   uma carta dentro do país?
	   um [cartão] postal para o estrangeiro [exterior]?
	   uma carta aérea para a Áustria?

Wie viel darf ein einfacher Brief wiegen?	*Qual é o peso limite para uma carta simples?*
Zeigen Sie mir bitte die neuesten Briefmarken.	*Mostre-me, por favor, os últimos selos / os selos mais recentes.*
Wo ist der Paketschalter?	*Onde é o 'guichet' [guichê] de encomendas?*
Ich möchte ein Paket aufgeben.	*Quero mandar uma encomenda.*
Muss ich eine Zollerklärung ausfüllen?	*Tenho que preencher uma declaração alfandegária?*
Formulare bekommen Sie am Schalter fünf.	*O sr. vai receber os formulários no 'guichet' [guichê] número cinco.*
Ich habe eine Benachrichtigung für ein Paket bekommen.	*Recebi um aviso para levantar [receber] uma encomenda.*
Bitte unterschreiben Sie hier.	*Queira assinar aqui.*
Wo werden postlagernde Sendungen ausgegeben?	*Onde se levantam [se recebe] encomendas da posta-restante?*
Mein Name ist Schulz. Ist für mich ein postlagernder Brief da?	*O meu nome é Schulz. Há uma carta da posta-restante para mim?*
Ich möchte ein Postschließfach mieten.	*Quero alugar uma caixa postal.*
War der Briefträger schon da?	*O carteiro já passou?*
Haben Sie vielleicht einen Brief für mich?	*O sr. tem [teria] uma carta para mim?*

Telefon	Telefone
Ich muss dringend telefonieren.	Eu preciso de telefonar urgentemente.
Ein Amt bitte.	Dê-me uma linha livre.
Wählen Sie die Null und warten Sie das Freizeichen ab.	Marque/Disque o zero e espere pelo sinal de livre.
Rufen Sie die Vermittlung an.	Ligue para a central. [Chame a telefônica.]
Hallo! Vermittlung? Verbinden Sie mich bitte mit Apparat 479.	Está? [Alô!] Central? Ligue-me para o número [com o ramal] 479.
Ich verbinde (sofort).	Vou passar (imediatamente).
Hallo! Ich möchte mit Herrn Ingenieur Tavares sprechen!	Está? [Alô!] Quero falar com o engenheiro Tavares.
Wer ist am Apparat? Mit wem spreche ich, bitte?	Quem está a falar [está falando]? Com quem estou a falar [estou falando], por favor?
Mein Name ist Schneider.	O meu nome é Schneider.
Bleiben Sie bitte einen Augenblick am Apparat.	Aguarde um momento ao [no] telefone.
Ich will nachsehen, ob Herr Tavares da ist.	Vou ver/verificar se o sr. Tavares está.
Hören Sie? Herr Tavares ist im Augenblick nicht in seinem Büro.	Está? [Alô?] Neste momento, o sr. Tavares não se encontra no seu gabinete [na sua sala].
Rufen Sie bitte in einer Viertelstunde wieder an.	Telefone novamente daqui a quinze minutos.
Würden Sie Herrn Tavares bestellen, dass ich bis neun Uhr unter der Nummer 28 54 39 zu erreichen bin.	O sr. poderia dizer ao sr. Tavares que até às nove horas me poderá contactar [eu poderei ser contactado] pelo telefone número 28 54 39.
Er möchte hinterlassen, wann ich nachmittags anrufen kann.	Diga por favor ao sr. Tavares para deixar dito quando é que eu posso telefonar à tarde.
Ja, ich werde es ausrichten.	Sim, eu darei o recado.
Hallo, Empfang?	Está lá? Recepção? [Alô, recepcionista!]
Hier ist Zimmer 309. Mein Name ist Schneider. Ich erwarte einen Anruf aus dem Ausland. Egal wann das Gespräch kommt, bitte stellen Sie es auf jeden Fall durch.	Daqui é do [Aqui é o] quarto no 309. O meu nome é Schneider. Estou a aguardar [Estou aguardando] uma chamada do estrangeiro. Não importa a que horas chega a chamada, por favor passe-ma, sem falta. [Não importa a hora que a chamada entra, não me deixe de transferir a chamada.]

Würden Sie mich bitte mit der Auskunft verbinden?	*Quer ter a bondade de me ligar para [com] os serviços de informação.*
Können Sie mir die Vorwahl von Lissabon geben?	*Pode-me dar o indicativo [código] de Lisboa?*
Hier bei Dr. Müller.	*Aqui é da [na] casa do doutor Müller.*
Mit wem möchten Sie sprechen?	*Com quem deseja falar?*
Mit Frau Müller.	*Com a sra. D. Müller.*
Bedaure, Frau Müller ist nicht da.	*Lamento, mas a sra. D. M. não está.*
Sie haben eine falsche Nummer gewählt. / (Sie sind) falsch verbunden.	*O sr. marcou mal o número. [O sr. discou número errado.] É ligação errada. / É engano.*
Entschuldigen Sie, bitte! Man hat mir eine falsche Nummer gegeben.	*Desculpe-me. Deram-me um número errado.*
Können Sie mich mit dem Abteilungsleiter verbinden?	*Pode-me ligar para [com] o chefe da secção?*
Kann er das Gespräch entgegennehmen?	*Ele pode atender?*
Ich verbinde Sie mit Herrn Schneider.	*Vou transferir/passar a ligação para o/ao sr. Schneider.*
Sprechen Sie bitte.	*Fale, por favor.*
Es meldet sich niemand.	*Ninguém atende/responde.*
Ich höre/verstehe Sie sehr schlecht.	*Eu estou a ouvi-lo [estou lhe entendendo] muito mal.*
Sprechen Sie bitte lauter.	*Por favor, fale mais alto.*
Legen Sie bitte nicht auf. / Bleiben Sie bitte am Apparat.	*Não desligue, por favor.*
Sie werden am Telefon verlangt.	*Uma chamada para o sr.*
Ich höre.	*Estou a ouvir. [Estou ouvindo.] / Pode falar.*
Die Verbindung ist unterbrochen worden.	*A ligação foi cortada.*
Hallo, Vermittlung! Nicht unterbrechen, wir sprechen noch!	*Alô telefonista, não corte a ligação, ainda estamos a falar [estamos falando].*
Dieser Apparat geht nicht.	*Este aparelho não funciona.*
Der Apparat ist defekt.	*O telefone está avariado [com defeito].*
Es nimmt niemand ab.	*Ninguém atende.*
Wo ist der nächste öffentliche Fernsprecher?	*Onde fica o próximo telefone público?*

Wo kann ich telefonieren?	*Onde posso telefonar?*
Braucht man für dieses Telefon eine Telefonkarte oder Münzen?	*Este telefone (público) é de cartão / credifone ou de moedas?*
Geben Sie mir bitte das Telefonbuch.	*Dê-me, por favor, a lista telefónica [o catálogo telefônico].*
Ich möchte ein Gespräch nach Paris anmelden.	*Quero pedir uma ligação para Paris.*
Bitte ein R-Gespräch.	*Por favor, um telefonema a pagar no destino. / Uma chamada a pagar pelo destinatário.*
Wie lange muss ich warten?	*Quanto tempo tenho de esperar?*
Könnten Sie mich gleich verbinden?	*A sra. pode-me ligar já [pode transferir a ligação imediatamente]?*
Die Leitung ist besetzt.	*A linha está ocupada.*
Es meldet sich niemand.	*Ninguém atende.*
Gehen Sie in Kabine/Zelle drei.	*Vá para a cabine número três.*
Legen Sie den Hörer auf.	*Coloque o auscultador [o telefone] no descanso [gancho].*
Warten Sie, bis es klingelt.	*Espere até dar o sinal.*
Wie viele Minuten hat das Gespräch gedauert?	*Quanto tempo / Quantos minutos durou o telefonema?*
Wie hoch sind die Gebühren?	*Quanto custa a taxa?*
Ich möchte ein Ferngespräch nach Schwerin führen.	*Quero uma ligação interurbana para Schwerin.*
Nach Schwerin können Sie direkt wählen.	*Para Schwerin o sr. pode ligar directamente [discar direto].*
Das klappt nicht.	*Não consigo.*
Wählen Sie noch einmal durch.	*Ligue [Disque direto] mais uma vez.*

Kann ich Sie … anrufen?
   zu Hause
   im Dienst
	*Posso telefonar para …
	   a sua casa!
	   o seu trabalho?*

Rufen Sie mich morgen früh um 8 Uhr an.	*Telefone-me amanhã às 8 horas.*
Hallo, hier ist der Anschluss von Pedro Santos.	*Olá / Oi, [você] ligou para Pedro Santos.*
Leider bin ich im Moment nicht zu erreichen.	*Infelizmente não posso atender.*
Sie können mir eine SMS auf mein Handy (mit der) Nr. … schicken.	*Você pode-me mandar uma mensagem para o meu telemóvel [celular] (número) …*

Bitte hinterlassen Sie Ihren Namen und Ihre Telefonnummer.	*Por favor, deixe seu nome e telefone.*
Ich rufe Sie sobald wie möglich zurück.	*Retornarei a ligação assim que possível.*
Bitte hinterlassen Sie eine Nachricht nach dem Signalton.	*Por favor, deixe o seu recado após o sinal [ao sinal de bip].*
Ich habe schon mehrmals versucht, euch anzurufen, aber es schaltete sich immer der Anrufbeantworter ein.	*Já tentei ligar-vos várias vezes, mas o gravador/atendedor de chamadas liga-se sempre de imediato. [Tentei ligar para vocês várias vezes, mas sempre caiu na secretária eletrônica.]*
Hallo Helmut, schön dass du anrufst.	*Olá/Oi Helmut. Que bom teres ligado. [Que bom que você ligou.]*
Hast du meine Nachricht bekommen?	*Recebeste a minha mensagem? [Você recebeu o meu recado?]*
Kannst Du eine Sekunde dranbleiben? Ich habe hier jemand auf der anderen Leitung.	*Podes aguardar um segundo? Tenho alguém na outra linha. [Só um segundo./Me aguarda um segundinho. Tem alguém na outra linha.]*
Kann ich Sie über Handy erreichen?	*Posso contactá-lo pelo telemóvel [celular]?*
Bitte eine SIM-Karte.	*Um cartão SIM, se faz favor.*
Für welches Gebiet gilt diese SIM-Karte	*Para que zona é válido este cartão SIM?*
Ich hätte gern eine Telefonkarte zu 50 Einheiten.	*Queria um cartão credifone com 50 unidades.*

Computer | Internet	O Computador | A Internet
Ich möchte eine E-Mail …	*Quero … um E-Mail.*
versenden.	*mandar/enviar*
lesen.	*ler*
speichern.	*guardar*
löschen.	*eliminar*
drucken.	*imprimir*
weiterleiten.	*reenviar*
Haben Sie …	*Tem …*
eine E-Mail-Adresse?	*um endereço de E-Mail?*
eine Webseite?	*um 'web site'?*
einen DSL-Anschluss (Internet-Breitband)?	*Internet de banda larga?*
Wie ist Ihre E-Mail-Adresse?	*Qual é o seu endereço electrónico [seu e-mail]?*

Wie wird der Computer ein- bzw. aus-geschaltet?	*Como ligo/desligo o computador?*
Wie muss ich mich einloggen?	*Como é que me posso regist[r]ar?*
Wie lautet … der Name des Nutzers? das Passwort?	*Como é … o nome do utente [usuário]? a senha?*
Kann ich diese Seite ausdrucken?	*Posso imprimir [impressar] esta página?*
Wie wird dieses Zeichen erzeugt?	*Como consigo obter este símbolo? [Como bato este símbolo?]*
Wie komme ich hier ins Internet?	*Como é que tenho acesso à Internet?*
Haben Sie WLAN?	*Tem internet sem fios/de rádio?*
Wo ist der nächste Hotspot?	*Onde é o próximo 'hotspot'?*
Wo finde ich das nächste Internetcafé?	*Onde há aqui um Internet café/Ciber-Café/um bar de internet?*
Hat das Hotelzimmer einen Internet-anschluss?	*Há uma tomada no quarto para acesso à Internet?*
Wie viel kostet eine Stunde Internet-nutzung?	*Quanto custa o uso da Internet por uma hora?*
Ich möchte … kaufen. einen Laptop ein gutes Notebook einen leistungsstarken Computer eine Grafikkarte für Computerspiele Antiviren-Software	*Quero comprar … um computador portátil. um bom notebook. um computador potente. uma carta gráfica para jogos de com-putador [placa de vídeo para jogo de computador]. programa/software anti-vírus.*
Mit welchem Betriebssystem arbeiten Sie?	*Com qual sistema operacional o sr. tra-balha?*
Welche Antiviren-Software verwenden Sie?	*Qual [Que] anti-vírus utiliza?*
Welches Schreibprogramm verwenden Sie?	*Qual editor de textos utiliza?*
Können Sie PDF-Dateien lesen?	*Pode ler arquivos/pastas de PDF?*

Finanzen
Finanças

Geld | Wechselstube | Bank	Dinheiro | Casa de câmbio | Banco
Die europäische Währung ist der Euro, der 100 Cents hat.	*A moeda européia é o Euro/euro que tem 100 cêntimos.*
Die Währungseinheit …	*A unidade monetária …*
in der Föderativen Republik Brasilien ist der Real (1 Real [bisher: Cruzeiro] = 100 Centavos).	*na República Federativa do Brasil é o real (R$; 1 real [antes: cruzeiro; Cr $] = 100 centavos).*
in der Republik Moçambique ist der Metical (1 Metical = 100 Centavos).	*na República de Moçambique é o metical (MT; 1 metical = 100 centavos).*
in der Republik Angola ist der Kwanza (1 Kwanza = 100 Lwei).	*na República de Angola é o kwanza (Kz; kwanza = 100 lwei).*
in der Republik der Kapverden ist der Kapverdische Escudo (1 Escudo = 100 Centavos).	*na República de Cabo Verde é o escudo cabo-verdiano (Esc.CV; 1 escudo = 100 centavos).*
in der Republik Guinea-Bissau ist der CFA-Franc BCEAO.	*na República da Guiné-Bissau é o franco CFA da África Ocidental.*
in der Demokratischen Republik von São Tome und Principe ist der/die Dobra (1 Dobra = 100 Centimos).	*na República Democrática de São Tomé e Príncipe é a Dobra (Db; 1 dobra = 100 cêntimos).*
in der Schweizerischen Eidgenossenschaft ist der Schweizer Franken (1 Franken = 100 Rappen).	*na Confederação Suiça/ Helvética é o franco suiço (Fr/sfr; 1 franco = 100 rappen/cêntimos).*
Sagen Sie mir bitte, wo man Devisen tauschen kann?	*Diga-me, por favor, onde se pode trocar moeda estrangeira?*
Der Geldautomat akzeptiert meine Karte nicht.	*A máquina do multibanco não aceita o meu cartão.*
Geben Sie bitte Ihre PIN-Nummer ein.	*Pode digitar a senha.*
Stecken Sie bitte Ihre Karte ein.	*Introduza o seu cartão.*
Warten Sie einen Moment.	*Aguarde um momento.*
Geben Sie bitte Ihre Geheimzahl ein.	*Marque o seu código, por favor.*
Entnehmen Sie Ihre Karte.	*Retire o seu cartão.*
Gibt es im Hotel eine Wechselstube?	*Há uma secção de câmbio neste hotel?*
Ich habe kein brasilianisches Geld bei mir.	*Estou sem / Não tenho dinheiro brasileiro.*
Ich möchte einen Reisescheck einlösen.	*Quero trocar um 'travel-check' [cheque de viagens].*

Sind Sie Kontoinhaber?	*O senhor é titular da conta?*
Bitte zeichnen Sie das ab.	*Por favor assine/rubrique isto.* *[Preciso que o sr. rubrique isto.]*
Kann ich auch Euros in Dollar tauschen? Sie sind in der Zollerklärung vermerkt.	*Posso trocar também euros por dólares?* *Estão registados [registrados] na declaração alfandegária [aduaneira].*
Wie ist der Kurs des Euro?	*Qual é o [a taxa de] câmbio do euro?*
Wie viele Reais bekomme ich für 100 Euro?	*Quantos reais recebo por 100 euros? /* *Quanto dá 100 euros em reais?*
Ich muss Geld von der Bank abheben.	*Tenho que levantar [sacar] dinheiro do banco.*
Ist Geld für mich eingegangen?	*Chegou dinheiro/alguma ordem de pagamento para mim?*
Ich möchte ein Konto eröffnen.	*Quero abrir uma conta.*
Ich hätte gern ein Scheckheft.	*Queria um livro [talão] de cheques.*
Ich möchte 2000 Euro einzahlen (abheben).	*Quero depositar (levantar [sacar]) 2000 euros.*
Wechseln Sie mir bitte diese 100 Euro in einen 50-Euro-Schein und in fünf 10-Euro-Scheine.	*Troque-me estes 100 euros numa nota [em uma cédula] de cinquenta e em cinco notas [cédulas] de dez.*
Geben Sie mir bitte für 10 Euro auch etwas Kleingeld.	*Dê-me os 10 euros também em trocos (dinheiro miúdo)/Dê-me também alguns trocos (algum dinheiro miúdo) por 10 euros, por favor.*
Ich möchte 200 Franken auf das Konto Nr. … überweisen.	*Quero transferir 200 francos para a conta número …*
Ich habe etwas Geld gespart.	*Economizei algum dinheiro.*
Kannst Du mir 50 Euro borgen?	*Podes-me emprestar 50 euros?*
Ich habe keinen Cent bei mir.	*Estou sem nenhum tostão.*
Mein Geld ist alle.	*Acabou-se-me o dinheiro.* *[Meu dinheiro acabou.]*

 **Reisen**
Viagens

Allgemeine Ausdrücke	Expressões gerais
Wo ist das Reisebüro?	*Onde fica a agência de viagens [viagem]?*
Wir wollen eine Reise ... machen. ins Gebirge ans Meer zu den Iguaçu-Fällen	*Queremos fazer uma viagem para ...* *as montanhas.* *o mar.* *as cataratas [a cachoeira] de Iguaçu.*
Wir wollen ... reisen. mit dem Flugzeug mit dem Zug/der Eisenbahn mit dem Reisebus mit unserem Auto/PKW	*Queremos ir ...* *de avião.* *de comboio [trem].* *de camioneta [ônibus].* *no nosso carro.*
Können Sie uns eine Reiseroute empfehlen?	*O sr. pode-nos recomendar um bom roteiro de viagem?*
Bitte überschlagen Sie gleich auch die Kosten.	*Por favor, faça também a estimativa das despesas com a [da] viagem.*
Wir suchen ein Hotel mit ... Halbpension. Vollpension. Frühstücksbuffet. Wellnessbereich. geheiztem Swimmingpool. Golfplatz. Tennisplatz. Internet oder E-Mail-Adresse. Kabelfernsehen auf den Zimmern. Klimaanlage. Nichtraucherzimmer. Kinderspielplatz. behindertengerechter Toilette. eigenem Parkplatz. Blick aufs Meer. Fitness-Studio.	*Procuramos um hotel com ...* *meia-pensão.* *pensão-completa.* *bufete ao pequeno-almoço [café-da-manhã self-service à vontade].* *zona de wellness.* *piscina aquecida.* *campo de golfe.* *campo de té[ê]nis.* *[endereço na] Internet ou correio electró[ô]nico.* *TV-cabo [TV a cabo] nos quartos.* *ar condicionado.* *quarto para não-fumadores [não-fumante].* *parque infantil [parquinho para crianças].* *casa de banho para deficientes.* *parque de estacionamento privativo.* *vista para o mar.* *ginásio/Estúdio de Fitness [academia de ginástica].*
Es soll ... gelegen sein. zentral ruhig in Strandnähe	*Deve ficar ...* *no centro.* *num lugar sossegado.* *perto da praia.*

Ich suche ein Hotel, jedoch nicht zu teuer, etwas in der mittleren Preislage.	*Procuro um hotel não muito caro, de preço médio.*
Soll ich die Hotelkosten dazurechnen?	*Incluo também as diárias do hotel?*
Ja, bitte. Es dürfen aber nicht zu teure Hotels sein.	*Sim, por favor. Mas não deve ser um hotel muito caro.*
Welche Städte wollen Sie besichtigen?	*Quais as cidades [o sr.] que pretende/ quer visitar?*
Ich habe keine genaue Vorstellung.	*Não tenho uma [nenhuma] ideia exacta.*
Ich besuche Brasilien zum ersten Mal.	*Estou a / Vou visitar o Brasil pela primeira vez.*
Was raten Sie uns, welche Städte sollen wir besichtigen?	*O que é que o sr. nos aconselha? Que cidades devemos visitar?*
Ich werde Ihnen eine Reiseroute zusammenstellen mit der Besichtigung der bekanntesten Denkmäler, Museen und Landschaften.	*Vou fazer um roteiro com visita aos monumentos, museus e paisagens mais conhecidos.*
Die Reise dauert zehn Tage.	*A viagem dura 10 dias.*
Wie viel Zeit haben wir für die Besichtigung der einzelnen Städte?	*Quanto tempo temos para visitar cada lugar?*
Sind die Mahlzeiten in den Gesamtkosten mit enthalten?	*As refeições estão incluídas no preço total?*
Geben Sie mir bitte einen Reiseführer von Rio de Janeiro.	*Dê-me, por favor, um guia do Rio de Janeiro.*
Geben Sie mir ein Programm der von Ihnen angebotenen Ausflugsreisen.	*Dê-me um programa das excursões da sua agência/empresa.*
Haben Sie auch Dampferfahrten im Angebot?	*Tem também viagens de barco?*
Gibt es eine Ermäßigung für Kinder?	*Fazem descontos para crianças?*
Bis zu welchem Alter fahren Kinder umsonst?	*Até que idade as crianças viajam de graça?*

An der Grenze — Na fronteira

Wo ist die Passabteilung?	*Onde é a secção de passaportes?*

Ich möchte …
    ein Einreisevisum.
    ein Transitvisum.
    ein Touristenvisum.
	*Queria …
	    um visto de entrada.
	    um visto de trânsito.
	    um visto de turista.*

Haben Sie den Personalausweis bei sich?	*O sr. tem aí [está com] o bilhete [a carteira] de identidade?*

Geben Sie mir Ihren Pass, bitte.	Dê-me o seu passaporte, por favor.
Sie müssen einen Fragebogen ausfüllen.	O sr. tem de preencher um questionário [formulário].
Ihr Visum verliert in 14 Tagen seine Gültigkeit.	O seu visto vence de hoje daqui a quinze dias.
Wenn Sie wünschen, kann Ihr Aufenthaltsvisum verlängert werden.	Se o sr. quiser, o seu visto de permanência/estadia pode ser prorrogado.
Wie lange beabsichtigen Sie, in Brasilien zu bleiben?	Quanto tempo [o sr.] pretende permanecer no Brasil?
Kann mein Visum um einen Monat verlängert werden?	O meu visto pode ser prorrogado por um mês?
Ihren Personalausweis, bitte.	O seu bilhete de identidade [Sua identidade], por favor.
Ist mein Pass in Ordnung?	O meu passaporte está em ordem?
Ich habe einen … Diplomatenpass. Dienstpass. Reisepass.	Tenho um passaporte diplomático passaporte de serviço. passaporte de turista [comum].
Was ist der Zweck Ihres Besuches?	Qual é o objectivo / a natureza da [de] sua viagem?
Ich komme (reise) … als Tourist. dienstlich.	Eu viajo … como turista. em [a] serviço.
Ich komme auf Einladung von Verwandten.	Venho [Estou vindo] a convite de parentes.
Bitte zur Zollkontrolle!	Por favor, vá para o controle alfandegário [aduaneiro]!
Ist das Ihr Gepäck?	Esta é a sua bagagem?
Nein, das ist nicht mein Gepäck.	Não, esta não é a minha bagagem.
Hier ist mein Gepäck.	Aqui está a minha bagagem.
Öffnen Sie bitte diesen Koffer.	Abra esta mala, por favor.
Den anderen brauchen Sie nicht zu öffnen.	A outra [o sr.] não precisa de abrir.
Haben Sie etwas zu verzollen?	O sr. tem algo a declarar?
Haben Sie nichts zu verzollen?	O sr. não tem nada a declarar?
Nein, nichts.	Não, nada.
Haben Sie Wertgegenstände bei sich?	O sr. traz [está trazendo] objectos de valor?

Ich habe nur persönliche Wertgegenstände: eine Uhr, Schmuck und einen Fotoapparat.	Só tenho objectos de valor de uso pessoal: um relógio, jóias e uma máquina fotográfica.
Und das sind Gegenstände für den persönlichen Bedarf.	E isso são objectos de uso pessoal.
Sie müssen eine Zollerklärung ausfüllen.	O sr. tem de preencher uma declaração alfandegária [aduaneira].
Helfen Sie mir bitte, sie auszufüllen.	Ajude-me a preenchê-la, por favor.
Ich habe noch einige Geschenke.	Tenho ainda alguns presentes.
Kann ich diese Gegenstände mitnehmen?	Posso levar esses objectos?
Sind diese Sachen zollfrei?	Estas coisas estão isentas de imposto/taxa?
Dafür müssen Sie Zoll bezahlen.	O sr. tem de pagar imposto por elas. / Elas estão sujeitas a imposto. / Pagam direitos.
Ich wusste nicht, dass diese Sachen zollpflichtig sind.	Não sabia que estas coisas estão sujeitas a imposto / pagam direitos.
Sie können den Koffer zumachen.	Pode fechar a mala.
Haben Sie fremde Währung mit?	O sr. traz [está trazendo] moeda estrangeira?
Ich habe 600 Dollar in bar.	Tenho 600 dólares em dinheiro [espécie].
Ich habe 1000 Franken in Reiseschecks.	Tenho 1000 francos em 'travel-checks' [cheques de viagem].
Alles in Ordnung!	Tudo em ordem! / Está bem.
Sie können weitergehen.	O sr. pode passar.
Beim Zoll haben wir über eine Stunde gewartet.	Esperámos mais de uma hora na alfândega.

Ich musste … aufmachen.
    den Koffer
    die Aktentasche
    die Handtasche
    den Kofferraum
	Eu tive de abrir …
	    a mala.
	    a pasta.
	    a mala de mão [bolsa].
	    o porta-bagagens [a mala].

Man hat mir den Wagen durchsucht.	Viram-me [Examinaram] o carro todo.
Mich haben sie nicht kontrolliert.	Eles não me controlaram. / A mim eles não me controlaram.

Eisenbahn	Caminhos [Estrada] de ferro
Fahren Sie mit dem Zug?	O sr. vai viajar de comboio [trem]?
Von welchem Bahnhof fährt der Zug nach Campinas?	De que [qual] estação parte o comboio [trem] para Campinas?
Wo ist der Hauptbahnhof?	Onde fica a estação central?
Wie komme ich am schnellsten zum Bahnhof?	Qual é o caminho mais rápido para a estação?
Taxi! Zum Bahnhof, bitte.	Táxi! Para a estação, por favor.
Wie lange brauchen wir bis zum Bahnhof?	Quanto tempo leva até à [para a] estação?
Ich fürchte, dass ich den Zug verpasse.	Estou com medo de perder o comboio [trem].
Keine Sorge, wir kommen nicht zu spät.	Não se preocupe, vamos chegar a tempo.
Der Zug nach Vitória fährt erst in 20 Minuten.	O comboio [trem] para Vitória só parte daqui a 20 minutos.
Wir sind am Nordbahnhof angekommen.	Chegámos à [na] estação norte.
Wir haben noch Zeit, einen Kaffee zu trinken.	Ainda temos tempo de tomar uma bica [um cafezinho].
Sagen Sie mir bitte, wo … ist? die Auskunft der Fahrkartenschalter der Warteraum	Diga-me, onde fica … o serviço de informações [informação]? a bilheteira [bilheteria]? a sala de espera?
Wo finde ich die Gepäckaufbewahrung?	Onde é o depósito de bagagens [fica o guarda-volumes]?
Wo finde ich den Fahrplan mit den Ankunfts- und Abfahrtszeiten?	Onde fica o horário de chegadas e partidas?
Können Sie mir bitte eine Auskunft geben?	O sr. pode-me dar uma informação?
Mit welchem Zug kann ich heute noch nach Santos fahren?	Em [Com] que comboio [trem] posso viajar para Santos ainda hoje?
Sie haben eine gute Verbindung.	O sr. tem uma boa ligação [conexão].
Ist das ein durchgehender Zug oder muss ich umsteigen?	É um comboio directo [trem direto] ou tenho de fazer transbordo [baldeação]?
Gibt es abends einen Zug, der zurückfährt?	Há um comboio [trem] de volta à noite?
Sagen Sie mir bitte, hält der Schnellzug in Petrópolis?	Diga-me, o comboio [trem] expresso pára em Petrópolis?

Wie viele Stunden fährt der Schnellzug bis Coimbra?	*Quantas horas leva o [de] comboio [trem] expresso até [para] Coimbra?*
Von welchem Bahnsteig fährt der Zug nach Campinas?	*De que [qual] plataforma parte o comboio [trem] para Campinas?*
Wann fährt der nächste Zug nach São Paulo?	*Quando sai o próximo comboio [trem] para São Paulo?*
Fährt ein Schnellzug nach Vila Real?	*Há comboio [trem] expresso para Vila Real?*
Ich glaube nicht, dass Sie den Siebenuhrzug noch erreichen.	*Acho que o sr. já não apanha o comboio [trem] das sete horas.*
Haben Sie den Frühzug verpasst?	*O sr. perdeu o comboio [trem] da madrugada?*
Nein, ich habe ihn nicht verpasst.	*Não, não o perdi.*
Der Zug hat über eine halbe Stunde Verspätung.	*O comboio [trem] está com mais de meia hora de atraso / está atrasado mais de meia hora.*
Auf welchem Gleis kommt der Zug aus Porto an?	*A [Em] que gare [linha/via] chega o comboio [trem] do Porto.*
Wie viele Tage vorher muss ich die Platzkarten reservieren?	*Com quantos dias de antecedência tenho de reservar o lugar?*
Einmal erster Klasse nach Santos, bitte.	*Um bilhete [Uma passagem] de primeira classe para Santos.*
Gibt es eine Ermäßigung für Studenten?	*Há descontos para estudantes?*
Einmal hin und zurück nach Santos, bitte. / Einmal Santos mit Rückfahrt, bitte.	*Um bilhete [Uma passagem] de ida e volta para Santos.*
Ich habe zwei Platzkarten für die zweite Klasse im Großraumwagen gelöst.	*Reservei dois lugares na segunda classe em carruagem salão [vagão salão].*
Wenn ich nach Coimbra fahre, nehme ich immer den Express um 14 Uhr.	*Quando vou para Coimbra apanho sempre o expresso das [sempre tomo o expresso às] 14 horas.*
Ich wusste nicht, dass dies ein Schnellzug ist.	*Não sabia que este é um comboio [trem] expresso.*
Wie viel kostet der Schnellzug-Zuschlag?	*Quanto custa a sobretaxa do comboio [trem] expresso?*
Wie viele Tage hat diese Fahrkarte Gültigkeit?	*Por quantos dias é válida esta passagem?*

Hat der Zug …	*O comboio [trem] tem …*
Schlafwagen?	*vagão-cama [vagão/carro dormitório]?*
Speisewagen?	*vagão restaurante?*
Kann man im Zug etwas zu essen und zu trinken kaufen?	*Pode-se comprar dentro do comboio [no trem] alguma coisa para comer e beber?*
Ich habe mir eine Fahrkarte im Reisebüro geholt.	*Comprei uma passagem na agência de viagens [viagem].*
Geben Sie mir bitte …	*Dê-me, por favor …*
eine Platzkarte.	*um bilhete de lugar reservado [de reserva de lugar].*
eine Karte für den Schlafwagen.	*uma reserva no vagão-cama [um bilhete de reserva para cama].*
Wenn möglich, geben Sie mir …	*Se for possível (dê-me) …*
einen Fensterplatz.	*um lugar (junto) à [na] janela.*
einen Platz im Nichtraucherabteil.	*um lugar no compartimento para [de] não-fumadores [não-fumantes].*
Im Schlafwagen hätte ich lieber das obere (untere) Bett gehabt.	*No vagão-cama [carro dormitório], eu preferiria o beliche de cima (de baixo).*
Wie viel Ermäßigung gibt es für Kinder?	*Qual é o abatimento para crianças?*
Haben Sie viel Gepäck?	*Tem muita bagagem?*
Ich rufe einen Gepäckträger.	*Vou chamar um carregador.*
Träger!	*Carregador!*
Ich muss zwei Koffer mit dem Gepäckwagen befördern lassen.	*Tenho de mandar duas malas pelo vagão de mercadorias [bagagens].*
Bringen Sie bitte mein Gepäck zum Zug nach Lissabon, Wagen Nr. 8.	*Por favor, leve a minha bagagem para o comboio [trem] que vai para Lisboa, carruagem [vagão] número 8.*
Ist dies der Zug nach Porto?	*É este o comboio para o Porto?*
Hier ist meine Fahrkarte.	*Aqui está a minha passagem.*
Was bin ich Ihnen schuldig?	*Quanto lhe devo?*
Mir fehlt ein Koffer.	*Falta-me [Está faltando] uma mala.*
Wo ist das Fundbüro?	*Onde fica a secção de perdidos e achados?*
Entschuldigen Sie bitte, ich habe nicht verstanden, was eben angesagt wurde.	*Desculpe, mas eu não entendi o que acabou de ser anunciado.*
Hat der Zug Verspätung?	*O comboio [trem] está atrasado?*
Ich habe meine Fahrkarte verloren.	*Perdi a minha passagem / o meu bilhete.*
Das stimmt nicht. Sie haben sie dem Gepäckträger gegeben.	*Não é verdade [Ah não], o sr. entregou-a/-o ao carregador.*

Wie viele Minuten sind es noch bis zur Abfahrt des Zuges?	*Quantos minutos ainda faltam para o comboio [trem] partir?*
Der Zug fährt in fünf Minuten ab.	*O comboio [trem] parte em/dentro de cinco minutos.*
Sie müssen sich beeilen.	*O sr. tem de se apressar.*
Wo sind die Platzkartenwagen?	*Onde estão as carruagens [os vagões] de lugares reservados?*
Der Wagen der ersten Klasse befindet sich … des Zuges.	*A carruagem [O vagão] de primeira classe encontra-se …*
am Anfang	*no princípio do comboio [no começo do trem].*
in der Mitte	*no meio do comboio [trem].*
am Ende	*no fim do comboio [trem].*
Der Zug ist überfüllt.	*O comboio [trem] está superlotado.*
Steigen wir ein und suchen unser Abteil.	*Vamos entrar e procurar o nosso compartimento.*
Einsteigen, bitte!	*Tomem <u>os</u> seus lugares, por favor.*
Die Fahrgäste nach São Paulo bitte einsteigen!	*Atenção passageiros que se destinam a São Paulo, tomem/ocupem <u>os</u> seus lugares!*
Sitzt hier schon jemand?	*Esse lugar está vago?* *[Tem gente sentada aí?]*
Ist dieser Platz frei (besetzt)?	*Este lugar está livre/vago (ocupado)?*
Ist hier ein Platz frei?	*Aqui há um lugar livre?*
Sind alle Plätze besetzt?	*Todos os lugares estão ocupados?*
Darf ich am Fenster sitzen?	*Posso-me sentar à janela?*
Entschuldigen Sie, das ist mein Platz.	*Desculpe, mas este lugar é meu.*
Gestatten Sie, dass ich das Fenster öffne (schließe)?	*Permite-me abrir (fechar) a janela?*
Wollen Sie den Platz mit mir tauschen?	*Quer trocar o lugar comigo?*
Ich sitze lieber in Fahrtrichtung.	*Prefiro ir sentada de frente.* *[Prefiro me sentar no sentido da viagem.]*
Mir ist es gleich, wie ich sitze.	*Para mim é indiferente.*
Kann ich Ihnen meinen Platz anbieten?	*O sr. quer sentar-<u>se</u> no meu lugar?*
Hier ist es zu warm (kalt).	*Aqui está quente (frio) demais.*
Kann ich die Heizung anstellen (abstellen)?	*Posso ligar (desligar) o aquecimento?*
Da kommt der Schaffner.	*Lá vem o condutor.*

Die Fahrkarten, bitte.	*Bilhetes [Passagens], por favor.*
Wo muss ich umsteigen, um nach Campinas zu fahren?	*Onde devo fazer o transbordo [baldeação] para ir para Campinas?*
Ich sehe mal im Kursbuch nach.	*Vou ver no guia ferroviário.*
Ist es noch weit bis Campinas?	*Ainda está longe de Campinas?*
Wie heißt diese Station?	*Como se chama esta estação?*
Wie lange halten wir hier?	*Quanto tempo dura / demora a escala aqui?*
Wie lange haben wir Aufenthalt?	*Quanto tempo estaremos parados? [Quanto tempo é a parada?]*
Ob ich genug Zeit habe, um auszusteigen und etwas frische Luft zu schnappen?	*Será que tenho tempo suficiente [bastante tempo] para descer e apanhar um pouco de ar fresco [e tomar um arzinho]?*
Sie haben etwa zehn Minuten Zeit.	*O sr. tem uns dez minutos.*
Sind Sie so freundlich und halten für einige Minuten meinen Platz frei?	*O sr. quer ter a bondade de guardar o meu lugar por alguns minutos?*
Ich will am Bahnsteig einen Kaffee trinken.	*Vou tomar uma bica [um cafezinho] na plataforma.*
Es zieht fürchterlich!	*Está a fazer [Está fazendo] uma corrente de ar horrível.*
Soll ich den Vorhang zuziehen?	*Quer que eu feche a cortina?*
Ich möchte das Abteil wechseln.	*Quero mudar de compartimento.*
Ich will mal sehen, ob es im Nebenabteil wärmer ist.	*Quero ver se no compartimento ao lado está mais quente.*
Wir haben eine halbe Stunde Verspätung.	*Estamos com atraso de meia hora. / com meia hora de atraso.*
Hoffentlich holen wir die Verspätung bis Campinas wieder auf. Sonst bekomme ich den Zug nach Salinas nicht mehr.	*Esperamos compensar o atraso até Campinas. Senão, já não apanho o comboio [não chego a tempo de pegar o trem] para Salinas.*
Wo ist der Speisewagen?	*Onde fica o vagão-restaurante?*
Ich würde gern etwas essen.	*Gostaria de comer alguma coisa.*
Reservieren Sie mir bitte einen Platz im Speisewagen.	*Reserve-me, por favor, um lugar no vagão-restaurante.*
Können Sie mir noch eine Schlafdecke bringen?	*Pode-me trazer mais um cobertor?*
Darf man in diesem Abteil rauchen?	*Pode-se / É permitido fumar neste compartimento?*

Nein, meine Dame, es ist ein Abteil für Nichtraucher.	*Não, minha senhora, este é um compartimento para não-fumadores [de não-fumantes].*
Wecken Sie mich bitte zwanzig Minuten vor São Paulo.	*Acorde-me vinte minutos antes da chegada a São Paulo, por favor.*
Wie viele Stationen sind es noch bis Cascais?	*Quantas estações ainda faltam para chegar a Cascais?*
Wo ist der Ausgang?	*Onde é a saída?*
Kennen Sie die Stadt …?	*O sr. conhece a cidade de …?*
Ist der Bahnhof weit vom Zentrum entfernt?	*A estação fica distante / longe do centro?*
Gibt es eine Rampe für Rollstuhlfahrer?	*Ha alguma rampa [de acesso] para deficientes em cadeira de rodas [para cadeira de rodas]?*

Bus	Autocarro/Camioneta [Ônibus]

Wo ist …
     die Bushaltestelle?
 	
     der Busbahnhof?
	Onde fica …
	     a paragem de autocarro/camioneta [a parada de ônibus]?
	     a estação das camionetas [a rodoviária].

Von wo fahren die Busse ab?	*De onde partem os autocarros/as camionetas [os ônibus]?*

Wo sind die …zeiten angeschlagen?
     Abfahrts-
     Ankunfts-
	Onde é que fica o horário de …
	     partidas?
	     chegadas?

Fahren Sie doch lieber mit dem Bus.	*É melhor viajar de camioneta [ônibus].*
Ich werde mit dem Bus nach Coimbra fahren.	*Eu vou [ir] de camioneta [ônibus] para Coimbra.*
Wir haben für Sonntag einen Ausflug mit dem Bus organisiert.	*Organizámos uma excursão de camioneta [de ônibus] para domingo.*
Kann man mit dem Bus nach Viseu fahren?	*Pode-se ir de camioneta [ônibus] para Viseu?*
Wann fährt ein Bus nach Coimbra zurück?	*A que horas há camioneta [ônibus] de volta para Coimbra?*

Die Busse fahren …
     alle zwei Stunden.
     ab sieben Uhr.
	As camionetas [Os ônibus] partem …
	     de duas em duas horas.
	     (todos os dias) a partir das sete.

Es fährt jeden Tag ein durchgehender Bus nach Coimbra.	*Todos os dias há uma camioneta directa [há ônibus direto] para Coimbra.*

Muss ich umsteigen?	*Tenho que fazer transbordo [baldeação]?*
Habe ich Anschluss nach Leiria?	*Há ligação para Leiria?*
Können wir noch am selben Tag zurückfahren?	*Podemos voltar ainda no mesmo dia?*
Ist der Bus billiger als die Bahn?	*A camioneta [O ônibus] é mais barata[o] do que o comboio [trem]?*
Kann man mit dem Bus Klappfahrräder mitnehmen?	*Pode-se levar bicicletas portátis na camioneta [no ônibus]?*
Muss ich für das Gepäck etwas bezahlen?	*Tenho de pagar alguma coisa pela bagagem?*
Es ist ein Reisebus mit allem Komfort und Klimaanlage.	*É uma camioneta [um ônibus] com todo o conforto e ar condicionado.*
Vorn einsteigen.	*Entrada à [na] frente [na dianteira].*
Hinten aussteigen.	*Saída nas traseiras.*

Flugzeug	Avião
Ich will in der nächsten Woche nach Berlin fliegen.	*Quero [Pretendo] viajar/ir de avião para Berlim na próxima semana.*
Haben Sie Ihren Flug gebucht?	*Já reservou o seu voo [vôo]?*
Haben Sie Ihren Flugschein/Ihr Flugticket?	*Tem a sua passagem (de avião)?*
Meinen Rückflug habe ich noch nicht gebucht.	*Ainda não reservei a passagem de volta/o voo [vôo] de regresso.*
Ich möchte zwei Plätze für die Montagsmaschine nach Berlin buchen.	*Quero marcar dois lugares no avião que sai segunda-feira para Berlim.*
Dieser Flug ist bereits ausgebucht.	*Este voo [vôo] já está completo.*
Wann fliegt die nächste Maschine nach Rio?	*A que horas/Quando parte o próximo avião para o Rio?*
Können Sie mir die Abflugzeiten und den Flugpreis nennen?	*Pode-me dizer os horários de saída e o preço da passagem?*
Um wie viel Uhr …	*A que horas …*
fährt der Bus zum Flughafen?	*parte o autocarro [o ônibus] para o aeroporto?*
muss ich am Flugplatz sein?	*devo estar no aeroporto?*
startet (landet) das Flugzeug?	*sai (chega [aterrissa]) o avião?*
Der Zubringerbus fährt alle halbe Stunde vom Terminal ab.	*O autocarro [O ônibus] que faz a linha do aeroporto para o centro sai de meia em meia hora do terminal do aeroporto.*

Das Flugzeug/Die Maschine kann wegen Nebel nicht starten.	*O avião não pode sair em virtude do nevoeiro.*
Hat der Flug Verspätung?	*O voo [vôo] está atrasado?*
Wie viel Gepäck kann man im Flugzeug mitnehmen?	*Qual é o limite de bagagem permitido no avião?*
Wie viel muss ich für (das) Übergepäck bezahlen?	*Quanto devo pagar por excesso de bagagem?*
Was kostet der Flug in der Touristenklasse?	*Quanto custa a passagem na classe turística [turista]?*
Wie viel kostet ein Hin- und Rückflug in der ersten Klasse?	*Quanto custa a passagem de ida e volta em [na] primeira classe/em executiva?*
Ihr Name steht nicht auf der Passagierliste.	*O seu nome não consta na lista de passageiros (na reserva deste vôo).*
Lief die Reservierung vielleicht auf einen anderen Namen?	*Será que a reserva foi feita noutro nome?*
Ich kann Sie auf die Warteliste setzen.	*Posso colocá-lo na lista de espera.*
Wie hoch ist die Flughafengebühr?	*Quanto é a taxa de aeroporto [de embarque]?*
Die Sicherheitskontrolle dauert heute sehr lange.	*Hoje o controlo de segurança está muito demorado. [O controle de segurança está demorando muito hoje.]*
Hat irgendeine unbekannte Person Sie gebeten, etwas für Sie mitzunehmen?	*Algum desconhecido lhe pediu que levasse alguma coisa?*
Haben Sie den Koffer selbst gepackt?	*O sr. próprio fez a sua mala?/Foi o sr. próprio que fez a mala?*
Gehen Sie weiter zum Körper-Scanner.	*Dirija-se ao Scanner. [Prossiga/vá adiante para o/passe agora pelo scanner/escaneador de corpo.]*
Hier ist Ihre Bordkarte.	*Eis [Aqui está] o seu cartão/bilhete de embarque.*

Ich möchte diesen Flug …
    umbuchen.
    stornieren.
	Queria … este voo [vôo].
	    mudar
	    cancelar

Wie lange dauert der Flug nach Manaus?	*Quanto tempo dura o voo [vôo] para Manaus?*
Kann ich diese Tasche mit in die Kabine nehmen?	*Posso levar esta pasta como bagagem de mão?*
Ist die Maschine nach Rio schon aufgerufen worden?	*Já foi anunciado o embarque do voo [vôo] para o Rio?*

Letzter Aufruf. Die Passagiere nach São Paulo werden gebeten, sich zum Ausgang Nr. 5 zu begeben.	*Última chamada. Pedimos aos passageiros com destino a São Paulo para se dirigirem/comparecerem à/junto da porta [ao portão] número cinco.*
Welche Route fliegen wir?	*Qual é o nosso itinerário de voo [vôo]?*
Helfen Sie mir bitte, den Sicherheitsgurt anzulegen.	*Ajude-me a apertar o cinto de segurança, por favor.*
Wo werden wir zwischenlanden?	*Onde vamos fazer [inter-] escala?*
Welchen Flughafen fliegen wir an?	*Em que [qual] aeroporto vamos descer?*
In welcher Höhe fliegen wir?	*A que altura estamos a voar [estamos voando]?*
Gibt es in dieser Höhe auch Luftlöcher?	*Há também poços de ar a esta altura? [Há vácuo também nesta altura?]*
Mit welcher Geschwindigkeit fliegen wir?	*A que velocidade vamos?*
Ist das Ihr erster Flug?	*É o seu primeiro voo? / Esta é a sua primeira viagem de avião?*
Wie vertragen Sie den Flug?	*Como é que está a aguentar [está resistindo] a viagem?*
Wird Ihnen beim Fliegen schlecht?	*O sr. sofre de enjoo [enjôo]? / O sr. enjoa viajar de avião?*
Mir ist schlecht.	*Estou-me a sentir mal. [Estou passando mal.]*
Ich möchte die Stewardess rufen.	*Quero chamar a hospedeira de ar [a aeromoça].*
Geben Sie mir bitte noch eine Papiertüte.	*Dê-me mais um saco do papel.*
Wo ist die Toilette?	*Onde fica a casa de banho [o toalete]?*
Ich möchte … ein Glas Mineralwasser. einen starken Kaffee.	*Quero … um copo de água mineral. um café forte.*
Die Sicht ist schlecht.	*A visibilidade é má [está ruim].*
Wir fliegen durch dichte Wolken.	*Estamos a voar [Estamos voando] por nuvens densas.*
Wir werden bald landen.	*Vamos aterrar [aterrissar] dentro em pouco.*
Wie ist der Zeitunterschied zwischen Brasilien und Deutschland?	*Quantas horas de diferença existem entre o Brasil e a Alemanha? [Qual é o fuso horário entre o Brasil e a Alemanha?]*

Wo ist die Gepäckausgabe?	*Onde é a recolha [a entrega] de bagagens?*
Welche Fluggesellschaft und welche Flugnummer?	*Qual foi a companhia e o no. de seu voo [vôo]?*
Ihr Gepäck kommt auf Band Nr. 3.	*O sr. pega/apanha a bagagem na esteira no. 3.*
Mein Gepäck ist verlorengegangen.	*A minha bagagem perdeu-se [se perdeu].*
Mein Koffer ist beschädigt worden.	*A minha mala foi/ficou danificada [está estragada].*

Schiff — *Navio/Barco*

Ich habe … reservieren lassen.	*Reservei …*
eine Zwei- (Vier-)Mann-Kabine	*um camarote de dois (quatro) beliches.*
eine Einzelkabine	*um camarote simples.*
eine Außenkabine	*uma cabine exterior.*
eine Innenkabine	*uma cabine interior.*
einen Platz für mein Auto auf dem Schiff	*um lugar para o meu automóvel no barco.*
Wie viel kostet eine Fahrt erster Klasse?	*Quanto custa uma passagem de primeira classe?*
Sind bei einer Kreuzfahrt die Mahlzeiten im Preis inbegriffen?	*As refeições estão incluídas no preço do cruzeiro [da passagem dum cruzeiro]?*
Fährt ein Zubringerbus des Reisebüros zum Kai?	*Há serviço de autocarro [de ônibus] da agência de viagens para o cais?*
Um wie viel Uhr …	*A que horas …*
müssen wir am Kai sein?	*devemos estar no cais?*
müssen wir an Bord sein?	*devemos estar a bordo?*
fährt das Schiff ab?	*parte/larga [sarpa] o navio?*
werden die Anker gelichtet?	*levanta âncora o navio [o navio levanta âncora]?*
gehen wir vor Anker?	*vamos fundear?*
Um wie viel Uhr geht die Fähre nach Tanger?	*A que horas parte o ferry boat para Tanger?*
Von welchem Kai läuft das Schiff aus?	*De qual cais/molhe parte/sai o navio?*
Wie viele Stunden vor der Abfahrt müssen wir an Bord gehen?	*Quantas horas antes de partida temos de apresentar-nos para o embarque?*
Welche Kajüte bekommen wir?	*Que camarote vamos receber?*

Wo befindet sich …	Onde se encontra …
der Gesellschaftsraum?	a sala de estar?
der Speisesaal?	o salão de jantar?
der Leseraum?	a sala de leitura?
Wo ist ein Rettungsring?	Onde há um salva-vidas?
Wo sind die Rettungsboote?	Onde ficam os barcos salva-vidas?
Wie lange …	Quanto tempo …
dauert die Überfahrt?	dura a travessia?
liegen wir hier vor Anker?	vamos ficar aqui fundeados?
Darf man an Land gehen?	Pode-se ir a [descer à] terra?
Wann muss man an Bord zurück sein?	A que horas devemos estar de volta [se deve regressar] a bordo?
Wollen wir auf dem Promenadendeck/ Oberdeck spazieren gehen?	Vamos passear pelo convés?
Da stehen auch Liegestühle.	Lá há também cadeiras de repouso [espreguiçadeiras].
Bis wann können die Besucher an Bord bleiben?	Até que horas / Até quando os visitantes podem permanecer a bordo?
Die See ist ruhig.	O mar está calmo.
Das Meer war gestern sehr bewegt.	Ontem o mar estava muito agitado.
Ich war während der ganzen Reise seekrank.	Eu enjoei durante toda a viagem.
Bitte geben Sie mir etwas gegen See-krankheit.	Por favor, dê-me alguma coisa contra o enjoo [enjôo].
Wir gehen hinunter in die Kabine.	Vamos descer para o camarote.
Dort spürt man den Seegang weniger.	Lá sente-se menos o marulho / a agita-ção do mar.
In welchen Häfen legen wir an?	Em que [Quais] portos vamos atracar?
Wir laufen mit drei Stunden Verspä-tung ein.	Vamos chegar [Estamos chegando] com três horas de atraso.
Sehen Sie den Leuchtturm?	Está a ver [Está vendo] o farol?
Das Schiff läuft in den Hafen ein.	O navio está a entrar [está entrando] no porto.
Wir haben eine Dampferfahrt gemacht.	Demos um passeio num barco. [Fizemos um passeio de navio a vapor.]

Auto	Automóvel / Carro
Können Sie Auto fahren?	O sr. sabe guiar [dirigir]?
Fahren Sie schon lange Auto?	Já guia [dirige] há muito tempo?
Seit wann haben Sie den Führerschein?	Há quanto tempo já tem carta de condução? [Desde quando tem carteira de motorista?]
Haben Sie auch den internationalen Führerschein?	Tem também carta de condução [carteira] internacional?
Meine Frau geht seit drei Wochen zur Fahrschule.	Há três semanas que a minha mulher anda a ter aulas de condução [está frequentando a auto-escola].
Wir könnten eine kleine Fahrt mit dem Auto machen.	Podíamos dar [fazer] um pequeno passeio de carro.
Wir können sofort losfahren.	Podemos sair já [logo].
Ich komme nicht mit euch mit. Ich vertrage das Autofahren nicht.	Eu não vou com vocês. Eu não suporto viajar de carro.
Ich steige lieber vorn ein.	Eu prefiro sentar-me à [entrar na] frente.
Muss ich mich anschnallen?	Tenho de pôr o cinto?
Sie haben den Sicherheitsgurt nicht angelegt.	Não tem o cinto apertado.
Wenn es Ihnen zu warm ist, können Sie das Fenster herunterlassen.	Se estiver com muito calor pode abrir a janela. [Se tiver fazendo muito calor para o sr. pode baixar o vidro.]
Die Tür ist nicht richtig zu.	A porta não está bem fechada.
Ich möchte Ihnen die Umgebung der Stadt zeigen.	Quero-lhe mostrar os arredores da cidade.
Wollen wir am nächsten Motel halten?	Vamos parar no próximo motel?
Bevor wir weiterfahren, will ich mir erst noch mal die (Land-)Karte ansehen.	Antes de prosseguirmos a viagem, quero primeiro ver mais uma vez o mapa.
Wie weit ist es noch bis … zur nächsten Tankstelle? zum nächsten Parkplatz?	A que distância fica … o próximo posto de gasolina? o próximo parque de estacionamento?
Wir werden über die Autobahn fahren.	Vamos pela autoestrada.
Führt diese Straße zur Autobahn?	Esta estrada leva à autoestrada?
Wie viele Kilometer sind es noch bis Santos?	Quantos quiló[ô]metros ainda faltam até Santos?
Wie komme ich zur Straße nach Campinas?	Como é que chego à estrada que vai para Campinas?

Die Straße …	A estrada …
ist sehr schlecht.	é péssima.
ist nicht gepflastert.	não é pavimentada/calcetada.
ist nicht asphaltiert.	não é asfaltada.
hat Schlaglöcher.	tem buracos [catabis].
hat eine starke Steigung.	é muito íngreme.
ist sehr eng.	é muito estreita.
wird repariert.	está a ser arranjada [está sendo consertada].
ist neugemacht.	foi reconstruída.

Ich musste lange suchen, bis ich einen Parkplatz gefunden habe.	Eu tive que procurar muito até encontrar um lugar para estacionar.
Ich konnte nicht parken, der Parkplatz war voll.	Não pude estacionar. O _parque de_ estacionamento estava cheio.
In dieser Straße ist Parken verboten.	É proibido estacionar nesta rua.
Darf ich hier parken?	Posso estacionar aqui?

Der Parkplatz befindet sich …	O _parque de_ estacionamento fica …
vor dem Hotel.	em frente do hotel.
hinter der Post.	atrás do correio.
nicht weit vom Bahnhof.	a pouca distância da estação.

Wie hoch ist die Parkgebühr pro Stunde?	Quanto é que se paga por cada hora no parque [custa a hora] de estacionamento?
Das steht auf der Parkuhr.	Está escrito no parquímetro/parcómetro.
Fahren wir auf der Hauptstraße?	Estamos a andar pela [Estamos indo na] rua principal?
Wir sind durch einen Verkehrsstau aufgehalten worden.	Atrasámo-nos por causa de um engarrafamento [em consequência de um congestionamento de trânsito].
In einer halben Stunde sind wir nicht mal einen Kilometer vorwärts gekommen.	Passámos meia hora sem andar um quiló[ô]metro.
Dies ist eine Einbahnstraße. Wenden verboten!	Esta rua é de sentido único. É proibido voltar para trás. [Aqui é mão única. Proibido retornar!]
Kann ich hier überholen?	Posso ultrapassar aqui?
Entschuldigen Sie bitte. Führt diese Straße nach Aveiro?	Desculpe-me, por favor. Esta estrada vai para Aveiro?

Die Straße ist … gesperrt.	A estrada está interdita [-da]/interrompida …
wegen eines Unfalls	por causa de um acidente.
wegen Bauarbeiten	devido a obras de construção.

Wir müssen die Umleitung fahren.	*Temos que seguir o desvio.*
Sie müssen … links abbiegen.	*O sr. tem de virar à esquerda …*
an der nächsten Kreuzung	*no próximo cruzamento.*
an der nächsten Abzweigung	*na próxima bifurcação.*
nach dem nächsten Dorf	*depois da próxima aldeia.*
vor der Brücke	*antes da ponte.*
Biegen Sie hinter der Ampel links ab.	*Vire à esquerda depois dos semáforos/do sinal.*
Der Verkehr ist …	*O trânsito é [está] …*
normal.	*normal.*
rege.	*Há muito movimento.*
Wir fahren hundert (Kilometer pro Stunde).	*Vamos a cem à hora. [Estamos indo a cem por hora.]*
Hier darf man nicht schneller als 80 (km/h) fahren.	*Aqui não se deve ultrapassar os 80 quilómetros por hora.*
Hier ist Rechtsabbiegen verboten.	*Aqui é proibido virar à direita.*
Fahren Sie nicht so schnell!	*Não vá [dirija] tão depressa!*
Die (Bahn-)Schranke ist unten (oben).	*A passagem de nível está fechada (aberta). [A barreira está arriada (levantada).]*
Ich habe …	*Tenho …*
eine Fließhecklimousine.	*uma berlina/berlinda [um sedan/sedã] (limusina com tejadilho deslizante)*
einen Kleinwagen.	*um carro compacto [um carro pequeno]*
einen Kombi.	*uma carrinha [uma Kombi].*
ein Kabriolett	*um descapotável [conversível].*
ein Sportkabriolett.	*um carro desportivo [carro esporte].*
eine Großraumlimousine.	*um monovolume [uma perua].*
einen Geländewagen.	*um (carro) todo-o-terreno [um jipe].*
eine große Hecktür.	*uma grande porta da bagageira [mala].*
Hat Ihr Auto …	*(O) Seu carro tem …*
normale Gangschaltung/Handschaltung?	*mudanças manuais [câmbio normal/manual]?*
Automatikgetriebe?	*mudanças automáticas [câmbio automático]?*
ABS?	*travões com ABS [freio ABS]?*
Beifahrer-Airbag?	*airbag frontal para o passageiro [almofado de ar (airbag) para o passageiro frontal]?*
Seitenaufprallschutz?	*protector de impacto lateral?*
Nebelschlussleuchten?	*luz traseira anti-nevoeiro [-neblina]?*
Schiebedach?	*tecto de abrir?*

Dachgepäckträger?	barras no tejadilho para a bagagem [porta-bagagens de tejadilho]?
Ledersitze?	bancos de couro?
Ich brauche einen Kindersitz.	Preciso de cadeirinha de criança.
Können Sie einen Abschleppwagen schicken?	Pode mandar-me um carro de reboque/ um pronto-socorro [um carro guincho]?

Fahrzeug mieten	Alugar um veículo
Wo ist ein Autovermieter/Autover-leiher?	Onde fica uma agência de aluguer de automóveis? [Onde tem uma locadora de carros?]
Wo sind die Schalter (auf Flugplätzen) der Autovermieter?	Onde ficam os balcões de aluguer de carros?
Ich möchte … mieten.	Queria alugar …
einen kleinen Wagen	um carro pequeno.
einen Mittelklassewagen	um carro médio.
einen großen Wagen	um carro grande.
einen Wagen mit Schaltgetriebe/ normaler Gangschaltung	um carro de mudanças [com caixa de câmbio].
einen Wagen mit Automatik	um carro [com câmbio] automático
einen Kombi	uma carrinha [uma Kombi/uma van].
einen Pick-up	um Pick-up/carrinha de caixa aberta [uma picape].
einen Geländewagen	um carro para todo o terreno [um carro offroad].
einen Sportwagen	um carro desportivo.
einen Wagen mit 2/4 Türen	um carro de [com] duas/quatro portas.
einen Wagen mit Klimaanlage	um carro com ar condicionado.
einen Wagen mit Ledersitzen	um carro com bancos de couro.
ein Wohnmobil	uma auto-caravana.
einen Wohnwagen	uma caravana [um trailer/trêilâr].
ein Kabriolett	um carro descapotável [conversível].
ein Motorrad	uma moto.
einen Motorroller	uma lambretta/vespa.
einen Jeep	um jipe.
einen Wagen mit Allradantrieb/ Vierradantrieb	um carro com tracção às [nas] quatro rodas [um carro 4 x 4].
Welchen Treibstoff braucht das Auto?	Que tipo de combustível tenho de meter no carro [devo usar no carro]?
Hat der Wagen …	O carro tem …
CD-Player?	leitor de CDs [CD player]?
DVD-Player?	leitor de DVDs [DVD player]?

Mobiltelefon?	*telemóvel [celular]?*
GPS/Navi?	*GPS?*
Für wie lange wollen Sie den Wagen?	*Por quanto tempo quer o carro?*
Wie viel kostet es …	*Quanto custa / Qual é a tarifa …*
pro Tag?	*por dia?*
pro Woche?	*por semana?*
Wie viel verlangen Sie pro gefahrenem Kilometer?	*Quanto deseja por quilómetro? [Quanto se paga por quilômetro rodado?]*
Das macht 30 Euro pro Tag inklusive gefahrene Kilometer.	*Fica tudo em 30 euros por dia incluindo quilometragem. / Fica por dia, incluindo a quilometragem, 30 euros.*
Sind die Benzinkosten inbegriffen?	*O preço [O valor] do combustível está incluído?*
Ist das Fahrzeug vollkaskoversichert?	*O carro tem seguro contra todos os riscos [tem cobertura completa]?*
Was passiert, wenn ich …	*O que acontece se …*
eine Panne habe?	*tiver uma avaria [o carro quebrar / tiver uma pane]?*
einen Unfall habe?	*tiver um desastre [houver um acidente / eu bater com o carro]?*
Wie hoch ist die Kaution?	*Quanto é a caução? Quanto é que é preciso depositar de caução?*
Soll ich den Wagen vollgetankt zurückbringen?	*Tenho de devolver o carro com o depósito [tanque] cheio?*
Bringen Sie den Wagen vollgetankt zurück.	*Pedimos para entregar o carro com o depósito [tanque] cheio. / O carro deve ser devolvido com o depósito [tanque] cheio.*
Kann ich das Auto auch in Faro abgeben?	*Posso entregar o carro também em Faro?*

Tankstelle	*Posto/Bomba de gasolina*
Wir müssen zur Tankstelle.	*Temos de ir a um posto de gasolina.*
Wie viele Kilometer sind es bis zur nächsten Tankstelle.	*Quantos quiló[ô]metros faltam para o próximo posto de gasolina?*
Wo ist die nächste Erdgas-/Elektrotankstelle.	*Onde fica o próximo posto de abastecimento de gás natural/ de energia eléctrica?*

Was kostet …	*Quanto custa …*
ein Liter Benzin bleifrei?	*um litro de gasolina sem chumbo?*
ein Liter Öl?	*um litro de óleo?*
ein Liter Diesel?	*um litro de gasóleo?*
ein Liter Zweitaktmischung 1:50?	*um litro de mistura 1:50 para motores a dois tempos?*
ein Liter Super verbleit?	*um litro de gasolina super [azul/aditivada] com chumbo?*
Bitte volltanken.	*Por favor, encha o depósito. [Por favor, complete.]*
Machen Sie auch den Reservekanister voll, bitte.	*Encha também o bidon [tambor] de gasolina, por favor.*
Ich habe immer einen Reservekanister mit Benzin im Kofferraum.	*Eu tenho sempre um bidon [tambor] de reserva cheio na mala do carro.*
Geben Sie mir auch zwei Liter Motorenöl.	*Dê-me também dois litros de óleo para motor.*
Haben Sie auch Frostschutzmittel?	*Tem também anticongelante?*
Können Sie das Öl wechseln?	*Pode-me mudar o [de] óleo?*
Ist die Tankstelle auch … geöffnet?	*A bomba de gasolina fica aberta também …*
nachts	*à noite?*
sonntags	*aos domingos?*
Ich tanke immer …	*Meto sempre [Sempre abasteço com] …*
Super.	*(gasolina) super [gasolina azul/aditivada].*
einfaches Benzin/Normalbenzin.	*gasolina normal [comum].*
Säule 3. Ich zahle in bar/mit Kreditkarte.	*Bomba número 3. Pago a dinheiro/com o cartão de crédito.*
Die Zündkerzen sind verrußt.	*As velas estão sujas.*
Ich müsste die Kerzen wechseln.	*Eu deveria mudar as velas.*
Überprüfen Sie bitte den Reifendruck, auch am Reserverad.	*Por favor, veja-me [verifique] a pressão dos pneus, inclusive do pneu sobressalente [do estepe].*
Die Batterie ist leer. Haben Sie destilliertes Wasser?	*A bateria está sem água [arriou]. Tem água destilada?*
Ich möchte einen 5 l Kanister Scheibenwaschanlagenzusatz.	*Queria um bidão de 5 litros de solução/líquido limpa-vidros. [Queria um recipiente de 5 litros de aditivo para o reservatório de água do pára-brisas.]*
Ich brauche Bremsflüssigkeit.	*Preciso de óleo dos travões [de freio].*

Wir haben …	*Estamos com …*
eine Motorpanne.	*um pane no motor. [O motor enguiçou.]*
eine Reifenpanne.	*pneu furado.*
Würden Sie uns helfen, den Wagen an/ auf die Seite zu schieben?	*Pode-nos ajudar a empurrar o carro para o lado?*
Ich möchte das Reserverad montieren.	*Eu quero colocar o pneu sobressalente [o estepe].*
Können Sie mich bis zur nächsten Autowerkstatt abschleppen?	*O sr. pode-me rebocar até à próxima oficina?*
Können Sie mir mit Werkzeug aushelfen?	*O sr. pode-me auxiliar com ferramentas?*
Haben Sie ein Abschleppseil?	*Tem um cabo de reboque?*
Würden Sie bitte den Pannendienst anrufen?	*Poderia fazer-me o favor de telefonar para o serviço de pronto socorro?*
Ist etwas passiert?	*Aconteceu alguma coisa?*
Helfen Sie mir bitte, …	*Por favor, ajude-me …*
die Reifenpanne zu beheben.	*a consertar o pneu furado [avariado].*
das Rad auszuwechseln.	*a mudar a roda.*
Der Motor wird zu heiß.	*O motor está a aquecer [está esquentando] demais.*
Ich muss den Motor abschalten.	*Tenho de desligar o motor.*
Der Motor ist überhitzt.	*O motor está quente demais/superaquecido.*
Wir müssen eine Autoreparaturwerkstatt suchen.	*Temos de procurar uma oficina de automóveis.*
Bitte benachrichtigen Sie einen Monteur, er möchte doch kommen, um meinen Wagen zu reparieren.	*Por favor, mande-me um mecânico para arranjar [peça para um mecânico vir consertar] o meu carro.*
Der Wagen verliert Öl.	*O carro perde óleo.*
Die Zündung muss neu eingestellt werden.	*A ignição deve ser regulada.*
Prüfen Sie auch die Zündkerzen.	*Verifique também as velas.*
Können Sie mir … gleich reparieren?	*O sr. pode arranjar já [consertar logo] …*
die Handbremse	*o travão [freio] de mão?*
die Lenkung	*a direcção?*
den Blinker	*o pisca-pisca?*
den rechten Scheinwerfer	*o farol direito?*
Der Ölfilter (Luftfilter) muss ausgewechselt werden.	*O filtro de óleo (de ar) deve ser trocado.*

Wann haben Sie zuletzt (einen) Ölwechsel gemacht?	*Quando foi a última vez que o sr. mudou o óleo?*
Überprüfen Sie bitte die Bremsen.	*Veja-me os travões [Verifique/Examine os freios], por favor.*
Mein Wagen springt nicht an.	*O meu carro não pega.*
Der Motor ist kalt und zündet nicht.	*O motor está frio e não pega.*
Der Motor hat Fehlzündungen.	*O motor está com uma falha na ignição.*
Das Kupplungspedal blockiert.	*O pedal da embraiagem está bloqueado [travado].*
Der Auspuff macht zu viel Lärm.	*O tubo [cano] de escape está a fazer [está fazendo] muito barulho.*
Der Schalldämpfer ist kaputt.	*O silenciador [silencioso] está com defeito.*
Der Keilriemen müsste ausgewechselt werden.	*A correia trapezoidal deveria ser mudada.*
Ich glaube, der Kühler ist nicht dicht.	*Eu acho que o radiador deita água [está com vazamento].*
Ich habe einen Scheibenwischer verloren.	*Perdi um limpa pára-brisas [um limpador de párabrisa].*
Stellen Sie bitte die Scheinwerfer ein.	*Ajuste os faróis, por favor.*
Ich möchte Sie bitten, auch die Batterie nachzuladen. Ich glaube, sie ist fast leer.	*Por favor, carregue também a bateria. Acho que ela está quase descarregada [arriada].*
Überprüfen Sie bitte das Differential und die Kardanwelle.	*Veja-me [Examine] o diferencial e o eixo de transmissão.*
Der Vergaser muss gereinigt werden.	*O carburador está a precisar de [está precisando] uma limpeza.*
Machen Sie bitte eine große Durchsicht.	*Faça, por favor, uma revisão completa.*
In drei Tagen muss ich an der Grenze sein. Können Sie mir das Auto bis übermorgen reparieren?	*Tenho de estar na fronteira dentro de três dias. O sr. pode-me arranjar [consertar] o carro para depois de amanhã?*
Ich danke Ihnen, dass Sie mir geholfen haben.	*Agradeço-lhe por me ter [ter-me] ajudado.*

Warum stehen denn dort so viele Leute?	Porque há tanta gente ali?
Dort hat sich wohl ein Unfall ereignet.	É bem provável que tenha havido um acidente.
Der Unfall ist gerade passiert.	O acidente ocorreu neste instante.
Wie ist das passiert?	Como foi que aconteceu?
Ist jemand verletzt?	Há alguém ferido?
Wir müssen die Polizei rufen.	Temos de chamar a polícia.
Der Fahrer des grünen PKW hat die Vorfahrt nicht beachtet.	O motorista do carro verde não observou a prioridade [a preferencial].
Rufen Sie einen Krankenwagen.	Chame a ambulância.
Welche Nummer hat der Notruf?	Qual é o número do pronto-socorro?
Gibt es hier eine Notrufsäule?	Há aqui perto um telefone SOS [um telefone de emergência]?
Bei einem Verkehrsunfall ist der Kraftfahrer verpflichtet …	Em caso de acidente de trânsito o motorista é obrigado …
sofort anzuhalten.	a parar imediatamente.
dem Verletzten erste Hilfe zu leisten.	a prestar os primeiros socorros à vítima / ao ferido.
Hilfe herbeizuholen.	a ir buscar [pedir] socorro.
die Polizei zu verständigen.	a informar a / comunicar à polícia.
den Unfallort nicht zu verlassen.	a ficar no local do acidente.
Das Fahrzeug …	O carro …
ist in den Graben gefahren.	entrou na valeta.
brennt.	está a arder [está pegando fogo].
hat sich überschlagen.	capotou.
Der Verunglückte …	O acidentado …
ist bewusstlos.	está sem [perdeu os] sentidos.
ist schwer verletzt.	está gravemente ferido.
Haben Sie Verbandszeug?	Tem uma farmácia portátil?
Waren Sie Zeuge dieses Unfalls?	O sr. é testemunha deste acidente?
Geben Sie mir bitte Ihren Namen und Ihre Adresse.	Dê-me o seu nome e endereço.
Wo ist die Polizeiwache?	Onde fica o posto da [a delegacia de] polícia?
Wir müssen die Verkehrspolizei rufen.	Temos de chamar a polícia de trânsito.
Ich möchte einen Verkehrsunfall melden.	Quero participar [registrar] um acidente de trânsito.

Wer war am Steuer?	*Quem estava a guiar [estava dirigindo]?*
Wie ist das Kennzeichen Ihres Wagens?	*Qual é a matrícula [a placa] do seu carro?*
Geben Sie mir …	*Dê-me …*
Ihren Führerschein.	*a sua carta de condução [carteira de habilitação].*
die Fahrzeugpapiere.	*os documentos do veículo.*
Wie ist der Unfall passiert?	*Como ocorreu o acidente?*
Wer ist verletzt worden?	*Quem ficou ferido?*
Welche Verletzungen hatte …	*Que ferimentos teve …*
der Kraftfahrer?	*o motorista?*
der Fußgänger?	*o transeunte [pedestre]?*
der Radfahrer?	*o ciclista?*
der Motorradfahrer?	*o motociclista?*
Wer ist schuld?	*Quem tem culpa?*
Er hat die Höchstgeschwindigkeit nicht beachtet.	*Ele não observou o limite de velocidade. / Ele vinha com excesso de velocidade.*
Ein Lastwagen kam mit hoher Geschwindigkeit von links und hat die Vorfahrt nicht beachtet.	*Um cami[nh]ão veio/saiu da esquerda a toda velocidade sem observar a prioridade [a preferencial].*
Sie haben plötzlich gebremst.	*O sr. travou [freou] de repente.*
Sie sind zu schnell gefahren.	*O sr. vinha depressa demais [vinha dirigindo rápido demais].*
Ich hatte die Vorfahrt.	*Eu tinha prioridade. [Eu estava na preferencial.]*
Ich kam von rechts.	*Eu vinha da direita.*
Sie haben nicht geblinkt.	*O sr. não fez [deu] sinal.*
Ich habe gebremst, konnte aber den Wagen nicht rechtzeitig zum Stehen bringen.	*Eu travei [freei], mas não consegui parar o carro a tempo.*
Sie sind schuld.	*O sr. é culpado.*
Ich bin nicht schuld.	*Eu não sou culpado.*
Die Fahrbahn/Straße war glatt.	*O piso [A rodagem] estava escorregadio.*
Der Wagen ist geschleudert.	*O carro derrapou.*
Sie haben nicht abgeblendet.	*O sr. não baixou as luzes [não deu luz baixa].*
Sie wollten mich in der Kurve überholen.	*O sr. queria-me ultrapassar na curva.*
Sie haben die Kurve geschnitten.	*O sr. cortou a curva.*

Sie haben die Fahrspur gewechselt, ohne zu blinken.	*O sr. mudou de faixa sem piscar.*
Sie sind bei Rot über die Kreuzung gefahren.	*O sr. passou com o vermelho [no sinal vermelho].*
Sie sind zu dicht aufgefahren.	*Vinha muito em cima (de mim).*
Ich habe die Schuld.	*A culpa é minha.*
Ich brauche den Zulassungsschein.	*Preciso da licença do veículo.*
Mein Wagen hat einen Totalschaden.	*O meu carro ficou totalmente estragado [avariado].*
Geben Sie mir die Adresse Ihrer Versicherung(sanstalt).	*Dê-me o endereço do seu seguro.*
Ich brauche die grüne Versicherungskarte.	*Preciso da carta (verde) do seguro.*
Ich werde Sie als Zeuge des Unfalls angeben müssen.	*Eu vou ter de o indicar como testemunha do acidente.*
Könnten Sie mein Zeuge sein?	*Aceita ser minha testemunha? [O sr. pode servir de/ser testemunha?]*
Wie hoch ist die gebührenpflichtige Verwarnung?	*Quanto custa [importa] a multa?*

Stadtverkehr | *Transporte urbano*

Fahren wir mit …	*Vamos de …*
der U-Bahn?	*metro [metrô]?*
dem Bus?	*autocarro [ônibus]?*
der Straßenbahn?	*eléctrico [bonde]?*
dem O-Bus?	*trólei [ônibus elétrico]?*
Ich gehe zu Fuß.	*Vou a pé.*
Wie komme ich …	*Como é que vou para …*
ins Zentrum?	*o centro?*
zum Bahnhof?	*a estação?*
Wissen Sie vielleicht, wo die Linie 7 hält?	*O sr. sabe talvez onde pára o eléctrico da linha 7 [o bonde que faz a linha sete]?*
Etwa 50 Meter von hier auf der rechten Seite.	*Mais ou menos a 50 metros daqui, do lado direito.*
Ist hier in der Nähe eine Bushaltestelle?	*Há uma paragem de autocarro [uma parada de ônibus] perto daqui?*
Wo ist die nächste U-Bahn-Station?	*Onde fica a próxima estação de metro [metrô]?*

Fährt dieser Bus ...	*Este autocarro [ônibus] ...*
nach Barra da Tijuca?	*vai para a Barra da Tijuca?*
in Richtung Barra da Tijuca?	*vai em direcção à [passa na] Barra da Tijuca?*
Hält dieser Bus ...	*Este autocarro [ônibus] pára ...*
in der Goetheallee?	*na Avenida de Goethe?*
vor dem Bahnhof?	*em frente à estação?*
Kann ich mit dieser Straßenbahn zum Tijuca-Park fahren?	*Eu posso ir neste eléctrico [bonde] para o Parque Nacional da Tijuca?*
Nehmen Sie besser den Bus.	*É melhor tomar o autocarro [ônibus].*
Wo muss ich umsteigen?	*Onde é que devo mudar? [Onde devo fazer baldeação?]*
Sie brauchen nicht umzusteigen. Es ist eine durchgehende Linie.	*O sr. não precisa de mudar [fazer baldeação]. É uma linha directa. [Ele faz uma linha direta.]*
Wo muss ich zur Hauptpost aussteigen?	*Onde é que devo descer para o correio central?*
Steigen Sie an der dritten Haltestelle aus.	*Desça na terceira paragem [parada].*
Ist hier Endstation?	*Aqui é o fim da linha?*
Fährt nach Mitternacht noch ein Bus?	*Ainda há um autocarro [ônibus] depois da meia-noite?*
Bis wann verkehrt die Straßenbahn?	*Até que horas há eléctrico [circula o bonde]?*
Wann fährt der letzte Bus?	*Quando parte o último autocarro [ônibus]?*
Dieser Bus ist ziemlich voll.	*Este autocarro [ônibus] está bastante cheio.*
Warten wir auf den nächsten.	*Vamos esperar pelo próximo.*
Ist es weit bis zur Kaufhalle?	*O supermercado fica longe?*
Wo ist die Avenida Atlântica?	*Onde fica a Avenida Atlântica?*
Ich zeige Ihnen den Weg.	*Vou-lhe mostrar o caminho.*
Benutzen Sie vor der Kreuzung ...	*Antes do cruzamento vá ...*
den Fußgängerüberweg / Zebrastreifen.	*pela passagem de peões [pedestres].*
die Unterführung.	*pela passagem subterrânea.*
Sie gehen in die falsche Richtung.	*O sr. vai na [está indo em] direcção errada.*
Sie müssen umkehren.	*O sr. tem de voltar.*

Gehen Sie geradeaus, dann die zweite Straße links.	*Siga sempre em frente e na segunda rua volte [dobre] à esquerda.*
Ich habe die Straßenbahn verpasst.	*Perdi o eléctrico [bonde].*
Ich musste lange auf die nächste Bahn warten.	*Tive de esperar muito tempo pelo próximo eléctrico [bonde].*
Kann man die Fahrscheine im Bus lösen?	*Pode-se comprar o bilhete [a passagem] no autocarro [ônibus]?*
Sie müssen den Fahrschein vorher kaufen.	*O sr. tem de comprar o bilhete [a passagem] antes.*
Sie erhalten Fahrscheine … am Kiosk. hier im Geschäft.	*O sr. compra bilhetes [passagens] … no quiosque. aqui na loja.*
Sie müssen Ihren Fahrschein entwerten.	*Tem de obliterar [validar] o seu bilhete.*
Wenn ich ein Taxi nehme, schaffe ich es noch.	*Se eu apanhar um táxi ainda consigo.*
Ist hier irgendwo ein Taxistand?	*Aqui há uma praça de táxis [um ponto de táxi]?*
Ja, an der Straßenecke.	*Sim, à [na] esquina.*
Taxi! Sind Sie frei?	*Táxi! Está livre?*
Fahren Sie mich bitte zur Rua Paissandu Nr. 26.	*Leve-me, por favor, à rua Paissandu no. 26.*
Steigen Sie (nur) ein. Ich kümmere mich schon um das Gepäck.	*Entre. Eu trato [Eu me encarrego] da bagagem.*
Würden Sie bitte etwas langsamer fahren. Ich möchte etwas von der Stadt sehen.	*O sr. pode guiar [quer dirigir] mais devagar porque quero ver um pouco da cidade.*
Halten Sie bitte an.	*Páre, por favor.*
Setzen Sie mich bitte an der Ecke ab.	*Deixe-me descer na esquina, por favor. [O sr. pode me deixar aqui na esquina, por favor.]*
Geben Sie mir bitte 5 Euro zurück.	*Dê-me 5 euros de troco, por favor. [Me dê só 5 euros de troco.]*
Der Rest ist für Sie. Danke.	*Fique com o troco. Obrigado.*

Im Hotel	No hotel
Ich möchte ein Zweibettzimmer mit Bad vom … bis zum …reservieren.	*Quero reservar um quarto de casal com casa de banho [com banheiro] do dia … até ao dia …*
Ich hätte gern … ein ruhiges Zimmer. ein sonniges Zimmer. ein Zimmer mit Balkon und Blick aufs Meer. ein hofseitig gelegenes Zimmer.	*Quero … um quarto calmo [tranquilo]. um quarto com sol [do lado do sol]. um quarto com varanda e vista para o mar. um quarto que fique para o lado de trás [um quarto de fundos].*
Ich möchte kein Zimmer zur Straße hinaus.	*Não quero nenhum quarto que dê para a rua.*
Gibt es eine Ermäßigung für Kinder?	*Fazem desconto a crianças?*
Was kostet das Zimmer mit … Frühstück? Halbpension? Vollpension?	*Quanto custa o quarto com … pequeno-almoço [café da manhã]? meia pensão? pensão completa?*
Wir haben nur noch Einbettzimmer.	*Só temos quartos de uma cama [quartos simples].*
Ist eine zusätzliche Aufbettung möglich.	*É possível pôr uma cama extra?*
Könnten Sie ein Kinderbett aufstellen?	*Podia armar [colocar] uma cama de criança?*
Ich möchte das Zimmer für zehn Tage.	*Quero o quarto por dez dias.*
Ich habe bei Ihnen zwei Zimmer für Freitag bestellt. Ich möchte die Reservierung annullieren.	*Pedi dois quartos para sexta-feira. Quero cancelar a reserva.*
Haben Sie ein Zimmer bestellt?	*O sr. reservou um quarto?*
Auf den Namen Schneider ist ein Zimmer vorbestellt worden.	*Foi pedido/reservado um quarto em nome de Schneider.*
Haben Sie für die Nacht von Donnerstag auf Freitag noch ein Zimmer frei?	*O sr. ainda tem um quarto livre para quinta-feira à noite?*
Es tut mir leid, das Hotel ist ausgebucht.	*Lamento, mas o hotel está totalmente completo. [Infelizmente não temos vaga.]*
Im Augenblick sind alle Zimmer belegt. Nach 14 Uhr wird ein Zimmer mit Bad frei.	*De [No] momento todos os quartos estão ocupados. Após as 14 h vai vagar um quarto com casa de banho [banheiro].*
Ich kann Sie nur für eine Nacht unterbringen.	*Eu só o posso [posso lhe] alojar por uma noite.*

Wo könnte ich ein Zimmer für morgen bekommen?	*Onde é que eu poderia arranjar [conseguir] um quarto para amanhã?*
Fragen Sie in der Pension ‚Boa Vista' nach.	*Tente/Pergunte na pensão 'Boa Vista'.*
Was für ein Zimmer wünschen Sie?	*Que tipo de quarto [o sr.] deseja?*
Ich möchte ein Einbettzimmer mit Dusche.	*Quero um quarto de uma cama [um quarto simples] com chuveiro/duche [ducha].*
Was kostet dieses Zimmer?	*Quanto custa este quarto? / Qual é o preço deste quarto?*
Ist das Frühstück im Preis inbegriffen?	*O pequeno almoço [O café da manhã] está incluído na diária [no preço]?*
Wo ist der Frühstücksraum?	*Onde é a sala dos pequenos-almoços [Onde é o café da manhã?]*
Haben Sie ein billigeres Zimmer?	*Tem um quarto mais barato?*
Ihr Zimmer ist hergerichtet.	*O seu quarto (já) está arranjado [arrumado].*
In welchem Stock liegt das Zimmer?	*Em que andar fica o quarto?*
Das Zimmer geht zum Park hinaus.	*O quarto dá para o parque.*

Hier ist mein …	*Aqui está …*
Pass.	* o meu passaporte.*
Personalausweis.	* o meu bilhete [minha carteira] de identidade.*
Fehlt noch etwas?	*Falta [Está faltando] mais alguma coisa?*
Würden Sie bitte den Meldeschein ausfüllen:	*Quer preencher, por favor, a ficha de regist[r]o:*
Name	* sobrenome*
Vorname	* nome*
Familienstand: ledig, verheiratet, verwitwet	* estado civil: solteiro, casado, viúvo.*
Staatsbürgerschaft	* cidadania; nacionalidade*
Beruf	* profissão*
ständiger Wohnsitz	* domicílio/residente em*
Geburtsort und Geburtsdatum	* local e data de nascimento*
Pass-Nr.	* no. do passaporte*
ausgestellt in	* emitido [expedido] em*
Bezeichnung/Name der ausstellenden Behörde und Unterschrift	* nome do organismo que emite o passaporte [nome da autoridade expedidora / do órgão expedidor] e assinatura*
Unterschreiben Sie bitte.	*Assine, por favor.*

Kann ich mein Auto vor dem Hotel parken?	*Posso estacionar o meu carro em frente do [ao] hotel?*
Nein, der Parkplatz ist hinter dem Hotel.	*Não, o parque de estacionamento fica/ é atrás do hotel.*
Bringen Sie bitte das Gepäck auf mein Zimmer.	*Leve a bagagem para o meu quarto, se faz favor.*
Bitte geben Sie mir den Schlüssel für das Zimmer 413.	*Por favor, dê-me a chave do quarto 413.*
Wenn Sie etwas wünschen, rufen Sie an.	*Quando quiser alguma coisa telefone.*
Sie können den Lift/Aufzug benutzen.	*O sr. pode ir de [usar o] elevador.*
Ich möchte gern ein anderes Zimmer haben.	*Gostaria de mudar de quarto. / Queria outro quarto.*
Der Lärm stört mich.	*O barulho incomoda-me.*
In meinem Zimmer ist die Steckdose nicht in Ordnung.	*A tomada no [do] meu quarto não está a funcionar [está funcionando].*
Ich möchte nicht gestört werden.	*Não quero ser incomodado.*
Hat jemand nach mir gefragt?	*Alguém perguntou por mim?*
Wenn jemand nach mir fragt, sagen Sie, dass …	*Se alguém perguntar por mim, diga que …*
ich in die Stadt gefahren bin.	*fui para/à cidade.*
ich um 12 Uhr wieder zurück bin.	*volto ao meio-dia.*
ich im Restaurant bin.	*[eu] me encontro/estou no restaurante.*
er mich in zwei Stunden anrufen soll.	*me chame/telefone daqui a duas horas.*
Ist Post für mich da?	*Há correspondência para mim?*
Hat jemand für mich angerufen?	*Alguém telefonou para mim? / Houve [Entrou] um telefonema para mim?*
Bringen Sie mir bitte das Frühstück auf mein Zimmer.	*Traga-me o pequeno almoço [o café da manhã] ao [para o] quarto.*
Bringen Sie mir bitte noch eine Decke. Ich friere nachts.	*Traga-me mais um cobertor. Sinto frio à noite.*
Das Zimmer ist nicht gut geheizt.	*O quarto não está bem aquecido.*
Das Zimmer ist überheizt. Drehen Sie bitte den Heizkörper ab.	*O quarto está superaquecido / quente demais. Desligue o radiador. / Feche o aquecimento.*
Geben Sie bitte die Wäsche zum Waschen.	*Mande lavar a roupa, por favor.*
Geben Sie bitte diesen Anzug (dieses Kostüm) zur Reinigung.	*Mande este fato [terno] (este conjunto de saia e casaco) para limpar [lavar] a seco.*

Ich fahre für zwei Tage ins Gebirge, aber ich behalte das Zimmer.	*Eu vou viajar para as montanhas por dois dias, mas fico com o quarto.*

Ich muss ... abreisen.
    sofort
    morgen früh
	Tenho de partir ...
	    imediatamente.
	    amanhã de manhã.

Machen Sie bitte die Rechnung fertig.	*Prepare a conta, por favor.*
Hatten Sie etwas aus der Minibar?	*Consumiu alguma coisa do minibar [frigobar?]*
Wecken Sie mich um sechs Uhr.	*Acorde-me às seis.*
Rufen Sie bitte ein Taxi.	*Chame um táxi, por favor.*
Kann ich mein Gepäck bis heute Abend an der Rezeption lassen?	*Posso deixar a̲ minha bagagem na recep-ção até hoje à noite?*

Aufstehen | Schlafengehen — *Levantar-se | Ir deitar-se*

Um wie viel Uhr stehen Sie auf?	*A que horas [o sr.] se levanta?*
Ich stehe um halb sieben auf.	*Levanto-me às seis e meia.*
Haben Sie gut geschlafen?	*[O sr.] Dormiu bem?*
Wie haben Sie geschlafen?	*Como [o sr.] dormiu?*
Haben Sie ausgeschlafen?	*[O sr.] Dormiu bastante?*
Ich habe wie ein Murmeltier geschlafen.	*Dormi como uma pedra.*
Ich habe die ganze Nacht durch-geschlafen.	*Dormi toda a noite.* *[Dormi a noite inteira sem parar.]*
Sieh mal, er schläft ganz fest.	*Olha, ele está a dormir [está dormindo] profundamente.*
Ich konnte gestern Abend lange nicht einschlafen.	*Ontem à noite custei a adormecer.* *[Ontem passei muito tempo sem poder dormir.]*
Ich bin heute mit dem linken Bein zuerst aufgestanden.	*Hoje estou com azar / mau humorado.* *[Hoje está dando tudo errado comigo.]*
Er hat einen leichten Schlaf.	*Ele tem um sono leve.*
Ich hatte einen merkwürdigen Traum.	*Tive um sonho estranho*
Ich hatte Alpträume.	*Tive [um] pesadelos̲.*
Das war eine unruhige Nacht.	*Foi uma noite inquieta.*
Ich habe kein Auge zugemacht.	*Não dormi nada.*
Ich hatte eine schlechte Nacht.	*Tive uma péssima noite.*

Ich habe nicht mehr als vier Stunden geschlafen.	*Não dormi mais do que quatro horas.*
Sie sehen müde aus.	*O sr. parece cansado. / O sr. está com um aspecto de cansado.*
Gehen Sie doch ins Bett!	*Vá-se deitar!*
Sie sollten schlafen gehen.	*O sr. deveria ir dormir.*
Um wie viel Uhr gehen Sie gewöhnlich schlafen?	*A que horas [o sr.] costuma ir deitar-se?*
Ich gehe nie vor Mitternacht schlafen.	*Nunca me deito antes da meia-noite.*
Ich gehe gern früh schlafen.	*Eu gosto de dormir cedo.*
Es ist Schlafenszeit. Ich werde mich hinlegen.	*São horas [É hora] de dormir. Vou-me deitar.*
Ich bin müde.	*Estou cansado./Estou com sono.*
Bist du nicht müde?	*Não estás [Você não está] com sono?*
Ich bin gar nicht müde.	*Não estou com sono nenhum.*
Gehen Sie nicht zu spät schlafen.	*Não se vá deitar muito tarde. [Não vá dormir tarde demais.]*
Ich hoffe, dass Sie gut schlafen werden.	*Espero que durma bem.*
Ich kann schlecht einschlafen.	*Tenho dificuldades em [para] adormecer.*
Hoffentlich stört Sie der Straßenlärm nicht.	*Espero que o barulho da rua não o incomode.*
Machen Sie sich keine Sorgen, ich schlafe tief.	*Não se preocupe, tenho um sono pesado/profundo.*
Ich habe Angst, zu verschlafen.	*Tenho medo de não acordar a horas [de dormir demais].*
Ich stehe nicht gern früh auf.	*Não gosto de me levantar cedo.*
Sie brauchen nicht so zeitig aufzustehen.	*O sr. não precisa de se levantar tão cedo.*
Morgen können Sie länger schlafen.	*Amanhã o sr. pode dormir mais (tempo).*
Ich muss früh aufstehen. Ich arbeite morgen.	*Eu tenho de me levantar cedo. Eu trabalho amanhã.*
Ich werde den Wecker auf sechs Uhr stellen.	*Eu vou pôr [botar] o relógio para despertar às seis horas.*
Ich höre den Wecker nicht.	*Não ouço o despertador.*
Würden Sie mich bitte wecken?	*Quer-me fazer o favor de me acordar?*
Um wie viel Uhr soll ich Sie morgen früh wecken?	*A que horas o devo [devo-lhe] acordar amanhã de manhã?*

Mein Zug fährt um sieben Uhr vierzig.	*O meu comboio [trem] parte às sete e quarenta.*
Schlafen Sie gut!	*Durma(m) bem!*
Es ist Zeit aufzustehen.	*Já são horas de se levantar.*
Sie sind schon auf?	*O sr. já se levantou? / O sr. já está a [de] pé?*
Um wie viel Uhr sind Sie aufgewacht?	*A que horas [o sr.] acordou?*
Es tut mit leid, dass ich zu spät komme.	*Lamento chegar atrasado.*
Ich habe verschlafen.	*Não acordei a horas. [Dormi demais.]*
Ich habe den Wecker nicht gehört.	*Eu não ouvi o despertador [tocar].*
Ich bin nicht rechtzeitig geweckt worden.	*Eu não fui acordado a tempo. / Não me acordaram a horas [na hora certa].*

Polizei	*Polícia*
Hilfe!	*Socorro!*
Rufen Sie die Polizei.	*Chame a polícia.*
Wo ist das nächste Polizeirevier?	*Onde é a próxima esquadra da polícia? [Onde fica a delegacia de polícia mais próxima?]*
Meine Tochter ist verschwunden.	*A minha filha desapareceu. [Desapa-raceu (a) minha filha. / Minha filha está desaparecida.]*
Dieser Mann belästigt mich.	*Este homem está a molestar-me [me molestou].*
Man hat mir … gestohlen. die/meine Brieftasche das/mein Portemonnaie die/meine Handtasche	*Roubaram-me …* *a minha carteira.* *o meu porta-moedas [porta-níquel].* *a minha carteira/bolsa/pasta.*
Die Handtasche enthielt … den Personalausweis. die Kreditkarte. das Scheckbuch. die Schlüssel.	*A bolsa continha …* *o bilhete [a carteira] de identidade.* *o cartão de crédito.* *o livro de cheques.* *as chaves.*
Wann ist das passiert?	*Quando é que isso aconteceu?*
Gibt es einen Zeugen?	*Há testemunhas?*

Ich möchte … anzeigen.	Queria participar … [Queria dar parte de … / Queria denunciar …]
einen Diebstahl	um roubo/furto.
einen Überfall	um assalto.
einen Einbruch	um arrombamento.
eine Vergewaltigung	uma violação [um estupro].
Ich bin vergewaltigt worden.	Fui violada. [Fui estuprada/violentada.]
Ich möchte mit … sprechen.	Quero falar com …
einer Polizistin/Sicherheitsbeamtin	uma mulher-polícia [uma policial].
einem leitenden Beamten	um agente superior.
Man hat mich mit … bedroht.	Ameaçaram-me com … [Fui ameaçado com …]
einer Pistole	uma pistola [um revólver/uma arma de fogo].
einem Messer	uma faca.
Ich bin Opfer eines Straßenraubs geworden. / Ich wurde auf der Straße angefallen.	Fui vítima de um assalto na rua. / Fui assaltado na rua. [Fui atacado por assaltantes na rua.]
Ich bin … worden.	Fui …
betrogen	enganado.
zusammengeschlagen	espancado.
Mein Auto ist aufgebrochen worden.	O meu carro foi arrombado.
Man hat mir das Auto mit dem ganzen Gepäck gestohlen.	Roubaram-me o carro [Roubaram o meu carro] com toda a bagagem.
Es war in der Straße Alexandre Herculano geparkt.	Estava estacionado na rua Alexandre Herculano.
Es hatte keine Alarmanlage.	Não tinha alarme.
Ich bin hier mit meiner Familie im Urlaub.	Estou aqui de férias com a minha família.
Ich brauche einen Dolmetscher.	Preciso de um intérprete.
Wenden Sie sich bitte an das … Konsulat.	Dirija-se, por favor, ao Consulado …
deutsche	alemão.
österreichische	austríaco.
Schweizer	suíço.
Wir werden der Sache nachgehen.	Vamo-nos ocupar do assunto. [Vamos cuidar deste assunto.]

Fundbüro	Perdidos e Achados
Wo ist das Fundbüro, bitte.	Onde são os perdidos e achados, se faz favor.
Ich habe den Autoschlüssel verloren.	Perdi a chave do carro.

Ich habe heute … liegen lassen.
   meine Kamera
   meine Handtasche
	Esqueci-me [Deixei] hoje …
	   <u>da</u> minha máquina fotográfica.
	   <u>da</u> minha mala de mão.

Ich glaube, ich habe Sie auf dem Sitz in der Straßenbahn gelassen.	Acho que deixei no assento do eléctrico [do bonde].
Wie sieht sie aus?	Como é ela?
Welche Farbe hat sie?	De que cor é?
Welche Marke?	<u>De</u> que marca é?
Wissen Sie noch, wann Sie sie das letzte Mal hatten?	<u>Ainda sabe</u> quando esteve com ela pela última vez?
Können Sie uns noch weitere Hinweise geben?	<u>Pode-nos fornecer</u> mais algum detalhe?
Kann ich meine Telefonnummer und meine Personalien hier lassen, falls Sie sie finden.	Posso deixar <u>aqui o</u> meu telefone e <u>os</u> meus dados pessoais <u>para o</u> caso <u>de a</u> encontrarem?
Benachrichtigen Sie mich bitte, wenn sie abgegeben/gefunden werden sollte.	Avise-me, por favor, se alguém a entregar/achar.
Hier ist meine Hotelanschrift.	Aqui tem o endereço do meu hotel:

Urlaub | Camping	Férias | Campismo [Camping]
Wo machen Sie in diesem Jahr Urlaub/Ferien?	Onde é que o sr. vai passar as férias este ano?

In diesem Jahr fahren wir für 2 Wochen …
   ins Gebirge.
   ans Meer.
   aufs Land, zu meinen Eltern.
	Este ano vamos passar duas semanas …
	   nas montanhas.
	   na praia,
	   no campo [no interior] na casa dos meus pais.

Ich habe noch acht Tage Urlaub.	Ainda tenho oito dias de férias.
Wir reisen sehr gern.	Gostamos muito de viajar.
Fahren Sie auch ins Ausland?	O sr. também viaja para o estrangeiro?
Vor zwei Jahren haben wir unseren Urlaub auf einem Campingplatz in der Nähe von Vitória verbracht.	Há dois anos passámos as nossas férias num parque de campismo [passamos nossas férias em uma área de camping] perto de Vitória.

Dieses Jahr zelten wir im Gebirge.	*Este ano vamos fazer campismo [acampamento] / vamos acampar nas montanhas.*
Fahren Sie mit der ganzen Familie?	*O sr. vai viajar com toda a família?*
Meine Kinder verbringen ihre Ferien in einem Kinderferienlager.	*Os meus filhos passam as férias numa colónia [em colónia] de férias.*
Wir zelten gern.	*Gostamos de acampar.*
Alle meine Kollegen sind Campingfreunde.	*Todos os meus colegas gostam de acampar.*
Wir haben ein eigenes Zelt.	*Temos uma tenda nossa [a nossa própria tenda].*
Es ist ein Viermannzelt.	*É uma tenda para quatro pessoas.*
Ich schlafe nicht gern auf Luftmatratzen.	*Eu não gosto de dormir em colchões pneumáticos [em colchão de ar].*
Ich ziehe Feldbetten vor.	*Prefiro cama de campismo [campanha].*

Wir schlagen unser Zelt … auf.
  am Waldrand
  am Seeufer
  auf dem Rasen
	*Armamos a nossa tenda …
	  junto [à margem] da floresta.
	  à beira do lago.
	  na relva [grama].*

Der Zelt-/Campingplatz ist gut angelegt.	*O parque de campismo está [O local de acampamento é] bem situado.*
Haben Sie noch Platz für einen Wohnwagen?	*Ainda têm lugar para uma caravana [um trailer]?*

Wie hoch ist die Gebühr für …
  das Auto?
  den Wohnwagen?
  das Wohnmobil?
  das Zelt?
	*Quanto se paga por …
	  um carro?
	  uma caravana [um trailer]?
	  uma auto(-)caravana?
	  uma tenda?*

Gibt es hier einen Stromanschluss?	*Há aqui tomadas?*
Die sanitären Anlagen sind recht gut.	*As instalações sanitárias são boas.*
Das Essen machen wir uns selbst.	*Nós próprios preparamos a comida.*
Wir haben einen Gaskocher.	*Temos um fogão [fogareiro] a gás.*
Darf man hier angeln?	*É permitido pescar à linha [permitida a pesca de anzol] aqui?*
Darf man hier zelten?	*Pode-se acampar aqui?*
Wo geht es zum Strand?	*Por onde se vai para a praia?*

Ist hier … erlaubt?
  Baden
  FKK
	*Pode-se / É permitido …aqui?
	  tomar banho
	  praticar nudismo*

Ist der Strand sandig oder steinig?	*A praia é de areia ou é pedregosa?*
Gibt es hier Quallen?	*Há aqui alforrecas? [Aqui tem medusas/caravelas?]*
Ich muss noch … kaufen.	*Ainda tenho de comprar …*
einen Rucksack	*uma mochila.*
einen Schlafsack	*um saco de dormir*
eine Hängematte	*uma rede.*
einen Campingtisch	*uma mesinha de campismo [acampamento].*
Wo kann man … ausleihen?	*Onde é que se pode alugar …*
Boote	*barcos?*
Fahrräder	*bicicletas?*
Sonnenschirme	*sombrinhas de praia?*
Liegestühle	*cadeiras de repouso/encosto [espreguiçadeira]?*
Strandkörbe	*cadeiras de praia?*
Surfbretter	*uma prancha de surf?*
Ruderboote	*um barco a [de] remos?*
Taucherausrüstungen	*equipamento para mergulhar [de mergulho]?*
Kann man mit einem Fischerboot mitfahren?	*Pode-se ir num barco de pesca?*
Wir möchten eine Radtour machen.	*Queremos dar [fazer] um passeio de bicicleta.*
Zeigen Sie mir bitte den Weg auf der Karte.	*Mostre-me o caminho no mapa, por favor.*
Kommt man hier …	*Este caminho dá para …*
zum Aussichtsturm?	*o mirante?*
zum Bad?	*a piscina?*
zur Baude?	*a pousada/estalagem nas montanhas?*
zur Jugendherberge?	*a pousada [albergue] de juventude?*

Sehenswürdigkeiten	**Curiosidade/Atracções [Pontos pitorescos]**
Könnten Sie für uns … organisieren?	*O sr. poderia organizar-nos [organizar para nós] …*
eine Stadtrundfahrt	*uma volta pela cidade?*
einen Ausflug in die Umgebung der Hauptstadt	*uma excursão até às [nas] redondezas da capital?*
Abfahrt und Ankunft ist vor …	*A partida e chegada vai ser em frente …*
dem Reisebüro.	*da/à agência de viagem.*
dem Informationsbüro.	*da/à agência de informações.*

Wie lange dauert der Ausflug?	*Quanto tempo dura a excursão?*
Der Ausflug dauert … bis Mittag. den ganzen Nachmittag. den ganzen Tag.	*A excursão …* *vai até ao meio-dia.* *dura toda a tarde.* *dura o dia inteiro.*
Wie viel kostet die Führung?	*Quanto custa a visita guiada?*
Gibt es auch Führungen auf Deutsch?	*Também há visitas guiadas em alemão?*
Bitte verlassen Sie die Gruppe nicht.	*Por favor, não se afaste [separe] do grupo.*
Was interessiert Sie am meisten?	*O que lhes interessa mais?*
Wir möchten die bekanntesten Denk-mäler, Kirchen und Museen sehen.	*Queremos ver os principais monumentos, igrejas e museus.*
Was empfehlen Sie uns?	*O que é que o sr. nos recomenda?*
Man könnte … besichtigen. den Corcovado den Fernsehturm	*Poder-se-ia visitar…* *o Corcovado.* *a torre de televisão.*
Wir könnten die Paquetá-Insel in der Bucht von Guanabara besichtigen.	*Poderíamos visitar a Ilha de Paquetá na Baía de Guanabara.*
Aus welchem Jahrhundert ist das Kloster?	*De que século é o mosteiro?*
Das Kloster wurde im 16. Jahrhundert gebaut.	*O mosteiro foi construído no século XVI (dezasseis).*
Diese Kirche wurde vor Kurzem res-tauriert.	*Esta igreja foi restaurada recentemente / há pouco tempo.*
Es lohnt sich auch, die großen Bou-levards, die Quinta da Boa Vista und Cinelândia im Herzen Rios zu besu-chen.	*Vale também a pena visitar as alamedas, a Quinta da Boa Vista e a Cinelândia no centro do Rio.*
In welchem Baustil wurde … gebaut?	*Em que estilo arquitectónico [arquitetô-nico] foi construído/-a …*
das Schloss die Burg der Turm das Rathaus	*o castelo?* *o forte?* *a torre?* *a Câmara [a prefeitura]?*
In diesem Hause wurde … geboren.	*Nesta casa nasceu …*
Dieser Palast wurde im manuelini-schen/spätgotischen Stil erbaut.	*Este palácio foi construído no estilo Manuelino.*
Was für Statuen sind das dort auf dem Mauá-Platz?	*Que estátuas são aquelas na Praça Mauá?*
In welchem Jahr wurde die Universität gebaut?	*Em que ano foi construída a universi-dade?*

Waren Sie schon im Maracanã-Stadion?	*Já esteve no Estádio do Maracanã?*
Wollen wir das Planetarium besichtigen?	*Vamos visitar o planetário?*
Wenn Sie wollen, zeige ich Ihnen …	*Se quiser mostro-lhe …*
unser Neubauviertel.	*o nosso novo bairro residencial.*
das Kutschenmuseum.	*o Museu dos Coches.*
Wollen Sie in den Botanischen Garten gehen?	*Quer ir ao Jardim Botânico?*
Sie können auch mit der Fähre zur Insel fahren.	*O sr. pode ir também de ferry-boat [de balsa/de travessia] para a ilha.*
Ich möchte dieses Gebäude fotografieren.	*Quero fotografar este prédio/edifício.*
Darf man fotografieren?	*Pode<u>m</u>-se tirar fotografias?*
Was steht auf der Gedenktafel?	*O que está escrito na lápide?*
Dieses Gebäude wurde nach … rekonstruiert (restauriert).	*Este edifício foi reconstruído (restaurado) …*
Originalplänen	*segundo a planta original.*
Fotografien	*com base em fotografias.*
Gemälden aus der Zeit	*com base nas pinturas da época.*
Sie sollten sich unbedingt … ansehen.	*O sr. tem que ver, sem falta … [não pode deixar de ver …]*
die Glasfenster	*os vitrais.*
die Wandmalereien	*os murais/os frescos [afrescos].*
die Festung	*a fortaleza.*
Im Stadtzentrum gibt es mehrere Museen.	*No centro há vários museus.*
Wir können zu Fuß ins Zentrum gehen.	*Podíamos [Podemos] ir a pé para o centro.*
Ist das Museum heute geöffnet?	*O museu está aberto hoje?*
Der Eintritt ist frei.	*A entrada é grátis.*
Wie viel Zeit brauchen wir, um alles zu sehen?	*Quanto tempo precisamos para ver tudo?*
Mich interessiert besonders …	*Eu interesso-me sobretudo …*
die antike Kunst.	*pela antiguidade/arte antiga.*
die moderne Kunst.	*pela arte moderna.*
die zeitgenössische Kunst.	*pela arte contemporânea.*
Dort am Tisch können Sie … kaufen.	*Ali na mesa pode[m]-se comprar …*
Reproduktionen	*reproduções.*
Dias	*slides.*
den Katalog der Exponate	*o catálogo de exposições.*
Broschüren	*brochuras/panfletos.*
den Museumsplan	*a planta [o mapa] do museu.*

Um wie viel Uhr beginnt die nächste Führung?	*A que horas começa a próxima visita guiada [com guia]?*
Können Sie mir erklären, was das darstellen soll?	*Pode-me explicar o que isso deve representar?*
Wollen wir auch das Museum für … besuchen?	*Vamos visitar também o museu …*
Geschichte	*histórico?*
Naturkunde	*de Ciências Naturais?*
bildende Kunst	*de artes plásticas?*
Wo kann man moderne brasilianische Malerei sehen?	*Onde é que se pode ver pintura moderna brasileira?*
Haben Sie Lust, sich … anzusehen?	*O sr. está com vontade de ver …*
die Industrieausstellung	*a exposição industrial?*
die Landwirtschaftsausstellung	*a exposição agrícola?*
die Fotoausstellung	*a exposição de fotografia?*
die Grafikausstellung	*a exposição gráfica?*
Ich möchte mir die Mustermesse für Konsumgüter ansehen.	*Eu quero ver a feira (de amostras) de bens de consumo.*
Wann hat die Nationale Kunstgalerie geöffnet?	*Quando é que a Galeria Nacional de Arte está patente ao público?* *[Qual é o horário que funciona a Galeria Nacional de Arte?]*
Sind Sie schon in der Gemäldegalerie gewesen?	*O sr. já esteve na Galeria de Pinturas [na pinacoteca]?*
Auf dieser Ausstellung sind … zu sehen.	*Nesta exposição há …*
Aquarelle	*quadros em aguarela.*
Ölgemälde	*quadros a óleo.*
Kupferstiche	*gravuras em cobre.*
Ich möchte … sehen.	*Quero ver …*
die alten Ikonen	*os ícones antigos.*
die Münzausstellung	*a exposição de moedas.*
In welchem Saal befindet sich die flämische Schule?	*Em que sala se encontram os pintores da escola flamenga?*
Wie gefällt Ihnen dieses Porträt?	*Que acha deste retrato?*
Mir gefällt dieses Stillleben.	*Eu gosto desta natureza morta.*
Wann wird die Volkskunstmesse eröffnet?	*Quando vai ser inaugurada a feira de arte popular?*

Freizeit
Tempos livres [tempo de lazer]

Kino	Cinema
Was machen Sie heute Abend?	*O que é que [o sr.] vai fazer hoje à noite?*
Ich will ins Kino gehen.	*Quero ir ao cinema.*
Ich gehe gern ins Kino.	*Gosto de ir ao cinema.*
Ich will mir den neuen brasilianischen Kinofilm ansehen.	*Quero ver o novo filme brasileiro.*
Dieser Film hat großen Erfolg.	*Este filme tem grande sucesso.*
Der Film ist sehenswert.	*Este filme vale a pena [de] ser visto.*
Man bekommt sehr schwer Karten.	*É difícil conseguir bilhetes [entradas].*
Kann man Karten telefonisch vorbestellen?	*Pode-se reservar [arranjar] bilhetes [entradas] por telefone?*
Ich habe Lust, mir … anzusehen. einen Krimi/Kriminalfilm einen Liebesfilm einen Abenteuerfilm einen utopischen Film einen historischen Film einen Dokumentarfilm einen Spionagefilm einen Musikfilm einen Western	*Estou com vontade de ver …* *um filme policial.* *um filme de amor.* *um filme de aventuras.* *um filme de ficção científica.* *um filme histórico.* *um documentário.* *um filme de espionagem.* *um filme musical.* *um filme de 'cowboys' [um filme de faroeste/de bangue-bangue].*
Das ist die Verfilmung des Romans …	*Este filme é baseado no livro …*
Das ist … ein Schwarzweißfilm. ein Farbfilm. ein Cinemascope-Film.	*É …* *um filme a [de] preto e branco.* *um filme a cores [colorido].* *um filme cinemascópio.*
Wer sind die Hauptdarsteller?	*Quem são os protagonistas?*
Wer ist der Regisseur?	*Quem é o realizador [diretor]?*
Wer hat das Drehbuch geschrieben?	*Quem escreveu o guião? [De quem é o roteiro?]*
Der Film läuft in Originalfassung mit deutschen Untertiteln.	*O filme é passado na versão original com legendas em alemão.*
Der Film ist synchronisiert.	*O filme é dobrado [dublado].*
Das ist ein amerikanischer Zeichentrickfilm.	*É um filme americano de desenhos animados.*

Gestern Abend habe ich einen sehr interessanten Film von … mit … gesehen.	*Ontem à noite assisti a / vi um filme muito interessante de … com …*
Dieser Film hat einen Preis beim Filmfestival in Cannes erhalten.	*Este filme foi premiado no Festival de Cinema de Cannes.*
Im Filmklub laufen heute Abend zwei Stummfilme.	*No clube cinematográfico vão passar hoje à noite dois filmes mudos.*
Dieser Film läuft im Filmtheater ‚International'.	*Este filme está a passar [está passando] no cinema 'Internacional'.*
An welchem Tag wechselt das Programm in den Kinos?	*Em que dia muda o programa nos cinemas?*
Wann beginnt die Vorstellung?	*A que horas começa a sessão?*
Ab wann ist Einlass?	*A partir de que horas se pode entrar? [A que horas a gente pode entrar?]*
Während der Ferien laufen vor allem Kinderfilme.	*Durante as férias passam sobretudo filmes para crianças.*

Theater	Teatro
Wollen Sie am Sonntag mit ins Theater kommen?	*[O sr.] Quer ir também ao teatro no domingo?*
Ist die Theatersaison schon eröffnet?	*Já começou a temporada de teatro?*
Um wie viel Uhr beginnt die Vorstellung?	*A que horas começa o teatro?*
Haben Sie die Zeitung mit dem Spielplan dieser Woche?	*O sr. tem o jornal que traz o programa de teatro para esta semana?*
Was wird im Nationaltheater gespielt?	*Que peça vai haver [O que vai passar] no Teatro Nacional?*
Ich möchte ein Theaterstück von Brecht sehen.	*Quero ver uma peça de Brecht.*
Ich werde mich um Karten für die morgige Abendvorstellung bemühen.	*Eu vou tentar conseguir comprar bilhetes [entradas] para o espectáculo / teatro de amanhã à noite.*
Gibt es Karten im Vorverkauf?	*Podem-se comprar bilhetes [entradas] com antecedência?*
Die Karten besorge ich.	*Eu vou tratar dos bilhetes. [Eu providencio as entradas.]*
Eintrittskarten gibt es an der Theaterkasse.	*Há bilhetes [entradas] na bilheteira [bilheteria] do teatro.*

Ich möchte zwei Parkettplätze für die Abendvorstellung am nächsten Samstag reservieren.	Queria reservar dois bilhetes de plateia [platéia] para o espectáculo de sábado à noite.
Heute ist ausverkauft.	Hoje está esgotado.
Ob wir noch Karten für morgen bekommen?	Será que vamos conseguir bilhetes [entradas] para amanhã?
Morgen ist spielfrei.	Amanhã não há espectáculo.
Übermorgen können wir … sehen.	Depois de amanhã podemos assistir a …
eine Komödie	uma comédia.
eine Tragödie	uma tragédia.
ein Stück von D.	uma peça de D.
eine Oper	uma ópera.
eine Operette	uma opereta.
ein klassisches Ballett	um 'ballet' [balé] clássico.
Ich habe zweimal … genommen.	Comprei dois lugares …
Parkett	na plateia [platéia].
ersten Rang	no primeiro balcão.
Loge	na camarote.
Gibt es Ermäßigungen für Studenten?	Há desconto para estudantes?
Ich habe über eine Stunde angestanden.	Fiquei mais de uma hora na bicha [fila].
Sind die Plätze nummeriert?	Os lugares são numerados?
Sind das Mittel- oder Seitenplätze?	São lugares no meio/no centro ou do lado/na lateral?
Wo ist die Garderobe?	Onde é o vestiário?
Ein Programmheft bekommen Sie bei der Platzanweiserin.	O sr. pode comprar um programa à arrumadora [do vaga-lume/do lanterninha].
Ich möchte ein Theaterglas.	Quero um binóculo de teatro.
Die Pause ist nach dem zweiten Akt.	O intervalo é depois do segundo acto.
Die Pause dauert etwa eine Viertelstunde.	O intervalo dura mais ou menos quinze minutos.
Ich erwarte Sie in der Pause …	Vou esperar por si [Vou lhe esperar] … durante o intervalo.
am Büffet.	no bufete [bufê]
im Foyer.	no vestíbulo [no saguão]
Sagen Sie mir bitte, wo das Büffet ist?	Diga-me onde fica o bufete [o bufê]?
Wie gefällt Ihnen die Inszenierung?	Que acha da encenação?
Das Stück ist amüsant.	A peça é divertida.
Der Schauspieler, der den R. spielt, ist wirklich ausgezeichnet.	O actor que faz o papel de R. é realmente excelente.

Er erhielt viel Beifall.	*Ele recebeu muitos aplausos.*
Das Stück hatte eine sehr gute Kritik.	*A peça teve uma crítica muito boa.* *[A crítica elogiou a peça.]*
Die Inszenierung ist gelungen.	*Esta encenação está bem feita [foi boa].*
Die Ausstattung und die Kostüme scheinen mir nicht recht zum Stück zu passen.	*A decoração e o guarda-roupa não me parecem combinar bem com a peça.*
Die Hauptdarstellerin ist eine sehr talentierte Schauspielerin.	*A actriz principal [A protagonista] é uma actriz de grande talento.*
Wer ist der Regisseur dieser Komödie?	*Quem é o encenador [diretor] desta comédia?*
Gibt es in der Stadt … eine Freilichtbühne? ein Puppentheater?	*Há … nesta cidade?* *teatro ao ar livre* *teatro de marionetas [marionete]*

Konzert | Oper — *Concerto | Ópera*

Ich liebe Musik über alles.	*Adoro a música acima de tudo.*
Ich gehe jeden Monat ins Konzert.	*Todos os meses vou a um concerto.*
Gehen wir heute Abend in die Oper?	*Vamos à ópera hoje à noite?*
Was gibt es heute Abend in der Oper?	*O que há hoje à noite na ópera?*
Welche ist Ihre Lieblingsoper?	*Qual é a sua ópera predilecta?*
Wer dirigiert?	*Quem rege?*
Das ist …. aus der Oper M. eine Melodie der berühmte Chor die Arie des P.	*Isto é … da ópera M.* *uma melodia* *o famoso coro* *a ária de P.*
Wer ist … die Sopranistin? der Bassist?	*Quem é …* *a/o soprano?* *o baixo?*
Wer sind die bekanntesten Opern-sänger Ihres Landes?	*Quais são os mais famosos cantores de ópera do seu país?*
Dieser lyrische Tenor ist sehr bekannt.	*Este tenor lírico é muito conhecido.*
Von wem ist das Libretto?	*De quem é o libreto?*
Ich habe eine Einladung zu einem Vio-linenkonzert erhalten.	*Recebi um convite para um concerto de violino.*

Ich habe ein sehr gutes … gehört.	*Ouvi um óptimo concerto …*
Orgelkonzert	*de órgão.*
Kammerkonzert	*de câmara.*
Orchesterkonzert	*de orquestra.*
sinfonisches Konzert	*sinfó[ô]nico.*
Jazzkonzert	*de jazz.*
Ich möchte ein Konzert mit portugiesischer Volksmusik hören.	*Quero ouvir um concerto de música popular portuguesa.*
Für morgen haben wir Karten für das Konzert der Dresdner Philharmonie.	*Temos bilhetes (entradas) para o concerto da orquestra filarmónica (filarmônica) de Dresden para amanhã.*
Das Streichquartett aus São Paulo gibt morgen ein Konzert in der Aula der Universität.	*Amanhã, o quarteto de cordas de São Paulo vai dar um concerto no auditório da Universidade.*
Was steht auf dem Programm des heutigen Konzerts?	*O que consta do [no] programa do concerto de hoje?*
Auf dem Programm stehen/steht …	*Do [No] programa constam/consta …*
Werke von Bach.	*obras de Bach.*
eine Sonate von Mozart.	*uma sonata de Mozart.*
eine Sinfonie von Beethoven.	*uma sinfonia de Beethoven.*
ein Liederabend.	*um recital de canto.*
die Rhapsodie von G.	*a rapsódia de G.*
Wo findet das Konzert statt?	*Onde vai ser / terá lugar o concerto?*
Wie heißt der Dirigent?	*Qual é o nome do maestro/regente?*
Diese Sängerin hat eine schöne Stimme.	*Esta cantora tem uma bela voz.*
Das Publikum hat eine Zugabe verlangt.	*A plateia [platéia] pediu bis.*
Spielen Sie ein Instrument?	*O sr. toca algum instrumento?*
Ja, ich spiele Klavier.	*Sim, toco piano.*

Tanz	Dança
Tanzen Sie gern?	*O sr. gosta de dançar?*
Ich tanze sehr gern.	*Gosto muito de dançar.*
Ich kann die modernen Tänze nicht.	*Não sei dançar as danças modernas.*
Was tanzen Sie am liebsten?	*O que é que [o sr.] gosta mais de dançar?*
Am liebsten tanze ich Walzer.	*Prefiro dançar valsa.*
Wollen wir tanzen?	*Vamos dançar?*
Tanzen Sie?	*A sra. quer dançar?*

Darf ich bitten?	*Dá-me o prazer desta dança?*
	[Permite-me tirá-la para dançar?]
Darf ich Sie um diesen Tanz bitten?	*Queria ter o prazer de dançar consigo*
	esta música?
	[Permite-me dançar esta parte?]
Darf ich Sie zum Tanz einladen?	*Posso convidá-la para dançar?*
Gewiss.	*Pois não. / Porque não?!*
Es tut mir leid, dieser Tanz ist bereits	*Lamento, mas vou dançar esta música*
vergeben.	*com outra pessoa [com outro].*
Danke, aber …	*Obrigada, mas …*
ich tanze nicht.	*eu não vou dançar.*
ich bin etwas müde.	*estou um pouco cansada.*
ich möchte mich etwas ausruhen,	*quero descansar um pouco. A pista*
die Tanzfläche ist zu voll.	*está cheia demais.*
Entschuldigen Sie, ich habe Sie	*Desculpe de a ter pisado.*
getreten.	*[Desculpe-me por ter pisado a sra.]*
Macht nichts, es ist meine Schuld.	*Não tem importância. A culpa foi minha.*
Wollen wir uns ausruhen?	*Vamos descansar/parar?*
Ich danke Ihnen. Es war mir ein Ver-	*Muito obrigado. Foi um prazer.*
gnügen.	
Darf ich Sie nach Hause begleiten?	*Posso acompanhá-la até sua casa? /*
	Posso levá-la à sua casa?

Fernsehen	Televisão
Haben Sie Farbfernsehen?	*Tem televisão a cores / TV a cores [tele-*
	visão colorida]?
Er hat gerade einen tragbaren Fernse-	*Ele acabou de comprar uma televisão*
her gekauft.	*portátil.*
Ich möchte Sie heute Abend zum Fern-	*Quero convidá-lo para assistir a um*
sehen einladen.	*programa de televisão [aqui em casa]*
	hoje à noite.
Ich hatte bislang keine Gelegenheit, in	*Até agora não tive oportunidade de ver*
Brasilien fernzusehen.	*televisão no Brasil.*
Haben Sie gestern Abend ferngesehen.	*O sr. viu televisão ontem à noite?*
Ich sehe mir täglich die	*Todos os dias vejo as notícias na televisão.*
Nachrichten(sendung) an.	
Was gibt es im Programm?	*O que há no programa?*
Was wird heute im Fernsehen gesen-	*O que há hoje na televisão?*
det?	

Das Programm liegt auf dem Tischchen neben dem Fernseher.	*O programa está sobre a mesinha ao lado de televisão.*
Heute wird … gesendet.	*Hoje vai passar …*
die letzte Folge einer Fernsehserie.	*o último episódio [capítulo] de uma telenovela/série.*
das Wirtschaftsmagazin	*a revista económica [econômica].*
Welche Bildschirmdiagonale hat das Gerät?	*Que tipo de ecrã tem o aparelho? [Qual é o tamanho diagonal da tela do seu televisor?]*
Das Bild ist heute …	*Hoje, a imagem …*
etwas verschwommen.	*não está bem nítida / está pouco nítida.*
sehr klar.	*está bem nítida.*
Das Bild hat zu wenig Kontrast.	*A imagem está com pouco contraste.*
Das Bild wackelt.	*A imagem está a tremer [está tremendo].*
Können Sie diese Querstreifen beseitigen?	*Não pode tirar estas listas [listras]?*
Was ist mit dem Ton los?	*O que está a haver [está havendo] / Que há com o som?*
Auf welchem Kanal empfangen Sie das zweite Programm?	*Em que [qual] canal apanha [o sr. pega] o segundo programa?*
Empfangen Sie die Programme über …	*O sr. recebe/capta [pega] os programas via …*
Antenne?	*antena?*
Kabel?	*cabo?*
Satellit?	*satélite?*
Die Wettkämpfe der Olympischen Spiele werden direkt übertragen.	*As competições dos Jogos Olímpicos serão transmitidas ao vivo.*
Bei den Privatsendern stören mich die ständigen Werbeeinblendungen/Werbeunterbrechungen.	*Nos canais privados incomodam-me as constantes interrupções para a publicidade. [Nos canais de TV particulares me incomodam muito as constantes propagandas comerciais.]*
Das ist die Aufzeichnung einer öffentlichen Veranstaltung.	*É uma gravação de um espectáculo [acontecimento] público.*

Sport
Desporto [Esporte]

Allgemeine Ausdrücke	Expressões gerais
Interessieren Sie sich für Sport?	Interessa-se por desporto? [O sr. se interessa por esporte?]
Treiben Sie Sport?	Pratica desporto [esporte]?
Sind Sie Mitglied eines Sportklubs?	[O sr.] É membro de algum [um] clube desportivo?
Sie ist sehr sportlich.	Ela é muito desportiva. Ela tem muito jeito [muita tendência] para desporto [esportes].
Welche Sportart treiben Sie?	Que tipo de desporto [esporte] pratica?
Ich treibe ... Reitsport. Wintersport.	Pratico ... equitação. desportos [esportes] de Inverno.
Mein Bruder ist ein passionierter Berg-steiger.	O meu irmão é apaixonado pelo alpi-nismo [é um alpinista apaixonado].
Ich bin Amateursportler.	Sou desportista amador.
Er ist ein Profi.	Ele é desportista profissional.
Ich treibe Leistungssport.	Pratico desporto de alta competição [esporte de rendimento].
Welches sind die populärsten Sport-arten in Ihrem Lande?	Quais são os tipos de desporto [esporte] mais populares no seu país?
Ich spiele in einer ... Handballmannschaft. Basketballmannschaft.	Eu jogo numa equipa [equipe] ... de andebol. de basquetebol [bola ao cesto].
Sie macht Geräteturnen.	Ela pratica exercícios de ginástica com aparelhos.
Ich mache auch viel Gymnastik.	Eu também pratico muita ginástica.
Unsere Tochter geht zur Ballettschule.	A nossa filha frequenta a escola de 'ballet' [balé].
Ich gehe zum Training.	Eu vou para o treino.
Wie oft trainieren Sie?	Quantas vezes treina?
Ich trainiere zweimal in der Woche.	Treino duas vezes por semana.
Er muss für ... trainieren. die Meisterschaften der Regionalliga die Landesmeisterschaft	Ele deve treinar para ... o campeonato regional. o campeonato nacional.

Können Sie …	*O sr. sabe …*
schwimmen?	*nadar?*
Schlittschuh laufen?	*patinar no gelo?*
Ski laufen?	*esquiar? / fazer esqui?*
Spielen Sie …	*O sr. joga / sabe jogar …*
Tischtennis?	*ténis [tênis] de mesa?*
Schach?	*xadrez?*
Fahren Sie …	*O sr. anda / sabe andar …*
Rad?	*de bicicleta?*
Motorrad?	*de moto (cicleta)?*
Dieser Sportler hat bei den Olym-pischen Spielen die Gold- (Silber-, Bronze-)medaille errungen.	*Este desportista conquistou a medalha de ouro (prata, bronze) nos Jogos Olím-picos.*
Wer ist Olympiasieger …	*Quem é [foi] o campeão …*
im Kugelstoßen?	*de lançamento de peso?*
im Stabhochsprung?	*de salto à [a/de] vara?*
im Eiskunstlauf?	*de patinagem artística no gelo?*
Wollen Sie sich … anschauen?	*O sr. quer assistir …*
das Fußballspiel	*à partida de futebol?*
das Hockeyspiel	*à partida de hóquei?*
den Boxkampf	*à luta de boxe?*
das Pferderennen	*à corrida de cavalos?*
In welchem Stadion findet das Spiel statt?	*Em que estádio vai ser (realizado) o jogo?*
Unsere Mannschaft hat einen neuen Landesrekord aufgestellt.	*A nossa equipa [equipe] estabeleceu [marcou] um novo record nacional.*
Er hat seine eigene Bestzeit unter-boten.	*Ele bateu o seu próprio record (em tempo).*
Wir gehen …	*Vamos para …*
auf den Sportplatz.	*o campo de desporto [esportes].*
in die Schwimmhalle.	*a piscina.*
in die Turnhalle.	*o ginásio [pavilhão de ginástica].*
Kommen Sie mit?	*O sr. vem connosco?*
Sonnabendnachmittag findet ein inter-essantes … statt.	*Sábado à tarde vai ser realizado um interessante …*
Pokalspiel	*jogo para a [da] taça.*
Länderspiel	*jogo para o [pelo] campeonato nacio-nal.*
Freundschaftsspiel	*jogo amistoso.*
Spielen Sie mit mir eine Partie Schach?	*O sr. joga uma partida de xadrez comigo?*
Sie sind am Zuge.	*É a sua vez.*

Fußball	Futebol
Wer ist Fußball-Landesmeister?	Qual é [foi] a equipa [equipe] campeã?
Wer ist Pokalsieger?	Quem ganhou a taça? / Qual foi a equipa [equipe] vencedora da taça?
Wer hat die Fußball-Europameister-schaft gewonnen?	Quem ganhou o campeonato europeu de futebol?
Am nächsten Sonntag werden die Halbfinalspiele ausgetragen.	No próximo domingo serão realizadas as meias-finais [semi-finais].
In 14 Tagen ist das Endspiel.	A final é daqui a quinze dias.
Diese Mannschaft ist in einer ausge-zeichneten Form.	Esta equipa [equipe] está em excelente forma.
Die Auswahl hat heute folgende Auf-stellung: …	A selecção hoje está composta da seguinte forma: …
Wer ist …	Quem é …
der Mannschaftskapitän?	o capitão da equipa [equipe]?
der Mittelstürmer?	o avançado-centro [centro-avante]?
der Tormann?	o guarda-redes [o goleiro]?
Verteidiger?	jogador de defesa?
Rechtsaußen/Linksaußen?	extremo-direito/-equerdo?
der Trainer der Mannschaft?	o treinador da equipa [equipe]?
In der ersten Halbzeit ist kein Tor gefallen.	Não houve golos [gol] na primeira parte [no primeiro tempo].
Zurzeit steht es null zu null.	Por hora / Até agora há [está] zero a zero.
Wer, glauben Sie, wird gewinnen?	Quem, [o sr.] acha, que vai ganhar?
Unsere Mannschaft hat bis zur Halbzeit geführt.	Até ao intervalo a nossa equipa [equipe] estava a ganhar. [Durante o primeiro tempo o nosso time estava liderando.]
Wir haben (mit) drei zu eins gewonnen.	Ganhámos [de] três a um.
Der Schiedsrichter hat … gepfiffen/verhängt.	O árbitro [juiz] marcou …
einen Strafstoß	um penalti [pênalti].
einen Freistoß	um [tiro] livre / livre directo.
einen indirekten Freistoß	um livre indirecto.
Er hat ihm die rote/gelbe Karte gezeigt.	Ele mostrou-lhe/deu-lhe o cartão verme-lho/amarelo.
Es gibt …	Vai ser …
einen Eckstoß/eine Ecke.	canto [córner/escanteio].
Einwurf für X.	lançamento a favor da equipa X [lance para/em favor do time X].
Elfmeter.	penalti [pênalti].

Der Libero der Gastmannschaft hat eine Verwarnung bekommen.	*O livre da equipa de fora recebeu cartão amarelo. [O libero do time de fora recebeu uma advertência].*
Der Mittelstürmer steht im Abseits.	*O avançado de centro está fora de jogo. [O centro avante está no/de off-side.]*
Der Verteidiger wurde gefoult.	*Houve uma falta contra o defesa.*
Der Torwart konnte diesen Schuss nicht abwehren.	*O guarda-redes [O goleiro] não pôde defender o remate [gol].*
Es war ein unhaltbarer Schuss.	*Foi um remate sem defesa. [O tiro não pôde ser detido].*
Leider wurde der Rechtsaußen der Gastgeber in der ersten Halbzeit verletzt.	*Infelizmente o lateral direito/o extremo-direito/o ponta-direito da equipa [do time] da casa foi ferido na primeira parte [no primeiro tempo].*
Im Auswärtsspiel hat unsere Mannschaft unentschieden gespielt.	*A nossa equipa [O nosso time] empatou jogando fora de casa.*
Die Mannschaft aus L. hat drei Tore geschossen.	*A equipa [O time] de L. marcou três golos [goles/tentos].*
Wie ist das Spiel ausgegangen?	*Qual/Como foi o resultado do jogo? / Como terminou o jogo?*

Wintersport	Desportos [Esporte] de Inverno
Wir fahren jeden Winter ins Gebirge zum Wintersport.	*Todos os Invernos viajamos para as montanhas para praticar desportos [esporte] de Inverno.*
Ich bin leidenschaftlicher Skiläufer.	*Sou um esquiador apaixonado.*
Ich habe als kleines Kind Skilaufen gelernt.	*Eu aprendi a esquiar quando ainda era pequeno/criancinha.*
Ich gehe zu den Skiwettkämpfen.	*Vou para as competições de esqui.*
Fahren Sie auch mit dem Skilift?	*O sr. vai também de teleférico de esquiadores?*

Haben Sie … im Fernsehen gesehen?
    das Skispringen
    den Slalomlauf
    den Abfahrtslauf
    das Bobrennen
	*Viu … na/pela televisão?
	    o salto de esqui
	    a corrida de slalom
	    a [carreira de] descida
	    [a corrida de] 'bob-sleigh'*

Meine Tochter läuft sehr gern Schlittschuh.	*A minha filha gosta muito de patinar sobre o gelo.*
Sie geht fast täglich auf die Eisbahn.	*Quase todos os dias ela vai à pista de patinagem.*

Ich möchte mir die Meisterschaften im Eiskunstlauf ansehen.	*Quero ver o campeonato de patinagem artística no gelo.*
Ich werde mir nur die Kür der Damen ansehen.	*Eu vou ver apenas a patinagem livre das senhoras.*
Ich werde im Fernsehen die Weltmeisterschaften im Eishockey verfolgen.	*Vou acompanhar pela televisão o campeonato internacional de hóquei sobre o gelo.*

Leichtathletik	Atletismo
Er macht seit mehreren Jahren Leichtathletik.	*Há vários anos que ele anda a praticar [vem praticando] atletismo.*
Für heute sind folgende Läufe angesetzt: 100-Meter-Lauf 400 Meter Hürden 3000 Meter Hindernislauf	*Para hoje estão programadas as seguintes corridas:* *os cem metros [rasos]* *400 metros-barreiras [corrida de 400 metros de barreira]* *corrida de 3000 metros com [de] obstáculos.*
Dieser Läufer stellte einen neuen Weltrekord auf.	*Este corredor marcou um novo record internacional.*
Heute findet … statt. der Fünfkampf der Zehnkampf	*Hoje terá lugar …* *o pentatlo.* *o decatlo.*
Was war die größte Weite beim … Kugelstoßen? Weitsprung?	*Qual foi a maior distância alcançada …* *no lançamento de peso?* *no salto em comprimento [em distância]?*
Die Ausscheidungen/Entscheidungen im … werden gleich beginnen. Stabhochsprung Hochsprung der Frauen Dreisprung	*As eliminatórias … terão início em breve.* *do salto à [de] vara* *do salto em altura de [das] mulheres* *do triplo salto [salto triplo]*
Der Start muss wiederholt werden.	*A partida tem de ser repetida.*
Der Läufer auf Bahn drei ist Landesmeister.	*O corredor na pista três é o campeão nacional.*
Der Favorit des Wettbewerbs hat einen neuen Landesrekord aufgestellt und die Goldmedaille errungen.	*O favorito da competição marcou/estabeleceu um novo record nacional e conquistou a medalha de ouro.*
Ich habe … zugesehen. beim Diskuswerfen	*Eu assisti …* *ao lançamento do disco [arremesso de discos].*

beim Speerwerfen	*ao lançamento do dardo [arremesso de dardos].*
beim Hammerwerfen	*ao lançamento do martelo [arremesso de martelo].*
beim Kugelstoßen	*ao lançamento de peso.*

Es folgt der 4 × 100 m [viermal einhundert Meter-] Lauf der Männer.   *Segue a corrida de estafetas masculina de 4 × 100 m.*

Die Wettkämpfe enden mit dem Marathonlauf.   *As competições terminarão com a corrida de maratona.*

Wassersport — *Desportos aquáticos [Esporte aquático]*

Haben Sie in Ihrer Stadt eine Schwimmhalle?   *A sua cidade tem piscina coberta?*

Ich schwimme gern.   *Gosto de nadar.*

Gestern wurde im Fernsehen ein Schwimmwettkampf übertragen.   *Ontem foi transmitida na televisão uma competição de natação.*

Kennen Sie die Ergebnisse der Europameisterschaften im 100 Meter …   *O sr. sabe dos resultados do campeonato europeu na disciplina de/dos 100 metros de natação [de nado] …*

Brustschwimmen?	*de bruços?*
Rückenschwimmen?	*de costas?*
Freistil?	*livre?*
Schmetterling?	*de mariposa [borboleta]?*
Kraul?	*de crawl?*

Die Favoritin hatte einen 2-Meter-Vorsprung vor den anderen.   *A favorita teve um avanço de 2 metros com relação aos outros.*

Der Endkampf wird zwischen Bahn zwei und drei ausgetragen.   *A vitória vai ser disputada [A final será] entre a pista dois e três.*

Die Schwimmerin auf Bahn zwei hatte die bessere Wende.   *A nadadora na pista dois deu a melhor viragem.*

Sie hat die beste Zeit geschafft.   *Ela conseguiu o melhor tempo.*

Ich will auch das Springen vom Brett und vom Turm sehen.   *Quero ver também o salto do trampolim/da prancha e da torre.*

Wann beginnen die Wettkämpfe im Rudern und im Kanu?   *Quando começam as competições (na disciplina) de remo e canoa?*

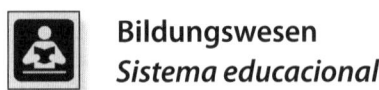

Bildungswesen
Sistema educacional

Vorschulerziehung	Educação pré-escolar
Wie ist in Ihrem Land die Vorschulerziehung organisiert?	*Como está [é] organizada a educação pré-escolar no seu país?*
Die Vorschulerziehung erfolgt in der Kinderkrippe und im Kindergarten.	*A educação pre-escolar realiza-se na creche e no jardim de infância.*

Die Kosten für Unterbringung und Verpflegung …
    sind sehr gering.
    betragen monatlich X Euros.
	As despesas de alojamento e alimentação …
	    são mínimas.
	    importam em X euros mensais/por mês.

Allgemeinbildende Schule	Escola secundária [Escola de cultura geral]
Das Unterrichtssystem in Ihrem Land interessiert mich.	*Estou interessado no [Eu me interesso pelo] sistema educacional do seu país.*
Ab/Mit welchem Alter sind die Kinder schulpflichtig?	*A partir de / Com que idade as crianças são obrigadas a frequentar a escola? / A partir de que idade começa a escolaridade obrigatória?*
Mit 6 Jahren kommen die Kinder zur Schule.	*As crianças começam a frequentar a escola com 6 anos de idade.*
Wie viele Jahre beträgt die allgemeine Schulpflicht?	*Quantos anos é o período obrigatório da frequência escolar?*
Die Schulzeit umfasst 10 Jahre.	*O período escolar é de 10 anos.*
Der Schulbesuch ist kostenlos.	*A frequência escolar / O ensino é grátis.*
In welcher Klasse beginnt der Fremdsprachenunterricht?	*Em que ano [série/grau] começa o ensino de línguas estrangeiras?*
Ist dieser Unterricht obligatorisch oder fakultativ?	*Esta disciplina [matéria] é obrigatória ou facultativa?*
Welche Fächer werden unterrichtet?	*Quais são as disciplinas que vão ser dadas/ministradas?*
Wann beginnt (endet) das Schuljahr?	*Quando começa (termina) o ano lectivo?*
Was für Ferien haben die Schüler?	*Que tipo de férias têm os alunos?*
Das Schuljahr besteht aus zwei Halbjahren.	*O ano lectivo tem dois semestres.*

Welche Schule besuchen Ihre Kinder?	*Que escola frequentam os seus filhos?*
Unsere Tochter besucht die Zehnklassenschule/Hauptschule, die für alle Kinder obligatorisch ist.	*A nossa filha está a frequentar [está frequentando] a escola de dez anos que é obrigatória para todas as crianças.*
Was will sie einmal werden?	*Que é que ela pensa vir a ser? [O que é que ela quer/vai ser?]*
Unser Junge besucht das Gymnasium bis zum Abitur.	*O nosso filho está a frequentar (está frequentando) o ginásio/a escola de doze anos (classes) até concluir o exame pré-universitário [até concluir o curso de segundo grau].*
Wie viele Sprachen haben Sie auf dem Gymnasium gelernt?	*Quantas línguas aprendeu no liceu? [Quantos idiomas estrangeiros aprendeu no ginásio?]*
In welchem Jahr haben Sie Ihr Abitur gemacht?	*Em que ano [o sr.] fez o exame pré-universitário [concluiu o curso de segundo grau]?*
Gibt es bei Ihnen Schulen mit Deutsch als Pflichtfach?	*No seu país há escolas que incluem o alemão como disciplina obrigatória?*
Wird in Ihrer Schule Latein unterrichtet?	*Ensina-se latim no seu liceu [ginásio]?*
Der Deutschlehrer unterrichtet auch Englisch.	*O professor de alemão ensina também inglês.*
Welche Fächer werden auf dem Gymnasium unterrichtet?	*Que disciplinas são dadas no liceu? [Quais são as disciplinas/matérias que são dadas no ginásio?]*
Mein Junge mag am liebsten Biologie.	*O meu filho do que gosta mais é de biologia. [Meu filho interessa-se mais por biologia.]*
Nach der Grundschule/allgemeinbildenden Schule habe ich die Berufsschule besucht.	*Após a escola primária [o primário] frequentei a escola profissional.*
Gibt es auch eine Abendschule?	*Há também cursos nocturnos?*
Haben Sie auch Internatsschulen?	*Há também internatos no seu país?*
Mein Sohn ist in diesem Jahr eingeschult worden.	*O meu filho ingressou na escola/passou para escola este ano.*
Meine älteste Tochter ist in der 10. Klasse.	*A minha filha mais velha está a frequentar [está frequentando] o décimo ano [o décimo grau/a décima série].*
Mein Bruder bekommt ein Stipendium.	*O meu irmão/tem uma bolsa de estudos.*

Er hat in allen Fächern gute Zensuren/ Noten.	*Ele tem boas notas em todas as disciplinas [matérias].*
Er ist versetzt worden.	*Ele passou.*
Er hat ein gutes Zeugnis bekommen.	*Teve [Ele tirou] boas notas.*
Leider ist sein Freund sitzengeblieben.	*Infelizmente o amigo dele ficou [foi] reprovado. / não passou. / vai repetir o ano.*
Zwei Klassenkameraden haben Nachprüfungen, der eine in Geschichte, der andere in Chemie.	*Dois colegas da turma [classe] vão fazer a segunda chamada, um vai fazer história e o outro química.*
Sie müssen zu Beginn des kommenden Schuljahres eine Prüfung ablegen. Wer diese Prüfung nicht besteht, bleibt sitzen.	*Eles têm que fazer uma prova no início do ano lectivo. Quem não passar nesta prova tem que repetir o ano.*
Ich habe … abgeschlossen. die technische Fachschule die achtjährige allgemeinbildende Schule.	*Conclui …* *a escola técnica.* *a secundária de 8 anos [o primário de oito séries].*

Universität | Hochschule | Forschung	*Universidade | Escola Superior | Investigação/Pesquisa*
Nach dem Abitur habe ich Sprachwissenschaft studiert.	*Depois de fazer o exame pré-universitário [de concluir o segundo grau] estudei filologia.*
Wer bekommt ein Stipendium?	*Quem são as pessoas que recebem bolsas? [Quem é contemplado com bolsa?]*
Wann haben Sie die Zulassungsprüfung für die Universität abgelegt?	*Quando fez o exame de admissão à Universidade? [Quando fez o vestibular?]*
Er will an einem Pädagogischen Institut studieren.	*Ele quer estudar num Instituto de Pedagogia.*
Er hat sich für ein technisches Studium entschieden.	*Ele decidiu fazer um curso técnico.*
Meine Tochter will Lehrerin werden.	*A minha filha quer ser professora.*
Welche Fachrichtung wollen Sie studieren?	*O que é que (o sr./você) quer seguir?*
Was für eine Schulbildung haben Sie?	*Qual é a sua formação escolar? / [seu grau de instrução?]*
Ich habe Abitur.	*Fiz o exame pré-universitário. [Conclui/Tenho o segundo grau.]*

Ich habe … studiert.	Estudei …
an der Universität	na Universidade.
an der Hochschule	na Escola Superior.
an der Fachhochschule	na Escola Técnica Superior (no Instituto Superior).
an einer Ingenieurschule	numa Escola de Engenharia.
an der Musikschule	na Escola Superior de Música.

Ich werde mein Studium in diesem Jahr abschließen.	Vou concluir os meus estudos / meu curso este ano.
Welchen Abschluss haben Sie nach Beendigung Ihrer Studienzeit – Bachelor oder Master?	Que grau académico adquire após a sua formação – licenciatura ou mestrado? [Que grau concluiu após o término de seus estudos: bacharelato ou mestrado?]
Die Studenten wohnen …	Os estudantes moram …
in Studentenwohnheimen.	em lares de estudantes [em casa de estudante].
privat (zur Untermiete).	em quartos alugados.
Sie essen in der Mensa.	Eles comem na cantina [no restaurante] da Universidade.
Ich schreibe an meiner Diplomarbeit.	Estou a preparar/fazer [Estou preparando/fazendo] a minha tese de licenciatura [tese para o diploma].
Dann werde ich an meiner Dissertation/Doktorarbeit arbeiten.	Depois vou preparar a tese de doutoramento [doutorado].
Ich hoffe, meine Dissertation in drei Jahren zu verteidigen.	Espero defender a minha tese daqui a três anos [em três anos].
Bei uns gibt es noch …	No nosso sistema de ensino há também …
das Fernstudium.	cursos por correspondência.
die Volkshochschule.	escolas nocturnas.
die Abendkurse.	cursos nocturnos.
Das Hochschuljahr beginnt im September und endet im Juli.	O ano lectivo na universidade começa em Setembro e termina em Julho.
Ich habe noch eine Prüfung.	Ainda tenho um exame [uma prova].
Ich habe alle Prüfungen bestanden.	Fui aprovado / Passei em todos os exames.
Ich muss an … teilnehmen.	Tenho de frequentar/fazer …
einem Weiterbildungslehrgang	um curso de aperfeiçoamento.
einem Ferienkurs	um curso de férias.
Das Seminar findet vierzehntäglich statt.	O seminário é de quinze em quinze dias.
Die Vorlesung ist wöchentlich.	A aula teórica é semanalmente.

Ich bin …	*Sou …*
Dozent.	*docente.*
Lehrbeauftragter.	*docente convidado [contratado/*
	docente com contrato temporário].
Professor.	*professor catedrático.*
wissenschaftlicher Mitarbeiter.	*assistente.*
Lehrstuhlinhaber.	*chefe da cadeira [catedrático].*
Wo haben Sie promoviert?	*Onde é que [o sr.] fez o doutoramento [doutorado]?*
Arbeiten Sie an einem Forschungs-institut?	*O sr. trabalha num Instituto de Pesquisas?*
Unser Sektionsleiter wurde zum korrespondierenden Mitglied der Akademie gewählt.	*O nosso chefe de departamento foi eleito membro correspondente da Academia.*
An der Akademie arbeitet eine große Zahl junger Wissenschaftler.	*Na Academia trabalha um grande número de cientistas jovens.*
Es wird sowohl theoretische als auch angewandte Forschung betrieben.	*Fazem-se pesquisas tanto teóricas como aplicadas.*

Arbeit und gesellschaftliches Leben
Trabalho e vida social

Arbeit | Sozialversicherung	Trabalho | Seguro [Previdência] social
Ist Ihre Frau berufstätig?	*A sua esposa trabalha?*
Sie ist Angestellte im öffentlichen Dienst.	*É funcionária pública.*
Sie arbeitet … ganztags. halbtags.	*Ela trabalha …* *em tempo integral.* *(em regime de/a) meio tempo [meio expediente].*
Mein Bruder ist Lehrling.	*O meu irmão é aprendiz.*
Er will … werden. Dreher Fahrzeugschlosser Fernsehmonteur	*Ele quer ser …* *torneiro.* *mecânico de automóveis.* *técnico de televisão.*
Was sind Sie von Beruf?	*Qual é a sua profissão?*
Ich bin Diplom-Ingenieur.	*Sou engenheiro diplomado [engenheiro formado].*
Welchen Beruf haben Sie erlernt?	*Que profissão [o sr.] aprendeu?*
Wo arbeiten Sie?	*Onde [o sr.] trabalha?*
Ich habe mehrere Arbeitsstellen.	*Tenho vários empregos.*
Ich arbeite … in einem Industriebetrieb. in einem Labor. in einer Möbelfabrik. in einem Chemiekonzern. in einem Werk. in einer Handwerksgenossenschaft. in einer Konsumgenossenschaft. in einer Tischlerei. in einem Verlag. in einem Krankenhaus. in einem Büro.	*Trabalho …* *numa empresa industrial.* *num laboratório.* *numa fábrica de móveis.* *num consórcio da indústria química.* *numa empresa.* *numa cooperativa de artífices.* *numa cooperativa de consumo.* *numa marcenaria/carpintaria.* *numa editora.* *num hospital.* *num escritório.*
Sie hat eine Stelle als Sekretärin … gefunden. in der Verwaltung in einem Ministerium	*Ela encontrou emprego como secretária …* *na administração.* *num ministério.*
Meine Mutter arbeitet … in der Produktion. in der Forschung.	*A minha mãe trabalha …* *na produção.* *no sector de pesquisas.*

Mein Mann unterrichtet an einer Berufsschule.	O meu marido é professor [ensina] numa escola de formação profissional.
In welcher Abteilung arbeiten Sie?	Qual é a secção em que o sr. trabalha?
Er hat die Arbeitsstelle gewechselt.	Ele mudou de emprego.
Er ist auf Arbeitssuche.	Ele está à procura de emprego.
Seine jetzige Arbeit gefällt ihm nicht.	Ele não está a gostar [está gostando] do emprego actual.
Unser Team arbeitet gut zusammen.	A nossa equipa [equipe] colabora [se entrosa] bem.
In dieser Halle werden wir … verbessern.	Vamos melhorar … nesta secção [neste galpão].
die Lüftung	o sistema de ventilação
die Lichtverhältnisse	o sistema de iluminação
Wir werden den Schadstoffausstoß verringern.	Vamos diminuir/reduzir a emissao de gases [poluentes].
Dieses Büro ist gut ausgestattet.	Este escritório está [é] bem montado.
Die Arbeitsorganisation muss verbessert werden.	O sistema de trabalho deve ser melhorado.
Wie ist der Arbeitsschutz organisiert?	Como é feita a protecção contra acidentes de trabalho? / a segurança no trabalho?
Das ist eine anstrengende Arbeit.	É um trabalho cansativo.
Wie viel verdienen Sie im Monat?	Quanto [o sr.] ganha por mês?
Bekommen Sie ein Monatsgehalt oder einen Akkord-/Leistungslohn?	O sr. recebe mensalidade/ordenado mensal ou é pago de acordo com o rendimento/a eficiência?
Wie hoch ist der Durchschnittslohn eines Facharbeiters?	Qual é a média salarial de um operário especializado?
Wie viele Steuern zahlen Sie jährlich?	Quanto [o sr.] paga de impostos por ano?
Die Angestellten können zusätzlich zum Gehalt eine Prämie erhalten.	Os empregados podem receber um prémio [prêmio] para além do ordenado.
Er bekommt …	Ele recebe …
(eine) Treueprämie.	gratificação por longos anos de serviço.
(einen) Nachtzuschlag.	subsídio [extra] por trabalho nocturno.
(einen) Überstundenzuschlag.	horas extraordinárias [remuneração da hora extra].
(eine) Erschwerniszulage.	subsídio por trabalho pesado.
Wonach erfolgt die Entlohnung?	Em que base é feita / Em que critério se calcula a remuneração?

Wie viele Stunden arbeiten Sie am Tag (in der Woche)?	*Quantas horas [o sr.] trabalha por dia (por semana)?*
Arbeiten Sie auch sonnabends?	*O sr. também trabalha aos sábados?*
Arbeiten Sie in Schichten?	*O sr. trabalha em turnos?*
Heute Abend muss ich zwei Überstunden machen.	*Hoje à noite tenho que fazer duas horas extraordinárias [extra].*
Wie viele Tage Urlaub haben Sie?	*Quantos dias tem de férias por ano? [Quantos dias o sr. tem direito a férias por ano?]*
Welche Erholungsmöglichkeiten haben Sie?	*Quais são as possibilidades que o sr. tem de [para] gozar <u>as</u> suas férias?*
Sind Sie schon Rentner?	*O sr. já está reformado [aposentado]?*
Bekommen Sie eine Altersrente?	*O sr. recebe reforma [aposentadoria] por velhice?*
Wann erreichen bei Ihnen die Frauen das Rentenalter?	*A partir de que idade a mulher se reforma [recebe aposentadoria por velhice] no seu país?*
Mein Chef ist in Rente gegangen.	*<u>O</u> meu chefe reformou-se/passou à reforma [se aposentou].*
Er hat 40 Jahre gearbeitet.	*Ele trabalhou 40 anos.*
Meine Frau ist … krankgeschrieben.	*<u>A</u> minha esposa está … de atestado médico [de licença, médica].*
in Schwangerschaftsurlaub.	* de [em] férias de gravidez.*
Haben Sie … eine Krankenversicherung? eine Unfallversicherung?	*O sr. tem … seguro de saúde? seguro contra acidentes?*
Die Sozialversicherung zahlt bei …	*O seguro [A previdência] social paga em caso de …*
Krankheit (der Kinder). dauernder Arbeitsunfähigkeit. Schwangerschaft.	* doença (dos filhos). invalidez (permanente). gravidez.*

Parteien | Organisationen   *Partidos | Organizações*

Das ist eine … Partei. fortschrittliche liberale bürgerliche konservative linksgerichtete	*É um partido … progressista. liberal. burguês. conservador. de esquerda.*

rechtsgerichtete	*de direita.*
reaktionäre	*reaccionário.*
radikale	*radical.*
sozialistische	*socialista.*
sozialdemokratische	*social-democrata.*
kommunistische	*comunista.*
christlich-soziale	*cristão-social.*
Nazi…	*nazi [nazista].*
Wie viele politische Parteien gibt es bei Ihnen?	*Quantos partidos políticos existem no seu país?*
Gehören Sie einer Partei an?	*O sr. é membro de um partido?*
Üben Sie in Ihrer Partei eine Funktion aus?	*O sr. desempenha uma função no seu partido?*
Er ist hauptamtlicher Parteifunktionär.	*Ele ó funcionário do partido a tempo inteiro [por tempo integral].*
Wann fand der letzte Parteitag Ihrer Partei statt?	*Quando teve lugar / foi realizado o último congresso do seu partido?*
Wie viele Mitglieder hat diese Partei?	*Quantos membros tem este partido?*
Wie viel Beitrag zahlen Sie im Monat?	*Quanto paga de cotas por mês? [Quanto o sr. paga de contribuição mensal?]*
Er will in diese Partei eintreten.	*Ele quer entrar para este partido [ingressar neste partido].*
Sind Sie gewerkschaftlich organisiert?	*O sr. é membro do sindicato?*
Welche Jugendorganisationen gibt es in Ihrem Land?	*Quais são as organizações juvenis que há no seu país?*
Sind bei Ihnen die Grünen und die Linken im Parlament vertreten?	*No seu país os Verdes e os 'Socialistas'/a esquerda estão representados no Parlamento? [O partido Verde/Os Verdes e o partido de esquerda têm representantes/estão representados no seu Parlamento?]*
Wann finden bei Ihnen Wahlen statt?	*Quando são realizadas as eleições no seu país?*
Wie viele Abgeordnete stellt Ihre Partei im Parlament?	*Quantos deputados representam o seu partido no congresso/parlamento?*
Wer ist der Bürgermeister dieser Stadt?	*Quem é o presidente da Câmara [o prefeito] desta cidade?*
Gehört er einer Partei an oder ist er parteilos?	*Ele pertence a algum partido, ou não? [Ele é afiliado a um partido ou é sem partido?]*

Er ist …
    auf einer Parteiversammlung.
    auf einem Kongress.

    auf der Vollversammlung.

Ele encontra-se [se encontra] …
    numa [em uma] reunião do partido.
    num [em um] congresso. / Ele está a
    participar num [está participando de
    um] congresso.
    na Assembleia [Assembléia] Geral.

Besuch in einem Industriebetrieb	Visita a uma empresa industrial
Könnten wir einige Abteilungen des Betriebes besichtigen?	Poderíamos visitar algumas secções [divisões] da empresa?
Können wir einen Rundgang durch den Betrieb machen?	Podemos dar uma volta pela empresa?
Können wir uns mit den Betriebsangehörigen unterhalten?	Podemos conversar com o pessoal da empresa?
Wie viele Arbeitskräfte sind in dieser Fabrik beschäftigt?	Quantos empregados/trabalhadores há nesta fábrica?
Was produziert dieses Werk?	O que produz esta empresa?
Beschäftigen Sie auch Frauen in diesem Werk?	Esta empresa emprega também mulheres? / O sr. também emprega mulheres nesta empresa?

Wir möchten gern mit … sprechen.
    dem Chefingenieur
    dem Direktor
    den Arbeitern der Gießerei
    dem Gewerkschaftsvorsitzenden
	Gostaríamos de falar com …
	    o engenheiro-chefe.
	    o director.
	    os operários da fundição.
	    o presidente do sindicato / delegado sindical.

Ist diese Drehbank in Brasilien hergestellt?	Este torno mecânico foi produzido no Brasil?
Wie sind die Arbeitsbedingungen in Ihrer Werkstatt?	Como são as condições de trabalho na sua oficina?

Besuch auf dem Lande	Visita ao campo
Heute werden wir einen großen Landwirtschaftsbetrieb besichtigen.	Hoje vamos visitar uma grande herdade [fazenda].
Was wird in dieser Gegend vorwiegend angebaut?	O que é que se cultiva/planta mais nesta região?
Wir bauen vorwiegend Mais an.	Na maior parte, cultivamos milho.

Wir möchten uns … ansehen.	Queremos ver …
eine landwirtschaftliche Produktionsgenossenschaft	uma cooperativa de produção agrícola.
einen Viehzuchtbetrieb	uma herdade [fazenda] de criação de gado.
eine Geflügelfarm	um aviário.
eine Zuckerrohrplantage	um canavial.
die Obstplantagen	as culturas de árvores frutíferas.
die Treibhäuser	as estufas.
Wie viel Hektar hat die Genossenschaft?	Quantos hectares tem a cooperativa?
Der größte Teil der Anbaufläche ist für den Anbau von Getreide vorgesehen.	A maior parte da área útil destina-se ao cultivo de cereais.
Wie hoch ist der Hektarertrag?	Qual é o rendimento por hectare?
In welchem Umfang wird die Technik eingesetzt?	Em que proporção é empregada a técnica?
Was für Dünger verwenden Sie?	Que tipo de adubos o sr. utiliza?
Wir verwenden Stalldung/Mist und Kunstdünger.	Usamos estrume e fertilizantes.
Beschäftigt sich dieser Landwirtschaftsbetrieb auch mit Viehzucht?	Esta propriedade rural dedica-se também à criação de gado?
Haben Sie einen großen Viehbestand?	O sr. tem uma grande quantidade de gado?
Wie viele Stück Vieh hat Ihre Genossenschaft?	Quantas cabeças de gado [rezes] tem a sua cooperativa?
Wie viele Milchkühe haben Sie hier?	Quantas vacas leiteiras há aqui?
Wie hoch ist die Milchleistung der Kühe?	Qual é o rendimento de leite das vacas?
Wie viel Kilogramm Wolle erzielen Sie pro Jahr?	Quantos quilos de lã [o sr.] tira por ano?
Ich möchte Ihnen auch unser Weingut zeigen.	Quero mostrar-lhe também a nossa vinha.
Wie viel Hektar hat dieses Weingut?	Quantos hectares tem esta vinha?
Wir werden dieses Jahr eine gute Weinernte haben.	Este ano vamos ter uma boa vindima.
Wir haben gerade mit der Weinlese begonnen.	Acabámos de iniciar a colheita de uvas.
Bitte, kosten Sie diese Trauben.	Por favor, experimente estas uvas.
Kosten Sie auch den Most.	Experimente também o mosto.
Bauen Sie auch Gemüse an?	O sr. cultiva também legumes [verduras]?

Sachregister

Índice de matérias

Lehrbuch der portugiesischen Sprache

Von Helmut Rostock. 5., vollst. überarb. Auflage 2007.
X, 438 Seiten und eine Audio-CD. 978-3-87548-436-6. Kartoniert

Zielgruppe: Lernende ohne Vorkenntnisse an Universitäten, Volks-
hochschulen und anderen Einrichtungen der Erwachsenenbildung,
die – beispielsweise aus beruflichen Gründen – eine gründliche und
ausführliche Einführung in das Portugiesische von heute wünschen.

Lernziele: Mündliche und schriftliche Kompetenz für Alltag, Reise
und Beruf, fundierte Grammatikkenntnisse; Kompetenzstufe B1 des
Europäischen Referenzrahmens.

Konzeption: Die Texte und Dialoge in den 35 Lektionen behandeln
authentische Alltags- und Berufssituationen sowie landeskundliche
Themen und vermitteln so das moderne Portugiesisch. Zudem bietet jede Lektion grammatische Erklärungen und abwechslungsreiches
Übungsmaterial von Einsetzübungen bis zu freien Dialogen.

Ein ausführlicher Anhang mit Konjugationstabellen, Grammatik-
und Vokabelregister, Hinweisen zur Aussprache und vielem mehr ermöglicht ein gezieltes Nachschlagen.

Auf der Audio-CD sind ausgewählte Lektionstexte zu hören.

Lösungsschlüssel zum Lehrbuch der portugiesischen Sprache

Von Helmut Rostock. 2007. 63 Seiten. 978-3-87548-498-4. Geheftet

Dieser Lösungsschlüssel ermöglicht dem Lernenden die eigenständi-
ge Kontrolle beim Bearbeiten der abwechslungsreichen Übungen und
unterstützt das selbstständige Lernen.

[...] das maßgebende Lehrwerk für
einen seriösen strukturorientierten
Unterricht des europäischen Portu-
giesisch für den deutschen Mutter-
sprachler.

Dr. R. Meisterfeld, Uni Tübingen

Der ›Rostock‹ stellt für die deutsche
Lusitanistik einen großen Schritt
nach vorn dar.

Lusorama 73-74 (2008)

BUSKE.de

Portugiesische Redewendungen

Ein Wörter- und Übungsbuch für Fortgeschrittene
Von Stefan Ettinger und Manuela Nunes
2006. 152 Seiten. 978-3-87548-439-7. Kartoniert

Zielgruppe: Fortgeschrittene Lernende, die ihre Sprachkenntnisse systematisch erweitern und vertiefen möchten.

Lernziele: Die aktive Verwendung von 250 im Portugiesischen allgemein gebräuchlichen Redewendungen sowie die Fähigkeit zum selbstständigen Erlernen weiterer Redewendungen.

Konzeption: Dieses lehrbuchunabhängig konzipierte Wörter- und Übungsbuch kann sowohl in Sprachkursen eingesetzt als auch im Selbststudium durchgearbeitet werden.

Im Wörterbuchteil werden die alphabetisch nach dem ersten Substantiv angeordneten Redewendungen jeweils portugiesisch und deutsch umschrieben und - falls möglich - durch eine entsprechende deutsche Redewendung wiedergegeben.

Der Quiz- und Übungsteil bietet die Möglichkeit zur Vertiefung der angeeigneten Kenntnisse. In Multiple-Choice-Übungen soll in einen vorgegebenen Kontext die jeweils passende Redewendung eingesetzt werden. Der Schlüssel ermöglicht auch das Selbststudium.

Medizinisches Wörterbuch Deutsch-Portugiesisch

Von Maria Joao Varela Pinto de Oliveira
2007. 223 Seiten. 978-3-87548-402-1. Gebunden

Mit rund 7.000 Stichwortartikeln bietet dieses Wörterbuch den portugiesischen Wortschatz der Medizin und des Gesundheitswesens. Der übersichtliche Aufbau der Einträge, die Angabe von Synonymen aus der Alltagssprache bei weniger gebräuchlichen, fachspezifischen Begriffen der Medizin sowie die ausführlichen Erläuterungen der Termini machen das Wörterbuch zu einem zuverlässigen Hilfsmittel für alle, die im medizinischen Alltag mit portugiesischsprachigen Patienten oder Kollegen zusammenarbeiten.

Darüber hinaus eignet sich dieses erste deutsch-portugiesische Wörterbuch der Medizin auch als Nachschlagewerk für Studierende und Fachübersetzer.

BUSKE.*de*